俄罗斯语言篇章范畴与小说研究

郭 明◇著

黑龙江大学出版社
HEILONGJIANG UNIVERSITY PRESS

图书在版编目(CIP)数据

俄罗斯语言篇章范畴与小说研究／郭明著. -- 哈尔滨：黑龙江大学出版社，2012.10
ISBN 978-7-81129-521-4

Ⅰ.①俄… Ⅱ.①郭… Ⅲ.①俄语-语言学-研究②小说-文学语言-研究-俄罗斯 Ⅳ.①H35②I512.074

中国版本图书馆 CIP 数据核字(2012)第 176523 号

俄罗斯语言篇章范畴与小说研究
ELUOSI YUYAN PIANZHANG FANCHOU YU XIAOSHUO YANJIU
郭　明　著

责任编辑	惠秀梅　付天松
出版发行	黑龙江大学出版社
地　　址	哈尔滨市南岗区学府路 74 号
印　　刷	哈尔滨市石桥印务有限公司
开　　本	880×1230　1/32
印　　张	9.75
字　　数	245 千
版　　次	2012 年 10 月第 1 版
印　　次	2012 年 10 月第 1 次印刷
书　　号	ISBN 978-7-81129-521-4
定　　价	28.00 元

本书如有印装错误请与本社联系更换。
版权所有　侵权必究

序

　　语篇是各种信息的载体,是一种复杂的,涉及面广泛的现象,是许多学科,包括许多新兴学科的研究对象。我国外国语言学界二三十年来已有不少学者在积极认真地从事篇章语言学的研究。为了体现我们中国人对外语篇章进行分析的具体特点,我国的语言学家一直努力建立明确的篇章分析理论,不断出现新的研究成果,对语言学界的影响日益加大。

　　郭明的专著就是这些新成果中的一项。

　　他研究的是俄语篇章,而且是比较特殊的一类篇章——小说。这类语篇分析起来有相当的难度,其中有许多不确定性、含混性、模糊性因素。可想而知,一位年轻的博士,在三年之内克服了家在外埠,要养家又要艰难地搞学问,几重压力,走过的路该是多么难!

　　郭明攻读硕士学位时的研究方向是俄罗斯文学,因此他的文学功底是很好的。他把小说语篇作为自己的研究对象,目的是从篇章语言学角度深化对这类语篇的解读,探索小说语篇的内部层级机制,揭示其内在意义。本书的读者即使对篇章学无过多的了解,也会十分清楚地获得与此相关的一些重要知识——语篇的单位,语篇单位的交际结构,篇章学基本理论在小说中的体现,等等。

　　我国外国语言学界研究篇章的学者们已走过了一条从分析句组、句段,到目前分析整部作品的发展道路。面对外语篇章,中国人最大的难题就是如何通过驾驭语言,最大限度地接近信息的原始意义,把理解上产生偏差的可能性降到最低限度,获得最佳的解码效果。面对俄语小说篇章,为了把语篇研究引向更深的领域,郭明在自己的专著中以语篇范畴为切入点对小说篇章进行分析。这是一个全新的探索,郭明不仅对苏联及俄罗斯学者的相关权威性理论进行了深入全面的阐释,同时也重点研究了近十年来俄罗斯学者的最新理论建树。他很快地接受了新事物,并将最新理论应用于俄语小说篇章的分析,其中包括已译成俄语的我国几部名著和一些文学作品的片段。一般情况下,作者总会以自己熟悉的例证来论述自己的观点,因而郭明这种敢于创新并在实践中对自己的论断不断进行检验的学术态度是非常难能可贵的。

读者在本书中会了解到包含很多知识的语篇范畴——时间范畴、空间范畴以及其他语篇范畴在小说中的体现,了解到最新的关于语篇范畴体系的理论。这些最新理论会为我们提供有指导意义的思想以及可操作的方法,对我们进行新的阐发和探究有一定的启示。

我们的外语教学也一直期待篇章语言学能提供一些易于操作又有成效的教学手段。本书虽不是为做教材而写,但是其中有许多内容对我们的教学是很有启发的,因为有理论,也有实践,要改变传统的讲解课文时只讲词汇和句子,只求把课文内容一段一段地讲给学生的教学方法,读读这本书还是有一定帮助的。

本书是郭明博士在语篇研究方面的一个阶段性总结,他已获得了自己的科研平台,一个很好的起点。作为郭明的博士生导师,我为他这几年来在学术上取得的成就由衷地感到高兴,作为篇章语言学研究领域的一个学者,也作为高校俄语专业的一名教师,我向广大读者推荐他的这本专著。

邓 军
2012 年夏于哈尔滨

前　言

篇章是外语教学的重要内容。篇章理解是事关学生理解和掌握外语的核心要素,对篇章的理解水平在一定程度上也反映了一个人的外语水平。在国内外语教学环境中,培养优秀的外语专业人才自然更离不开对篇章的理解,只有在理解篇章的基础上,才能谈得上篇章建构。

研究篇章的理解和建构是与研究语言的功能及交际过程密切相关的。语篇语言学正是因这一发展趋势而产生的。它是文章学、诗学、演说术、语用学、符号学、阐释学等多种学科相互交叉的一门新兴边缘学科。本著作通过对语篇基本单位——语篇范畴的研究,尝试深入探讨语言学中高于句子的语言单位语篇,探索小说这一由整体与部分构成的多层次等级系统的内部结构,研究小说语篇范畴的特征及其实现手段,从而引导我们深入了解语篇的构篇机制和读解原理。这也是本著作的特色之一。

研究语篇范畴理论体系不仅具有理论意义,而且具有实践意义,因为它开启了更充分教授本族人学习外语的可能性。该理论传授给我们对不同功能类别作品的新的分析方法,有助于提高我们从文学语篇或政论语篇中接受新知的能力,提高我们的理论思维能力,提高我们分析、处理文学现象的能力,提高我们在所获取理论知识的基础上学会创作不同风格作品的能力。

本书将语篇范畴单位与小说结合起来进行研究是一种比较大胆的尝试。文学语篇以其语篇建构的复杂性、语义结构的完整性而成为语篇范畴分析的最佳研究对象。语篇的生成、理解和语言交际都离不开对语篇内部深层机制的探索和分析,而小说文体包含丰富的社会生活容量,这种特性使得语言学家在对其进行研究时可以对几乎所有的语言现象展开探索。因而,越来越多的语言学家将目光投放在小说语篇的分析上。一般来说,小说总是通过塑造人物形象来反映社会生活,小说特别擅长对社会生活进行全面、具体和深入的描写。

  本书共分五章,分别论述了语篇范畴、小说的概念,并分专章从时间、空间和人的角度研究小说语篇的结构和功能,探索小说这一独特语篇内部运行的机制与层级系统。通过具体个案的分析,阐释语篇范畴这一匠心独运的语篇结构单位的规律和表现,以此帮助人们挖掘语篇含义,提高生成和理解语篇的能力。

  本书系辽宁石油化工大学学术研究成果。

  成书之际,我要特别感谢我的导师邓军教授,从题目的遴选、材料的收集、术语的确定、理论的阐释直至最后的定稿,邓老师倾注了大量的心血,她深厚的学术功底、一丝不苟的治学精神深深地影响着我,鞭策着我不断取得进步。另外李锡胤教授、华劭教授、王铭玉教授也给予了很多指点,在此一并致谢。我的家人也在背后默默地支持我,没有他们的帮助,很难想象我会如期完成本书的写作。

郭　明
2012 年 6 月

目 录

绪 论 ·· 1
  一　语篇研究现状及发展趋势 ································ 3
  二　选题的意义 ·· 9
  三　选题的原因和研究对象 ··································· 10
  四　研究任务 ··· 14
  五　独创性和新颖性 ··· 16
第一章　俄罗斯的语篇研究 ······································· 17
  第一节　语篇语言学的源起和发展 ························· 17
  第二节　语篇的概念和符号学解读 ························· 19
  第三节　语篇的基本特征 ····································· 21
  第四节　语篇的基本类型 ····································· 25
  第五节　语篇研究的基本方向 ······························· 27
  第六节　语篇的切分 ·· 33
  第七节　语篇的单位——语句 ······························· 40
  第八节　作为语篇修辞布局手段的段落 ··················· 41
  第九节　语篇单位的交际结构 ······························· 45
  第十节　语句和语篇交际构造 ······························· 58
  本章小结 ··· 59
第二章　语篇范畴理论与文学语篇 ······························· 60
  第一节　语篇范畴的概念 ····································· 61
  第二节　语篇范畴的类型 ····································· 64
  第三节　文学语篇 ·· 74
  第四节　文学语篇的特征 ····································· 76

第五节　А. Ф. Папина的文学语篇宏观主题观 ………… 78
　　第六节　作为文学语篇的小说 …………………………… 82
　　本章小结 ………………………………………………… 85
第三章　小说语篇时间范畴 …………………………………… 86
　　第一节　时间研究的历史沿革 …………………………… 86
　　第二节　时间范畴概述 …………………………………… 88
　　第三节　研究语言和言语中时间的意义与形式 ………… 91
　　第四节　语篇时间范畴 …………………………………… 94
　　第五节　文学作品时间范畴 ……………………………… 96
　　本章小结 ………………………………………………… 161
第四章　小说语篇空间范畴 …………………………………… 162
　　第一节　语言学外其他学科对空间范畴的理解 ………… 162
　　第二节　语言学领域空间范畴研究 ……………………… 163
　　第三节　文学作品空间范畴 ……………………………… 166
　　第四节　语篇空间范畴及其实现手段 …………………… 169
　　第五节　主观概念空间 …………………………………… 195
　　第六节　文学语篇空间范畴的特征 ……………………… 221
　　本章小结 ………………………………………………… 223
第五章　小说中折射的其他语篇范畴 ………………………… 224
　　第一节　交际活动参与者 ………………………………… 224
　　第二节　事件范畴 ………………………………………… 249
　　第三节　语篇中的回溯和前瞻 …………………………… 258
　　第四节　语篇宏观布局结构 ……………………………… 269
　　第五节　语篇的感官评价范畴 …………………………… 279
　　本章小结 ………………………………………………… 286
结　　论 ………………………………………………………… 287
参考文献 ………………………………………………………… 290

绪　论

　　研究语言的功能、交际过程的趋势促使人们思考句子之上更高层级的交际单位——语篇。语篇研究在不同国家命名也不同，比如：语篇语言学，语篇结构，语篇阐释学，语篇语法等不一而足。目前语言学界已就这一学科的名称达成了共识，大都认同语篇语言学这一名称。英美语言学界更习惯称之为话语，意思是"对话"或"连贯性言语"，但俄罗斯语篇语言学家仍保留了之前确定的学科术语。

　　语篇语言学发端于 20 世纪下半叶，是文章学、诗学、演说术、语用学、符号学、阐释学等多种学科相互交叉的一门新兴边缘学科，目前语篇语言学已具备自己的本体论地位。语篇是具有整体性和关联性特征的言语成品。语篇的整体意义并不是各组成部分的简单加和，而是体现了各构成要素之间相互关联性的综合意义。因此，语篇语言学从诞生之日起，就没有停止过对语篇单位的阐述和研究。

　　语篇中的单位问题：复杂句法整体（сложное синтаксическое целое）、超句统一体（сверхфразовое единство）、话语（дискурс）、语句（высказывание）、组元（компонент）、散文段（прозаическая строфа）——都各有自己的研究历史。20 世纪 50 年代以来，语言学家们从结构、构造、意义等方面对这一语法现象进行了初步研究。

　　第一个致力于称名语篇中的术语的是俄罗斯科学院院士 A.

М. Пешковский。他指出:"显然,这里需要为这种'较长的句法整体'拟定一个术语,然而将这三个词压缩为一个简短、清晰的术语殊非易事。" А. М. Пешковский 虽然看出这一语法现象内存在不同的类别,但并没有能够划分出复杂整体和段落。А. М. Пешковский 提出的"较长的句法整体"这一术语在20世纪50年代得到了另两位语言学家 Н. С. Поспелов 教授和 Л. А. Булаховский 院士的认同,他们对这个术语作了进一步的划分。Н. С. Поспелов 将这一单位称为"复杂句法整体"(ССЦ),而 Л. А. Булаховский 则提出"超句统一体"(СФЕ)的概念。

有关是否存在这一单位、它的结构如何、内部的关联性如何等问题后来在 И. А. Фигуровский, В. В. Виноградов, Ю. В. Ванников, И. Р. Гальперин, Г. Я. Солганик 等人的著作中得到了进一步的阐述。Г. Я. Солганик 指出:"文学作品中最小的单位不是句子,而是句段(即复杂句法整体)。" В. В. Виноградов 将这一单位称为"圆周长句"(долгий период), В. И. Ставский 命名为"合成句法整体"(составное синтаксическое целое), Н. Д. Зарубина 称为"语篇"(текст), И. А. Фигуровский 则称为"整体语篇组元"(компонент целого текста)。然而大多数学者倾向于复杂句法整体或超句统一体,或者干脆称为语篇。学者们从中划分出复杂句法整体和段落这两个概念。

对语篇单位的研究成果确立了一个现代语言学中最具广阔发展前景的新的学科——语篇语言学的诞生。20世纪60年代语篇语言学领域的研究已经实现了从俄国形式主义向结构主义的转向,逐渐形成了一个日渐清晰的必然趋势:与临近学科的整合,例如诗学、心理语言学、人类学、符号学等,目的是将语篇作为独立的学科来进行语言学研究。语篇语言学正是在语言学这种总体发展状况下应运而生的。因此, Е. С. Кубрякова 认为这是语言学中出现新的学科范式的前兆。① 这一点首先体现在由结构系统语言学向功能语言学的转变当中,这种观点就是借助于言语行为理论和言语交际理论来研究语篇。

70年代末到80年代,俄罗斯语篇语言学开始将研究的热点由作为语言句法单位的语篇片段转向语篇全文,研究层面涉及语篇的一般结构、语篇的指称、语篇的组合与聚合研究直到语篇的整体性和关联性等。进入20世纪90年代,随着认知语言学、心理语言学、文化符号学等学科的长足发展,语篇语言学开始重视对交际主体的心理、认知因素和社会、文化等因素的研究。

近年来,在对语篇单位进行不同阐释、研究的同时,另一些语言学家则开始将语篇划分为不同的范畴,以范畴作为对语篇特别是篇幅较大的文本进行专题研究的单位。像现在已广为学界所接受的整体性和关联性、整合性和完整性、信息性和情态性等。而俄罗斯语言学家 И. Р. Гальперин, А. Ф. Папина 等人独树一帜、别具匠心地提出了一系列语篇总体性范畴,并将之运用于文学语篇分析上。我们试图对其加以归纳、延伸和深化,希冀会在语篇整体分析上做出一些成果。

一、语篇研究现状及发展趋势

作为普通语言学分支的语篇语言学尚处于起步阶段,因而许多语篇范畴还未获得明确界定。尽管离开这些范畴就无法很好地认识语篇的类型特征,但是其中的一些范畴还未获得语篇范畴的地位(未被认同为语篇范畴)。不过国内外学术界对这些范畴的研究已经取得了一些阶段性成果,这些结论可以作为更详尽分析语篇语言学本质特征的基础。

---

① Е. С. Кубрякова. О связях между лингвистикой текста и словообразованием // Лингвистические проблемы текста. М., 1983, с. 50.

早在 1968 年举行的学术会议上 P. Hartman 就已承认语篇语言学是普通语言学分支的地位。他建议划分语篇研究领域,即普通语篇语言学,具体语篇语言学,语篇类型学。① 在后来语篇理论的研究中学者们清晰地阐明了两种观点:(1)尝试建立语篇形式化语法,为此需要确定实现语篇结构形式化所必需的规则、过程和图示;(2)通过研究具体的言语行为、言语组织规律和功能、描写这些言语行为的语体多样性,确定每种语篇范畴的特征等手段建立普通语篇理论。欧美语言学界主要持第一种观点,而俄罗斯语言学界则按照第二种途径进行相关研究。

而在对任何篇幅较大的对象(例如语篇)进行研究时都容易出现两种错误倾向:第一,对研究对象作个体化分析(атомизация),换言之,是对研究对象的单位进行精细研究,这容易造成只见树木不见森林的缺憾;第二,对研究对象进行整体化研究(глобализация),这种方向无法得出有关研究对象本质特征和功能属性的全面结论。语篇是容量很大的研究对象,因为它是由比句子更大的单位组成的综合体。要避免这两种倾向只能将个体性分析和总体性研究结合起来,唯有如此才能揭示对象的本质特征。

语篇最重要的特征是容量参数(параметр объема)。语篇的篇幅很大,但是从本质上来说仍然是可以考察的,因为语篇毕竟是有限度的。某些理论家试图将语篇视为范围无限的、没有规律的现象,这是一种片面的、狭隘的观点。语篇是截取自某个过程的片段,其中包含了显性和隐性两种对象的所有区别性特征。在此,我们首先应该清楚地认识到我们是在与某种新的现象打交道,与某种不久前才进入语言学视野的现象打交道。这意味着不仅研究方法有待确定,而且还需要区分出这种研究对象特有的单位。因此 Т. В. Булыгина 的下述思想就是大可商榷的,她认为:"尽管语篇

---

① P. Hartman Text als linguistischts Object. — In: Beitrage zur Textlinguistik, 1971.

中的句子组合具有某些特征,但仍然难以形成那种可以涵盖语篇中所有句子所具有的属性之和的特定结构。"①M. Dascal 和 A. Margalit 也持有类似的观点。他们断言没有必要构建语篇语法,认为:"如果我们充分发掘句法的作用,完全可以描述语篇层面的现象。"②这种观点将句子结构与语篇结构假定为某种同形现象,它的不合理之处在于混淆了整体和部分的概念,将语篇简单地视为句子的"属性之和"。本书的任务之一就是通过分析不同类型的语篇证实上述思想的错误所在。为此,亟须首先确定语篇这一语言科学独特对象的单位、单位的构成,阐述语篇语法范畴的类型。

有鉴于此,我们必须重新审视语言学中某些业已形成的概念。我们应对其中的某些概念进行重新认识,因为这些概念应用在新的研究对象中必然具有不同于以往的某些新特点。

每当思考"语法"这个词语时我们总会想到这是语言学术语,不过许多领域、许多层面都在使用这一术语。语法是涉及言语行为组织结构、静态和动态言语过程及其他语言现象的规范、机制的一个语词。由此我们自然而然地会提出这样一个问题:这一术语同样也适用于语篇这样的研究对象吗?任何语言的语法都是对人类活动不同领域中语言运用规律进行研究所得出的结论。这种研究的目的是从纷繁复杂的语言现象中总结出某种带有规律性的东西,不如此则无法深入到该现象的本质。语言作为人类意识的产物,目的是用来进行交际,因而也是有组织的,可是这种组织的性质还远未厘清。语言力图克服人类思想上的混乱状态,而作为人类对客观现实反映的这些混乱思想也表现出某种无序性、跳跃性

---

① Т. В. Булыгина. О границах между сложной единицей и сочетанием единиц. В кн.: Единицы разных уровней грамматического строя языка и их взаимодействие. М., 1969, с. 224.

② M. Dascal, Margalit A. A New 'Revolution in Linguistics'. Text — Grammars' vs. "Sentence Grammars". In: Theoretical Linguistics, 1974, p195–213.

的特点。人类一直试图发现客观现实中蕴含的规律,如果暂时找不到规律,人类就会先作出一些假定。

　　哲学中的概念舍弃了具体形象而只反映对象的本质属性。作为反映对象本质属性的概念,是人们在理性认识阶段上的产物,是理性思维的一种基本形式。概念既反映了对象的本质属性,也反映了这种本质属性的对象,这样便形成了概念的两个基本逻辑特征——内涵和外延。概念的内涵是指概念所反映的对象的本质属性,概念的外延则是指具有概念所反映的本质属性的对象。按照哲学中的一般认识,概念和范畴之间的关系在于范畴是关于客观事物特性和关系的基本概念,是作为人类思维对客观事物本质联系的概括反映,它揭示了客观世界和客观事物中合乎规律的联系。逻辑哲学范畴中可以划分出时间、空间、因果、运动、制约、序列等普遍概念。这些概念之所以体现于范畴中是因为每种范畴都具备一定的特征。因此从时间的普遍概念中分化出来的逻辑哲学时间范畴就带有运动性、序列性、显性、不可逆性、无限性等特征;空间范畴则具备延展性、三维性、无限性等特征;其他范畴也是如此。

　　哲学作为"科学之科学"是其他科学概念产生的基础,需要注意的是我们这里说的是概念而非范畴。其他学科中折射出的哲学范畴,首先得获该学科相应概念的地位,继而反映并逐渐体现蕴含其中的范畴。因此,语法学中出现了源自哲学范畴的语法概念。那些已成为哲学"认识层级"的范畴是语法中的基本概念,这些概念又反过来要求划分出作为形式种类(特征)的语法范畴。因此哲学中业已厘清的、有科学界定的概念(即范畴)首先是作为语法概念出现的,需要对这些概念进行科学认识,从中划分出语法范畴。

　　这种对语法范畴的理解在一定程度上是建立在 И. И. Мещанинов 所描述的概念范畴的基础上的,他指出:"语法形式表示的语法概念要求建立语法范畴。"①他认为之所以存在某些模糊之处是因为"语法范畴体现的不是所有的概念,而仅仅是语言中通过词法和句法手段已经具有形式表达的那些概念"②。究竟是什么已有形式表达,是语法概念还是语法范畴?如上所述,语法概念已经获得了自己的语法范畴表达,它是某种语法形式的综合体,这种推断是合乎逻辑的。Ж. Вандриес 也表达了类似的有关语法概念和语法范畴的观点,他写道:"通过词素手段表达的语法概念被称为语法范畴。这样,性、数、人称、时、式、疑问和否定、依附关系、目的、工具等都是语言中的语法范畴,它们都是通过特别的词素来表达的。"③

确实,语法范畴,不论是动词、名词、形容词范畴,还是态、时或其他任何范畴都与语法范畴相关联,也同哲学和逻辑范畴密切相关。比如,完成时范畴就是序列语法概念的表达,即哲学层面的时间范畴。形容词语法范畴表达的是语言中有关性质的语法概念。格语法范畴是语言中的总体形式,根据这些形式的语法意义表达某些语言单位同其他语言单位的关系。因此我们可以得出结论:语法意义是一定语法形式的意义;语法范畴是一定语法概念所表达的总体形式;而语法概念则是语言意识折射出并经过语法对象确定的逻辑哲学范畴。

范畴——这是最能反映客观世界事物和现象的共同属性、本质属性,体现它们的特征和相互关系、联系的一个概念。范畴体现了语篇的二重性,即语篇的内容和形式统一于一个系统之中。因此完全可以借助语篇范畴来对语篇作全面的研究。早在20世纪20年代俄罗斯研究者就开始关注语篇的结构规律问题。Бахтин,

---

① И. И. Мещанинов. Члены предложения и части речи. М., 1945, с. 198.
② И. И. Мещанинов. Члены предложения и части речи. М., 1945, с. 195.
③ См. Ж. Вандриес. Язык. М., 1937, с. 91.

Шкловский、Пропп、Томашевский 等人的著作时至今日仍不失其现实意义,不过某些形式结构学派学者的观点似乎已走向另一个极端了,有时他们甚至完全忽视了作品的内容层面,那种脱离开内容而只注重形式的语篇结构研究是没有意义的。对语篇语言学分析理论做出重大贡献的还有布拉格语言学小组。Матезиус、Гавранек、Вахек、Едличк、Гаузенблаз 等人的著作中对语篇结构分析多有论及。近年来法国、德国、荷兰等国的语篇语言学研究者更是将研究视野扩展到语篇的结构、本体和参数上,他们中比较突出的是 Гиро、Греймас、Тодоров、Ван-Дейк、Леви-Страсс、Энквист 等人。

欧美语言学界的语篇语言学研究主要是针对话语分析展开的,其中具有代表性的有 Hymes 的人种学话语分析,他提出用于分析言语事件及其语境的图式:背景与场景、参与者、目标、行为序列、基调、手段、交际和解释规范、体裁等,他主要是从社会学角度进行话语分析的。W. Labov 提出的变异理论对于进行语言变体研究产生了巨大影响,他在变异研究中提出的叙事结构模型至今仍被广泛使用。叙事结构模型处理语篇的宏观结构,分为点题、指向、进展、评价、解决和回应 6 个要素,这一模型对于分析各种体裁的叙事特点都起到支撑作用,具有广泛的适用性。Sinclair 和 Coulthord 提出了用于处理课堂会话的分析模式,对这一模式作了更为系统的阐述,从而一举奠定了伯明翰学派会话回合分析的基础。① 还有像 Van Dijk 的语篇宏观布局结构理论、Kintsch 的语篇理解策略等。但总体而言语篇分析尚未实现系统化、整体化,没有形成普遍的解释力,只能在自己提出的理论框架下进行特定的分析,没有出现令人耳目一新、具有普泛价值的分析理论。相比较而言,俄罗斯学者走的是另一条试图创建一个全新的、同西方理论分

---

① 杜金榜.试论语篇分析的理论与方法[J].外语学刊,2008,(1):92~97.

庭抗礼的语篇系统观的道路,而且经过近些年来不懈的努力已经取得了一些令人瞩目的成果。

从国内外语篇分析的发展趋势来看,虽然具体的语篇分析研究一直是聚讼纷纭,莫衷一是,但越来越多地从多学科、多维度进行全方位、整体性解读已成时下大势,其中主要有语义学、语用学、语文学、社会学、认知语言学、心理语言学、形式主义等方向的综合研究,这也是由语篇语言学跨学科的特点决定的。

二、选题的意义

P. O. Якобсон 在《语言的整体与部分》一文中指出:"语言学者常常不能从一个部分的整体跨进更高一级的整体,或者进入更低一级的部分。这种状况造成语言学领域内形形色色割裂主义的潮流。"①

这一思想启发我们以语篇范畴作为语篇研究的基本工具和手段,以文学语篇作为语料,这样便一举突破了传统上囿于句子和词汇层面研究的藩篱,对语篇内部层级结构作个体性和总体性兼顾的整合研究。我们将语篇同小说联系起来,尝试进入语言学更高层级的单位,探索小说这一由整体与部分构成的多层次等级系统的内部结构,研究小说语篇范畴的特征及其实现手段,从而引导我们深入了解语篇的构篇机制和读解原理,这也构成了本书的特色之一。

而在此过程中,对语篇范畴的研究反过来又恰恰有助于构建语言和言语的层级理论,探索语篇整体与部分、内部结构同外在表象之间的关系,获取有关复杂单位逻辑语义结构的新知。深入理解语篇构建的总体性范畴,对从意义和形式两方面研究这一全新语言现象都具有深远的意义。对语篇范畴的研究将学者的注意力

---

① P. O. Якобсон. Избранные работы. М.,1985, c. 301.

引向言语行为、交际意图,这使研究者得以发现人们在认识和思维过程中使用语言的本质属性。在对这类现象的研究中语言学家可以将语篇理论同交际语言学和功能语言学有机地联系起来。

研究语篇范畴理论体系不仅具有理论意义,而且具有实践意义,因为它增加了更充分教授本族人学习外语的可能性。该理论传授给我们分析不同功能类别作品的新方法,有助于提高从文学语篇或政论语篇中接收新知的能力,有助于提高我们的理论思维能力,提高我们分析、处理文学现象的能力,在所获取理论知识的基础上学会创作不同风格作品的能力。

语篇的生成和理解及语言交际都离不开对语篇内部深层机制的探索与分析,而小说文体包含丰富的社会生活容量,这种特性使得语言学家在对其进行研究时,可以对几乎所有的语言现象展开探索,因而越来越多的语言学家将关注的目光投放在小说语篇的分析上。一般来说,小说总是通过塑造人物形象来反映社会生活,小说特别擅长对社会生活进行全面的、具体而深入的描写。探索小说这一独特语篇内部运行机制和层级系统,通过具体而微的个案分析,阐释语篇范畴这一匠心独运的语篇结构单位的规律和表现,可以帮助人们挖掘语篇含义、提高生成和理解语篇的能力。

三、选题的原因和研究对象

在哲学和语言学文献中广泛流行的理解是:系统是一定的结构和执行某种功能实体的结合,而结构则是系统的关系构架,是其要素之间的网络。这里的结构就是我们在语篇语言学中要研究的语篇范畴。语言学也分成两个互相补充的领域:分析言语动态的言语活动和言语行为理论,以及面向言语静态的篇章语言学。[①]
而普通语言学理论到目前为止对后者,即语篇语言学中某些事实

---

① 华劭.语言经纬[M].北京:商务印书馆,2003:265.

所包含的含混性、模糊性的描写所进行的研究还不够,特别是当这些事实涉及功能方面时更是如此。语篇是一种如此复杂的、涉及面极其广泛的现象,以至于在确定语篇中这样或者那样的系统、语篇本体、功能属性时,我们必须要考虑到这些不确定性、含混性、模糊性因素。语言学理论决定论的观点长期以来一直阻碍着语篇语言学的发展,这一点在语言学家关注同时出现清晰和模糊现象的语篇时尤其明显。语篇的这种矛盾性就成为我们寻求语篇构建规律的原因之一。而 Хорст Изенберг 则建议将语篇划分为建构性语篇和非建构性语篇。受生成语法的影响,他认为研究语篇中的模糊概念没有意义,并认为语篇语言学的真正研究对象是人的语篇生成能力。① 这一前景虽然值得期待,不过 Изенберг 身陷五彩斑斓而又形态各异的语篇海洋中而无力自拔,他不能而且也不想承认语篇在扩散这一事实。而力图找到研究对象形式化道路的努力使得他转向关注心理语言学问题:人的语篇构建能力、语篇的表现力、人的语篇接受能力等。

正是普通语言学理论在解决语篇结构分析上的不足促使我们思考语篇语言学研究的途径和方法问题。我们选择该题目有多种原因,其中最重要的一点是在现代语言学中分析文学语篇已成为一个蓬勃发展的领域,但同时该领域还有许多亟待完善之处,而研究视角和分析方法上的多样性是我们认为有必要研究这一课题的重要原因之一。我们试图在结合有关著作和自己的思索的前提下,在广泛占有原始材料的基础上对这一题目进行研究。在分析文学语篇时我们接触到了不同的语篇分析的观点,对我们来说要从这些纷繁芜杂的学术观点中提炼出自己的看法殊为困难。笔者希望本书能对其他语篇研究者有所裨益,同时我们也认为只有从

---

① Хорст. Изенберг. О предмете лингвистической теории текста. Новое в зарубежной лингвистике, вып. 8. Лингвистика текста. М., 1978, с. 51.

多种角度来分析文学语篇,才能更深入地理解语篇的本质、语篇内部的各种关系,揭示读者所不熟悉的文学语篇的作用机制。

　　本著作的研究对象是语篇范畴。首先需要指出的是语篇是语言学研究的对象,因此应该使用语言学的基本概念。语言学现阶段发展的观点是建立在结构层级的基础之上的。Э. Бенвенист 写道:"只是借助于这一概念我们才能正确反映语言的重要特征,比如语言的切分性和离散性。只有层级概念才能够帮助我们看清语言整体与部分的所有复杂特征。"①因此这就产生了一个问题:语篇是语言的层级单位吗？这一问题可以有多种解决方法:一方面,如果从语言和言语两分的观点即静态的语言和动态的言语来看,从语言的聚合层面和组合层面来看,我们必须承认语篇并非语言的结构层级单位;另一方面,语篇的某些参数又使得我们有理由将其结构由聚合轴推向组合轴。这些参数首先是指单位结构项切分、语篇范畴的确定、语义角度,不如此则无法进行层级分析。因此,我们可以得出结论,语篇可以作为层级来加以研究,但并非作为语言层级,而是作为言语层级。言语也是具有体系性的,甚至言语生成的自发性特征也仍然难以完全摆脱语言体系对它的束缚和制约。语篇正如我们下面将要谈到的那样,它是言语创造过程中有意识地建构的结果,它服从于语篇建构的规律。这样,我们在承认语篇可以作为言语层级加以研究的同时,就必须首先来确定语篇的结构项,语篇都包含哪些内容范畴和形式结构范畴。在本著作第二章《语篇范畴理论与文学语篇》中我们试图对语篇构篇范畴进行分类。当然我们所提出的解决方案并不是唯一的,而且肯定还存在其他的、更有说服力的论据能够解决该问题。

　　本著作试图通过文学语篇这种材料来考察语篇的某些内容范

---

① Э. Бенвенист. Уровни лингвистического анализа. Новое в лингвистике, вып.4, 1965, с.434.

畴和形式范畴。读者在本著作中不会看到严整的、逻辑性非常强的语篇语言学理论架构,笔者的努力还远远不足以构筑这样的理论体系。我们发现各个语篇语言学家们的理论观点常常带有思辨性质,因此本著作所论述的内容主要是综合了俄罗斯语篇语言学家们的观点而对那些完全有理由被称为构筑范畴的现象所做的思索。众所周知,如果在谈到一种研究对象(我们这里指的是语篇)时不去研究它的范畴是不可想象的,而范畴的实质就在于它是开启现象之门的锁钥。

我们认为将语篇范畴划分为内容范畴和形式范畴是有益的,这里我们将这两种范畴统一于语篇语法之中。这一点是必需的,因为我们考察语篇范畴的目的在于探究其运行机制,而这就意味着在大量语篇材料分析的基础上能够最终构筑起语篇语法体系。我们无法严格区分内容范畴和形式范畴,因为形式范畴具有内容性质,而内容范畴也包含在形式范畴之中,二者是相互依存的关系。学界目前尚未出现一部能够将语篇范畴构建和运行机制系统化的著作,而且语篇范畴本身也无须进行这种分类学研究。

上面列举的许多语篇范畴,像信息性、整合、回溯等运用非常广泛,它们也不唯语篇这一研究对象所独有,但是我们理解的语篇是现实片段的直观反映,它是语言书面上的生成物。在科学理论层面上研究任何一种对象都需要从该对象的具体表现出发对其进行一定程度的抽象化概括。我们在研究作为言语创造过程结果的语篇时一定要区分出这样一些特征——参数、特性,即该研究对象的理想模式所赖以建立的区别性特征,而这一点只有通过分析大量不同类型的语篇材料才能得以实现。我们可以从这些材料里面选出或多或少接近或偏离这种理想模式的语篇,我们后面提出的语篇分类就是基于这种考量,这种语篇分类是指语篇的抽象模式,并允许它有一定的变体。

下面我们再来谈一下本著作的研究材料。散文(проза)来自拉丁语 Prosa，是口头或书面言语作品，它是同上下文对照的诗歌相对而言的，诗歌节律是以句法结构邻近的关联性为基础的（例如圆周句、句子、诗节）。最初散文的种类有事务性散文、公文性散文、科学散文、回忆录等。文学散文（短篇小说、中篇小说、长篇小说）主要是同诗歌的抒情性和表情性相区别而言的（但也有抒情散文和哲理散文）。散文早在古希腊罗马文学中就出现了。19世纪以来散文被提升到语言艺术的最重要位置。俄罗斯文学理论将小说、戏剧等文学体裁都划入到散文范围之中，这同中国传统文学体裁分为小说、诗歌、戏剧、散文等形式迥异。

本著作在阐述不同语篇范畴的同时，主要应用俄罗斯语言学界提出的语篇范畴理论，来研究小说这一独特的语篇类型，通过从不同语篇范畴角度的分析和归纳，试图探索小说语篇的内部层级结构，揭示其内在意义，进而得出文学语篇内部结构和运行规律。本著作拟从语篇语用单位——散文段或语篇片段、段落来进行综合研究，语料主要是俄文小说语篇，在论述过程中，考虑到篇幅因素，语篇范畴分析所用语料的部分中文译文出处统一列于参考文献中，在正文中不一一列出。

四、研究任务

语篇的重要特征之一是完整性，语篇分析的出发点就是要承认它具有某种独立意义的实质，但同时它仍然要遵循言语作品构建的普遍规律。任何言语行为都要服从该话语所依据的普遍规律，即话语的结构构造规律。我们再来简略回顾一下语篇语言学和语言修辞学之间的相互关系。许多语篇研究者早就发现该领域提出的大量问题早已在语言修辞学中获得了详尽的研究。此外，语言修辞学本身也是建构在连贯语篇研究的基础之上的，因此，本著作中涉及的许多问题在修辞学研究中已经提出了。可以说当语言修辞学所研究的对象是修辞语体和修辞手段时，它实际上起到了对语篇语言学的补充的作用。难怪 К. Гаузенблаз 在谈到言语作品时指出:"在将语体作为一种熔合性材料加以研究时,这种方法最早实际上源自修辞学。"①

那么我们还有必要对语篇范畴进行研究吗？答案是肯定的,原因在于语言修辞学主要研究的是语言表达效果的规律的学科,即语言的题旨情境,但它却无法深入到语言的思维层面和抽象特征中,而对于语篇单位和语篇范畴研究的最新进展恰恰关涉到思维性质本身。思维过程两种类型(种类和特征)的相互作用——抽象语义类型和具体经验类型——是对所研究对象得出真正科学认识的大有希望的基础。然而这种相互作用并不总是由于研究者对某一思维类型的偏好而得出的各种结论所致。语言学家只有在对大量语料进行研究之后才会相信自己得出的结论。类似语篇这种复杂的研究对象只有在对各种体裁的大量语篇进行详细的、全面的分析之后才能得出科学的、有根据的结论。

由此,本著作的任务就是描写并分析语篇的隐含特征,使语法范畴体系化,厘清交际行为成功进行不可或缺的范畴之间的相互关系及其局限性。本著作研究的目的和意义是探索小说语篇的构篇要素和创作机制,深化对小说语篇的解读。为此确定如下任务:

(1)确立语篇形成的概念和基本特征;

(2)阐释语篇范畴的概念、类型和本质属性;

(3)通过分析文学语篇(本著作特指小说语篇)研究语篇范畴在小说中的体现手段、形式,论述其功能,确定语篇范畴与小说内部结构关系;

(4)运用语篇范畴理论的有关论述,结合对俄文小说语篇的分析,剖析语篇内部运行机制和层级系统。

---

① К. О. Гаузенблаз. характеристике и классификации речевых произведений. — Новое в зарубежной лингвистике, вып. 8. Лингвистика текста, М., 1978, с. 63.

五、独创性和新颖性

从语篇角度对小说作品进行语言学分析是一种全新的探索，目前学界很少有人从事此类研究。我们试图以语篇范畴作为切入点，对小说语篇进行多维度的全息透视，探索文学作品创作和接受的规律及特点。用形式化手段分析小说，与从纯文学角度研究小说截然不同，重点并不是关注作家创作及对读者思想产生的社会影响，而是从语篇内部结构入手，多方吸纳多个语言学家的理论成果，试图从另一种角度开采这种语篇形式的精华。

本著作试图在语篇语言学框架内，结合俄罗斯学者研究语篇的不同理论和观点，从文学语篇内部范畴机制出发，对语篇内部范畴进行梳理和总结，分析小说这一特定文学语篇的范畴结构及其相互关系。从语言学、心理学、形式主义等角度，对小说语篇的创作机制进行尝试性的探索，力求揭示文学语篇内部范畴系统的结构特征，研究其生成规律和解读途径，为理解俄语小说语篇探求一条道路，从这个意义上来说，这种研究也具有一定的实用价值。

第一章 俄罗斯的语篇研究

第一节 语篇语言学的源起和发展

语篇语言学作为一门特殊的语文学科形成于20世纪下半叶绝非偶然。首先,它综合了一系列学科的成果:诗学、演讲术、修辞学、阐释学、语义学、心理语言学、人工智能理论等。其次,几千年来各家学派、各种学术观点的代表人物在语篇解读方面的经验也为语篇语言学这门学科的产生准备了条件。有关语篇语言学的起源问题也观点各异,众说纷纭。我们列举了其中一些重要观点:

(1) 语篇语言学是一门相对年轻的独立学科,肇始于20世纪初,它的理论和实践有力地促进了语文学的发展。现代语篇语言学研究语篇及其结构、范畴、组成,还包括语篇的构建方法,特别是文学语篇的创作方式。①

(2) 文学作品整体性语文学分析的经典理论和实践。这种整体性语篇语言学分析是建立在语言学、语文学和文化学统一立场上的,并且这些立场准确地体现在许多杰出学者的经典语文学著作中。②

---

① Н. В. Шевченко. Основы лингвистики текста. М., 2003, с. 4.
② 参见 М. М. Бахтин、В. В. Виноградов、В. М. Жирмунский、Л. В. Щерба、Б. М. Эйхенбаум 等人的著作。

（3）В. В. Виноградо 院士创立的文艺作品语言理论。Л. А. Новиков 对这个理论的意义是这样界定的："文艺作品语言科学是作为实用语言学学科的语篇语言学的基础的,并且语篇语言学同样运用这门科学的原则和方法。"①

（4）20 世纪 60—70 年代的语言学提到的"复杂句法整体学说"。А. Х. Востоков、Ф. И. Буслаев、А. М. Пешковский、Л. Н. Булахов、Н. С. Поспелов、И. А. Фигуровский 等学者预见到了这一概念。

（5）传统修辞学,特别是语言形象手段修辞学。这门学科无论是在数量上还是在持续时间上都积累了丰富的文学作品分析经验。

（6）功能修辞学,这门学科主要研究语篇功能修辞参数。② 这也就解释了为什么作为整体性言语交际单位的语篇,其交际功能的实现要依靠语篇的修辞类型学参数,而语篇结构则完全取决于功能修辞规范。

（7）与词汇、语法和语篇直接相连的实义切分理论。③ 捷克语言学家 О. Лешка 指出,有关语句实义切分的问题是向语篇语言学迈出的第一步,而且也只有在语篇语言学的框架内这一问题才获得了圆满的解决。

（8）揭示词汇、句子和语篇普遍规律的语义衍生理论。④

（9）语义句法学成果⑤,它可以用全新的视角审视语篇语义结

---

① Л. А. Новиков. Художественный текст и его анализ. М., 1988, с. 11.
② 参见 В. В. Виноградов、М. Н. Кожина、В. В. Одинцов、Э. Г. Ризель、Д. Н. Шмелев 等人的著作。
③ 参见布拉格学者的著作,Г. А. Золотова 的系列著作和功能语法。
④ 参见 Е. С. Кубрякова、Л. Н. Мурзин、Е. А. Земская 等人的著作。
⑤ 参见 Н. Д. Арутюнова、ван Дейк、Г. А. Золотова、В. Г. Гак、А. В. Новиков 等人的著作。

构。

　　除了语言学本身的成就,与语言学临近学科的研究成果也在语篇语言学形成过程中起到了特殊的作用。这些学科包括:心理学、美学、社会学、人工智能理论、哲学、生理学、心理语言学、认知语言学等。考虑到语篇的复杂结构和各个方向学者在研究语篇本质方面所取得的成果,我们认为在语篇语言学及其他语言学领域,在言语行为和体裁理论、文化符号学、认知语言学、心理语言学以及文学取得重大成就的基础上,研究语篇总合一体的多维分析模式已成为当务之急。

第二节　语篇的概念和符号学解读

　　语篇(текст)一词来源于拉丁文 textus(布料,交织,结合),意思是编织物,组织、连接起来的东西,是通过意义联系组织起来的符号单位(знаковая единица)系列,其主要特征是关联性(связность)和整体性(цельность)。[①]

　　И. Р. Гальперин 对语篇下的定义是:语篇是言语创造过程的产品。它具有完整性,体现为文字材料,并根据材料类型进行相应的加工。言语产品具有明确的意向和语用目的,包括名称(标题)及一系列独立单位(超句统一体),并通过词汇、语法、逻辑、修辞等各种联系手段,把它们结合为一个整体。[②]

　　俄罗斯社会科学院 80 年语法在谈到语篇的定义时提到了连贯话语:"在语言联系和语言关系基础上组织起来的,并在内容上

[①] Николаева Т. М. Текст // Русский язык: энциклопедия. 2-е изд., перераб. и доп. / Гл. ред. Ю. Н. Караулов. М., 1997, с. 555.

[②] 转引自华劭. 语言经纬[M]. 北京:商务印书馆,2003:267.

把句法单位结合为一体的言语片段叫做连贯话语。"①

英国语言学家 Halliday 在其著作《英语的衔接》一书中指出："语篇在语言学中指任何长度的、语义完整的口语或书面语的段落。语篇的形式多种多样,可以是口头的或书面的、散文或诗歌、对话或独白。"②

对于以上有关语篇的定义,相比较而言,我们还是倾向于认同 И. Р. Гальперин 的语篇定义。他的定义比较全面地涵盖了语篇的各种特征,强调语篇是由一系列独立单位构建而成的,这也为从多维度研究语篇提供了理论依据。

在符号学中,语篇可以理解为由任何符号单位组织起来的系列,它可以以任何交际形式出现,而在语言学中,语篇仅指由单一语言符号构成的系列,它可以是口头的,也可以是书面的。符号学上把语篇理解为一系列有理性的任意符号的组合,可以是任意的交际形式,包括仪式、舞蹈、礼节等,而语言学则认为语篇是语言符号序列。语篇的正确结构可能是口头的,也可能是书面的,与"语篇性"(текстуальность)的相关要求联系在一起,它同外部联系性、内部理解性、及时理解的可能性、交际必备条件的可实现性等因素密切相关。对于两种语篇(口头语篇和书面语篇)来说最重要的是语篇的同一性问题,即所谓研究语文学特殊领域的典范形式——篇章语言学,或称为语篇语言学。语篇语言学的描述采用具有特色的表达手段,这种手段可以保证语篇中所传达意思的确定性。例如词汇手段:语气词、插入语等;结构手段:根据语篇目的性改变词序;语调手段(用于有声语篇);特殊的线条(图示)手段:着重号、用不同字体隔开、标点符号(用于书面语篇)等。对语篇

---

① 转引自华劭.语言经纬[M].北京:商务印书馆,2003:267.
② M. A. K. Halliday. R. Hasan. Cohesion in English [M]. London: Longman, 1976:1.

的理解正确与否不仅取决于语言单位及其组织,还取决于背景知识储备、交际背景等,因此对语篇的理解与读者自身素质是联系在一起的。显然符号学视野下的语篇概念更为宽泛、更为全面,这无疑将成为未来语篇语言学的一个大有可为的、前景广阔的研究方向。

第三节 语篇的基本特征

语篇研究的核心对象和基本问题是语篇的生成与理解。我们可以在"意识—语言—世界"三段式框架内来研究语篇的生成(意义中的意思)和语篇理解(意思里面包含的意义)的转换机制。实际运用中的语言——这是进入其他类型活动中的语篇活动。语篇是交际的基本单位。人们在交际时不仅使用某些词和句子,而更主要的是语篇。"语篇"这一概念出现得较早,但在语言学研究中直到 20 世纪 70 年代才开始使用这一术语。

一、语篇的体系性

现代语篇语言学中存在许多有争议的问题,而其中分歧最大的就是语篇的体系问题,即语篇到底是一种现象还是一种单位。语篇活动与交际活动的关联性、语篇活动的言语创造性和功能性特征使人们有理由认为语篇首先是言语现象,并且只是言语现象。①然而,И. Р. Гальперин,О. И. Москальская,Е. И. Шендельс,Г. В. Колшанский 和其他学者认为语篇是语言和社会中发挥作用的微观系统的模式化单位,而这种微观系统是作为交际过程中具

---

① Ипполитова Т. В. Текст в системе обучения русскому языку в школе. М., 1998, с. 5 – 13.

有交际意思完整性特点的语言基本单位而存在的。① Г. А. Золотова 则从语篇的语言结构和说话人(或写作人)的交际意图出发,将语篇分为五种类型或言语域,它们分别是:复现性语篇、信息性语篇、生成性语篇(独白型话语所特有的)、说理性语篇和相关性语篇(对话型话语)。② 每一种类型的语篇都具有某些特征。譬如,说话人可以在复现性语篇中重建话语中所观察到的现象。复现性语篇中的语句可以归入一种情态框架:Я вижу, как...(我看见……);Я слышу, как...(我听见……);Я чувствую, как...(我感到……);等等。信息性语篇提供为说话人所知晓的,或为其所领悟的有关事实、事件、特性的表述。此类信息性陈述可以以模式化架构做结:Я знаю, что...(我知道……);Известно, что...(众所周知的是……)。在生成性语篇中说话人提供了总括性信息,而这些信息是与作者的生活经验和综合知识相关联的。生成性语篇主要以推理、格言、劝谕、谚语等形式进行阐发。如:福祸难测,吉凶未定(палка о двух концах),路遥知马力,日久见人心(чтобы узнать человека, надо с ним пуд соли съесть)等。对话型话语主要是通过说理性语篇和对话性语篇来表现的。说理性语篇的任务是督促受话人付诸行动,改变现状;对话性语篇则表达对情境的评价。试比较:

　　Ну не паразит ли! — И на меня же попер.
　　— Да брось ты его!
　　Нет, отметелить я его должен.
　　— Ну и заработаешь! Из-за дерьма.

---

① Ипполитова Т. В. Текст в системе обучения русскому языку в школе. М., 1998, с. 5 – 13.

② Золотова Г. А., Онипенко Н. К., Сидорова М. Ю. Коммуникативная грамматика русского языка. М., 1998, с. 28 – 34.

— Куда ты меня счас?

— Пойдем, переночуешь у нас…Остынешь. А то себе хуже сделаешь. Не связывайся. (В. Шукшин, «Волги»)

在这个对话中作者通过 Иван 与民警的对白实现了对后者说理的目的。言语交际域的概念来自同类语篇中运用的述谓单位集合的抽象化,它是通过具体的语句、语篇或语篇片段实现的。因此,语篇中传递给受话人的事件和世界知识首先是由语篇中使用的语言及言语手段确定的,其次取决于说话人和受话人时空位置的相互关系。这种对语篇描述的观点证明了语篇不仅是与现实交际活动相关联的具体单位,而且还是最高层次的抽象的语言单位。从上面的不同分类可以看出,语篇的类型划分具有体系性特征,层次关系分明,结构关系严谨。

二、语篇的广泛性

О. А. Лаптева 将语篇界定为"语言交际的综合单位",她建议将语篇同"言语作品"(речевое произведение)区分开,后者与前者的不同之处在于言语作品有开篇—展开部—结尾,而语篇则不一定同时具备这几项要素。这意味着任何作品都可以是语篇,但并不是每一个语篇都是言语作品,从而大大扩展了语篇定义的适用范围。国内学者吴贻翼在其著作《现代俄语语篇语法学》中也指出:"语篇是言语作品。它既可能很短,只有一二句话,如一句口号、一张便条、一个谜语(Еду, еду-следу нету)等;也可能很长,洋洋万言以上,甚至几百万字的言语作品,如托尔斯泰的巨著《战争与和平》。"[①]不过这种说法还存有争议,因为大多数的研究者认同语篇就是言语作品这一思想,它具有开篇、展开部和结尾。

近几年的语言学文献中除了语篇,又出现了话语(дискурс)这

[①] 吴贻翼等.现代俄语语篇语法学[M].北京:商务印书馆,2003:6.

一术语。话语是同语言外因素相关联的连贯性言语。语篇是从事实角度阐发的,而话语则针对有目的的社会活动,被视为人际交往的因素,即"沉浸于生活中的言语"。在交际语言学的所有研究中语篇不仅是话语的基本单位,它还是语言的单位。不同层次语言中的语言变体,在交际过程中参与语篇建构,从而获得了新的属性和功能,成为语篇组成要素。因此,语篇综合了所有层级的语言变体和言语变体,集语言实质和言语属性于一身。语篇既是语言单位同时也是言语作品的单位。

然而并非所有学者都承认语篇既可以是书面作品,又可以是口头言语作品。一些学者(И. Р. Гальперин, Л. М. Лосева)认为语篇只能是书面形式的言语作品,而另一些学者(И. В. Арнольд, О. А. Лаптева)倾向于把语篇视为口头作品,主要是独白。俄罗斯语言学家 Т. В. Матвеева 则认为存在对话性语篇,把它理解为言语意图,例如交际意愿。不过大多数学者还是认同语篇只是以一定形式构建的、有组织的言语这一观点的。那么,是否能推断语篇只是以书面形式存在呢? 交际既可以采取书面形式,也可以采取口语形式。因此,分析的对象不应该只局限于书面语,还应该包括口语,甚至可以是录音片段。由此我们可以归纳出作为言语产品的语篇的基本特征是:

(1)整体性,即语篇的连贯性和结构的完整性;
(2)完整性,即作者意图的全面阐释(内容层面);
(3)情态性(作者对所述信息的态度,作者的评价和自我评价);
(4)针对性和语用意图(语篇的题材和体裁特点)。

因为语篇语言学研究中对语篇的定义很多,我们建议采用以下定义:语篇是以书面或口语形式存在的,其特征是具有完整的意思和结构,其中包含作者对作品内容的态度,它具有针对性和语用目的。

第四节 语篇的基本类型

尽管语篇的类型是语篇语言学的核心问题,但到目前为止尚未研究清楚,分类的标准也未确定,主要困难来自以哪一种原则做指针是未知的。语篇类型是语篇理论特别是语篇语言学的核心概念,它是指语篇存在的经验主义表现形式。考虑到实际交际因素和描述现实的性质,从事语篇研究的大多数学者倾向于将语篇划分为文学语篇(художественный текст)和非文学语篇(нехудожественный текст)两大类。非文学语篇的特征是信息接收的单义性,而文学语篇则是意义的多义性。文学语篇与非文学语篇(科学语篇和官方语篇)的不同之处还在于语篇的功能特色、美学影响等方面。В. В. Виноградов 认为:"语言的诗学功能依赖于交际功能并以此功能作为出发点。但在交际功能基础上建立起从属于艺术规律性的言语意思与相互关系的新世界。"[①] Р. А. Будагов 把语言的美学功能称为"将文学作品与其他语体区别开来的重要的不可分割的特征"[②]。

此外,语篇按照形式还可以划分为口语语篇(主要是指日常生活交际方面)和书面语篇(指正式的、专门的和美学的交际方面)。书面语篇也是口语研究的对象,因为语篇特征中不可避免地会涵盖非语言因素(交际情景因素),因此有必要关注类似于交际行为、言语体裁等概念。在这个意义上而言容量大的语篇材料富含多样的功能修辞手段,它不是作为抽象的功能语体体系,而是

[①] В. В. Виноградов. Поэтика и ее отношение к лингвистике и теории литературы // Вопр. Языкознания, 1962, №5.

[②] Р. А. Будагов. Филология и культура. М., 1980, с. 31.

作为语篇中的言语实现手段来加以研究的。

而文学语篇和非文学语篇的划分对本著作具有特别重要的意义。自然语是所有语篇的构筑材料,其中当然也包括文学语篇,因为文学语篇在所有语篇中占据特殊地位。З. Я. Тураева 认为二次模式化系统,其中就包含着对客观世界和作者创作意图的反映。文学语篇是各种语言中统一的、独特的符号系统,在这个意义上,«Анна Каренина»、«Евгений Онегин»、«Дон Жуан»都是用一种语言创作的。使用二级符号系统的这种语言具有释义多样性的特点,同文学语篇这种形式紧密相连。因此,文学语篇包含的不仅是语义信息,还包括所谓的文学信息和美学信息。根据概念的形式还可以将语篇分为口头语篇(主要的日常交际领域)和书面语篇(正式的、专门的和美学的交际领域)两种类型。在此,我们主要参照俄罗斯语言学家 Н. С. Валгина 的分类。她在遵循大多数学者将语篇划分为文学语篇和非文学语篇的基础上,根据语篇风格—体裁指向划分为下列类别:

(1) 公文事务型语篇(официально-деловые тексты)及其变体:外交语篇(дипломатические тексты)、法律语篇(законодательные тексты);

(2) 办公行政语篇(административно-канцелярские тексты);

(3) 科学语篇(научные тексты)及其变体:纯科学语篇(собственно научные тексты)、科普语篇(научно-популярные тексты)、教学语篇(учебные тексты)、生产技术语篇(производственно-технические тексты);

(4) 政论语篇(публицистические тексты)及其变体;

(5) 信息性语篇(информационные тексты)、分析性语篇(аналитические тексты)、文艺政论语篇(художественно-публицистические тексты);

(6) 广告语篇(рекламные тексты),它的言语特色是将联系功能和感召功能置于首位;

(7) 文学语篇(художественные тексты)及其变体:散文性语篇(прозаические тексты)和抒情性语篇(лирические тексты),即诗歌语篇(поэтические тексты)。

第五节 语篇研究的基本方向

作者创作语篇是为了客观地表达他的思想,体现他的创作意图,传播知识和有关人与世界的概念,把这些概念从作者的意识中提炼出来并使之成为其他人的财富。这样,语篇就不是独立的,也不是自给自足的,它是基本的但并非唯一的正文构拟和言语思维的活动成分。言语思维活动结构的最重要组成部分除了语篇以外,还包括作者(语篇创作者)、读者(语篇接受者)、语篇所反映的客观现实、语篇中作者对客观现实的认识、作者从中选择语言手段并能够完全体现自己创作意图的语言体系。这种正文构拟活动结构可以用图解的方式表达如下:

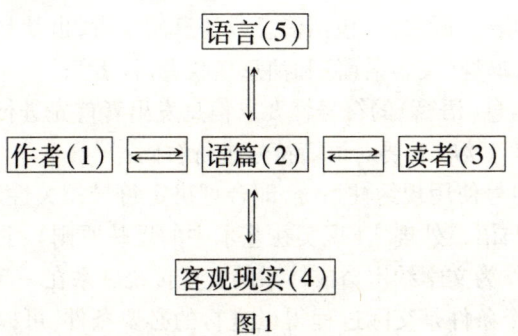

图1

图1中箭头所指方向所代表的意义是:
作者创作面向读者的语篇(箭头1→2→3)。

作者自觉或不自觉地反映现实世界的事实、事件、感受等,有关这些方面的知识体现在作为作者个人世界图景的语篇中(箭头 1→4→2)。

作者致力于语言系统资源的研究并从中遴选出能够传达自己创作意图的那些语言手段(箭头 1→5→2)。

读者感受语篇给他带来的影响并力图理解它,深入领会作者的创作意图(箭头 3→2→1)。

读者力求完全融入作者创作的世界图景之中(箭头 3→2→4→1)。

读者诠释语篇的过程同时也和自觉不自觉地领会语篇内部语言学部分(包括词汇、语法、修辞部分)这一过程联系在一起(箭头 3→2→5→1)。

因而正文构拟活动其实是一个极为复杂的多种成分参与的心理智力交际过程,因为这种言语交际过程同时还承担着美学功能,所以这个交际变体开始被视为文学交际过程。① 在有关语篇类型学问题的介绍性概述论文集中,文学交际的实质恰恰是基于语篇正文构拟活动的基本成分展开的。文学交际的实质须以下述事实为前提:

(1)具备交际目的,包括信息或消息发出者,也就是文学作品作者,消息本身(文学语篇)和消息接收者(读者);

(2)信息(语篇)的符号性要求信息发出者首先进行符号的编码,随后信息接收者要对语篇符号进行解码;

(3)符号使用规约性系统,即合理决定符号相关性系统,该系统一方面与语篇外现实(现实在艺术中的反映原则)相关联,另一方面也与作为文学约定俗成体系的文艺传统联系在一起。

后两个条件是交际过程得以进行的必要条件,可以使读者在

---

① 参见 ван Дейк、Р. Познер、З. Шмидт、Р. Фасмер 等人的著作。

语言知识、个人生活经验和文学传统知识的基础上对语篇进行全方位的解读。①

语篇结构、语义和交际组织的复杂性,作为与作者、读者进行文学美学交际成分的语篇的相关性,语篇的现实制约性和符号性等因素是语篇研究观点各异的原因。总结这些观点我们发现,还可以根据正文构拟活动的哪个方面是语篇研究的直接对象而对它们进行划分。我们可以划分出以下语篇研究的基本观点:

(1)以语言为中心的观点(语言—语篇);

(2)以语篇为中心的观点(语篇作为独立结构意思整体,不考虑与文学交际参与者的相关性);

(3)以人类为中心的观点("作者—语篇—读者"的相关性方面);

(4)认知观点("作者—语篇—语篇外现实"的相关性方面)。

语篇分析的传统观点是以语言为中心的观点。这种观点的合理性在于它研究语言单位功能和文学语篇的范畴,这是传统修辞学、语言单位修辞学和词汇美学的研究范围。② 持这种观点的学者的语篇研究对象可能是词汇单位和范畴,也可能是语音、语法、修辞单位和范畴。例如,许多文学语篇著作的研究对象开始变为修饰色彩、言语动词、无人称句、分析结构、动词的体时意义等等。这类著作的优点在于它们揭示了某些单位的功能属性,描述了某些作家、诗人的个人风格。这些有关功能修辞的专著后来成为功能语言学和功能修辞学产生的基础,但是从语篇语言学的立场看类似观点并未完全揭示所研究的单位的语篇功能在语篇结构和语

---

① См. Проблемы типологии текста. Сб. Науч.-анилит. обзоров. М., 1984, с. 84-110.

② См. Гальперин 1981, Гончарова 1984, Падучева 1985, Кухаренко 1988, Чернухина 1990.

篇语义学中的作用,因而认识此类单位的语篇本质就成为我们研究的目标。

以语篇为中心的观点是建立在把语篇看作是创造性活动的结果和产品的看法上,此时语篇被视为整体性的已完成的研究对象。同时根据语篇独立研究方向还可以把研究对象划分为:语篇语义学和语篇语法学(或者单独的语篇句法学),这些学科划分的基础是把语篇视为结构语义整体的观点。① 以语篇为中心的观点把语篇看作是具有一系列正文构拟范畴和特性的独一无二的言语作品。② 类似的对语篇所有范畴进行论证性的、合乎逻辑的分析在 И. Р. Гарыпарин 的系列著作和上述专著中均有体现(本著作中语篇范畴概述见第二章,范畴分析见第三、四、五章)。

以人类为中心的观点是与从语篇构拟角度(作者立场)和语篇接受角度(读者立场)、语篇对读者影响角度和语义衍生角度解读语篇的观点联系在一起的。类似的交际观点是随着力图克服语篇非传统分类不等值的缺陷这一过程产生和发展起来的,而这种分类方法仅仅基于语篇内部固有的结构特征。③

以人类为中心的观点内部根据研究重心又可划分以下语篇研究方向:

(1)心理语言学研究方向④;

(2)语用学研究方向(А. Н. Баранов);

(3)语义衍生研究方向(Е. С. Кубрякова, Л. Н. Мурзин);

---

① См. Золотова 1982, 1995, 1998, К. Кожевникова 1979, Ковтунова 1986.

② См. Гальперин 1981, Гончарова 1984, Падучева 1985, Кухаренко 1988, Чернухина 1990.

③ См. Проблемы типологии текста. Сб. Науч. -анилит. обзоров. М., 1984, с. 110.

④ См. Л. С. Выготский, Т. М. Дридзе, А. А. Леонтьев, И. А. Зимняя, Н. И. Жинкин, А. Р. Лурия, Л. В. Сахарный, А. М. Шаханарович.

（4）交际研究方向（Г. А. Золотова，Н. С. Болотнова）；

（5）言语学研究方向（体裁风格方向）①。

  下面我们重点来谈一下语篇的心理语言学方向，这个方向是从最广义的角度来研究的，该领域积累了许多对语篇语言学分析弥足珍贵的可信度很高的资料。心理语言学与传统的经典语言学不同之处在于：第一，心理语言学更加重视实验方法；第二，心理语言学把语言和语言单位研究视为一种特殊的心理现实。这一点也反映在对语篇本质的研究上。语篇心理语言学研究依靠这样一种观念，即把语篇视为语篇构拟和语篇接受两位一体的过程，这个过程建立在交际活动基础上：语篇既是言语活动结果也是言语活动产品，还是语篇创作过程本身，因此语篇本质上是程序性的、动态的。语篇的动态性表现在：第一，语篇是在说话人与操该语言的其他人进行交际的过程中创作完成的；第二，语篇同时存在于听话人和说话人的接受过程之中。这样，语篇构拟和语篇接受就成为语篇动态本质的两个方面。从听话人和说话人（作者和读者）的角度来研究语篇就是一种动态的过程，因为这种研究带有揭示语篇形成机制的目的。

  学界对语篇构拟模式进行了广泛而深入的研究②，而语篇接受模式则获得另一些学者的青睐③。把语篇作为两位一体的过程进行解读的根据是语篇构拟和语篇接受的共同特性，以及在此基础上的统一的、独一无二的语篇构拟活动机制，这种机制是从作者和读者对立的立场来理解的。А. И. Новиков 注意到了信息转变机制的这些过程中的统一性，他指出："这些过程不是单方面的，

---

  ① См. М. М. Бахтин，М. Н. Кожина，М. Ю. Федосюк，Т. В. Шмелева.

  ② См. Т. В. Ахутина，Л. С. Выготский，А. А. Леонтьев，А. Р. Лурия，С. Д. Кацнельсон，Г. Кларк，А. М. Шахнарович，Ч. Осгуд.

  ③ См. Т. М. Дридзе，Н. И. Жинкин，И. А. Зимняя，В. В. Красных，А. А. Леонтьев，А. И. Новиков，Ю. А. Сорокин.

而是多层级的、多阶段的。这些过程突出的特点就是转变。如果语篇理解时转变结束了这个整体内容形成过程,则语篇构拟时转变就意味着从所有思维内容中选择那些可以构成未来语篇内容的成分,这些成分大体上符合未来语篇的某些整体特征。这种转变就带有构思的形式。"[1]他同时还揭示、研究了语篇构拟和语篇接受机制的特征,分析和总结了现有的心理语言学言语生成图表可以确定的任何语篇构拟模式的原则结构,它的基本阶段等等,这些阶段包括:

(1)动机和意图(纲要和计划);

(2)计划实施(语篇加工过程);

(3)将实现的计划与构思进行比较。

我们来考察一下心理语言学语篇生成结构。动机阶段决定最初的语篇生成过程的动机激励程度。动机是一种能够引起有目的的积极性并能决定这种积极性的方向的激励因素。语篇生成活动不是目的,而是认识、影响和体验手段。动机是作为理由、语篇概念的形式形成的。动机是启动整个最复杂的言语思维活动机制的诱因,它既是语言外因素,同时也是语言内因素。交际活动动机阶段包括自觉或不自觉的以语篇意图(计划)形式存在的信息,即说什么和对谁说。而意图是不可切分的意义,作者提出的语篇总体构思,是作者个性化的内心符码。意图实现阶段是创作脱离作者的语篇(从思想到成品)成品的阶段,是由内心构思活动转化为外部创作活动的过程。А. И. Новиков 认为语篇的接受具有自己的特点,它受语篇性质本身的制约,是作为连贯思想的对象物,是作用于感官的直接的刺激物。按照他的观点,语篇是一种带有封闭结构的图示,它包括布局、语篇主体、衔接等成素。心理语言学研究认为:首先是展示,其次是衔接,最后是展开,即(1)部分信息缺

---

[1] А. И. Новиков. Семантика текста и ее формализация. М., 1983, с.55.

失的语篇展开是可能的;(2)有时会改变语篇内容;(3)语篇展开。

第六节　语篇的切分

实义切分(актуальное членение)思想的萌芽出现在19世纪下半叶,最早提出这一思想的是法国学者威利、德国学者巴托等人,他们主要是将这一思想运用于各种语言词序规律的研究之中。到19世纪末20世纪初成为实义切分理论研究的第二个阶段,它被纳入心理学研究领域,代表人物是德国学者加连茨、俄国的Ф. Ф. Фортунатов等人。直至20世纪30年代捷克著名语言学家马捷齐乌斯发表的一篇《关于所谓的句子实义切分》论文之后才正式确立了实义切分的理论地位。他在论文中全面阐述了这一理论构想,以"表述基础"(основа высказывания)和"表述核心"(ядро высказывания)这对概念代替了心理学术语"心理主体"和"心理述体",从而实现了实义切分理论从心理学向语言学的转向。实义切分理论确立后,在苏联也引起了巨大反响,并在20世纪六七十年代达到了顶峰,发表了大量相关的论文和著作。其中最有代表性的著作是И. П. Распопов的《句子的实义切分》,他将该理论用于句法研究,并对简单句进行了分类。进入20世纪90年代随着大批实义切分理论著作的问世,越来越多的学者将实义切分的理论和方法运用于简单句、复合句甚至语篇的分析上。苏联解体后,俄罗斯语言学家继承了前辈学者的研究传统,将这一理论延伸至语篇领域,提出了语篇切分(членение текста)的思想。最具影响的当属И. Р. Гальперин的语篇切分理论,他首先是将语篇内的信息类型区分为三种信息:

(1)事实内容信息(содержательно-фактуальная информация, СФИ);

(2)概念内容信息(содержательно-концептуальная информация，СКИ);

(3)语境内容信息(содержательно-подтекстовая информация，СПИ)。

其中事实内容信息是指周围世界、现实或人们思想中的事实、事件、过程的表述；概念内容信息对应的是作者就事实内容信息所描述的现象向读者阐述自己的个人理解，对这些现象间的因果关系的领悟等；语境内容信息是指借助于语言单位的生成和联想意义，以及超句统一体的句际衔接功能而从事实内容信息中发掘出来的隐含信息。由此出发，他进而提出了语篇切分的问题，在他看来语篇切分是作品结构层面具有的功能，其中不仅牵涉到事实内容信息，而且也同语篇构建者的语用目的相关联，正是基于对后者的考虑，他划分出了作者言语(речь автора)、他人言语(чужая речь)和非准直接引语(несобственно-прямая речь)三种语用性切分形式，但他对于语篇整体切分并未形成完整的理论架构，而仅仅是针对某些语篇类型做了一些具体的例析。后来语言学家 Л. Г. Бабенко 正是秉承 И. Р. Гальперин 的切分思想明确提出了三种语篇切分形式：篇幅语用切分(объемно-прагматическое членение)是根据语用需求划分出段落、章节；结构语义切分(структурно-смысловое членение)是按照意义向心性原则划分出超句统一体；变体语境切分(контекстно-вариативное членение)就是按照作者视角和人物视角来进行语篇切分，从而最终实现了从言语交际层面、语言意义方面和篇外语境因素三个界面来对语篇进行形式切分的目的，为我们进一步深入研究语篇内部机制奠定了坚实的理论根基。

下面我们来具体谈一下语篇的切分问题。我们将语篇理论方法论方面的区别进行换位思考，可以设想文学语篇作者本人并不总是事先构思好自己的作品并且清晰地切分成各部分的。然而受到语篇结构普遍语用规律的制约,作者需要找出切分的形式。如果认识不到语篇各部分是并列从属和相互依存的关系,那么对周围世界的整体把握就是无法想象的,而这一点恰恰构成了文艺创作的基本条件。可是假如偏离了预定的语篇各部分和联系形式的顺序,对整体进行切分在某种程度上就成了对作者无意识的语篇建构过程的破坏。问题仅仅在于接下来要对这种无意识的语篇建构过程进行有意识加工的规模和形式。

正如前面所指出的那样,要想找出某种语篇建构的普遍规律,特别是把对整体进行切分合理地想象成为语篇的理想形式,而此类语篇中体现了语篇建构的典型特征。而要做到这一点,只有确立了理想语篇的各项参数,这样我们才能发现作者是否有意识偏离了这类语篇,即理想语篇的变体。一个无可置疑的事实是语篇切分是作品一般结构层面的功能,这种切分的性质取决于许多因素,其中起作用的包括语篇中某一部分的篇幅及其中的事实内容信息,也包括语篇创建者的语用目的。语篇中某一部分的篇幅可以保证读者全面理解语篇的内容。因此,我们认为存在两种切分形式:一种是作者主观切分形式,它是作者出于自身创造意图而主动做出的切分,这种切分有时会偏离理想的语篇建构形式,当然这是作者有意为之;另一种是读者客观切分形式,它是为读者而对语篇做出的划分,一般遵循常规的、通用的语篇切分形式,即理想的、典型的语篇建构形式,目的是减轻读者接收信息的负担。两种切分形式对应上文提到的作者言语和他人言语,交替出现,贯穿全篇,而且也正是因为这两种语篇整体切分形式的存在,语篇切分导致了像回溯、前瞻、连续统等语篇范畴的产生。

语篇整体性是对语篇各部分进行整合的结果。这样,对整合的理解就不在于语篇切分或者语篇建构过程本身,而在于语篇理解过程中对构成这一整体的各个部分相互关系类型的分析研究,类似的分析也有助于我们更加深刻地理解语篇离散性单位的本体论特征。语篇切分系统也有自己的任务并且要克服对语篇的线性理解。换句话说,语篇切分导致了像回溯、连续统、重音重置等与时空关系有关的一些范畴的产生。要理解这些范畴一般会涉及语篇的二次切分。

那么语篇分为哪些部分?不同类型语篇整体切分有哪些形式呢?要回答这些问题必须划分出最小语篇和最大语篇。所谓最小语篇(минимальный текст)是指各种证明文件、电报、报纸简讯、笔记、信件等等,而最大语篇(максимальный текст)指由几部小说构成的长篇小说,并包括前言(作者序)和后记(跋、尾声)。长篇小说的最大单位是部或卷,它们的术语意义,即整体中的成分意义。对这个单位进行切分是遵循递减顺序的,如:部、章、节(通常用阿拉伯数字表示,以区别于用罗马数字表示的章)、删节(用删节号标记)、段落、СФИ 等。这种切分形式被称为篇幅语用切分,因为其中要考虑各部分的篇幅及吸引读者注意力的目的。这种切分同其他语篇划分形式交织在一起,也就是后来 Л. Г. Бабенко 提出的变体语境切分形式。И. Р. Гальперин 将这一形式进一步细化为下列创造性言语行为式:(1)作者言语:a)叙述;b)对自然、人的外貌、陈设、情景、事件发生地点等的描写;c)作者的议论;(2)别人的话:a)对话(带有作者的说明);b)引文;c)非准直接引语。

在 И. Р. Гальперин 看来,作者主观切分和读者客观切分这两种切分形式是互相制约,隐含地揭示概念内容信息的。还有一些语言学家建议对文学语篇和其他语篇采取不同的切分形式,不过在深入研究了语篇切分的语用目的之后就会发现这是一个困难的课题,而且解决起来常常带有主观色彩。但是,正如 М. Цветаева 所指出的那样,因为切分本身就是对字面、字里行间蕴含的意义的猜测,实际上是一种再创造,我们试以对 «Война и мир» 某些部分切分为例来揭示这种猜测。在第一卷第一部第五章,其中对"删节号"进行切分,最后以 Андрей 公爵和 Пьер 公爵在前者家中的

对话结束:

— Ну, для чего вы идете на войну? — спросил Пьер, — Для чего? Я не знаю. Так надо. Кроме того, я иду... — Он остановился.

— Я иду, потому что эта жизнь, которую я веду здесь, эта жизнь — не по мне!

下一章(Ⅵ)是这样开篇的:

— В соседней комнате зашумело женское платье. Как будто очнувшись, князь Андрей встряхнулся, и лицо его приняло то же выражение, какое оно имело в гостиной Анны Павловны. Пьер спустил ноги с дивана. Вошла княгиня. (Л. Толстой «Война и мир»)

显然两章之间存在着因果联系,而且第五章和第六章之间联系并未中断。

当然,科技、事务、新闻语篇是建立在其他原则基础之上的。在不承担美学认识功能的语篇中,切分的主要原则是报道的逻辑结构。科学文献中语篇逻辑切分表现得最为清晰。这种清晰性甚至体现在用数字表示的切分部分。在许多科学著作中更倾向于采用二级和三级题序来表示切分部分,如:1.0,1.1,1.2,1.3,2.3.1……这种语篇切分方式来自作者表达语句片段的依存性和从属性的愿望。同时这种切分方式间接地体现了作者关于所切分各部分相互制约性这样一种概念。为了保证作为科学语篇首要范畴的叙述线性(连续统)特征不被打断,常常需要添加脚注。科学语篇中的脚注恰恰是为了避免割裂叙述的线性特征的。在这方面引人注目的是不久前引入的脚注和引文系统(用双括号),用数字表示,使读者注意索引,采用字母顺序或语篇中的引用顺序(根据作者习惯)。这里的语用目的是很明显的,没有任何东西能够把读者的注意力从论证的线性序列或科学原理的叙述上转移开。语篇的特殊切分形式还体现在外交文件中，比如公约、章程、合同、备忘录等等，其中数字索引或字母索引较为常见。

新闻语篇的切分基本上受语用目的和使用位置的制约，但压缩形式甚至可以违背切分的逻辑和语用方面的束缚。在某些情况下一个段落包含各个层面的信息，这些信息可以以离散形式存在于语篇之中。至于诗歌作品则往往裂变为许多意思片段（诗段），它遵循的原则同散文、科技、事务、新闻等类型语篇迥异。从一个段落到另一个段落，从一个意思到另一个意思，从一种联想到另一种联想是变体语境切分的特殊变体。此类作品中不仅诗段可以成为切分单位，而且诗段片段常常也可以作为独立的事实内容信息来使用。

因此，任何语篇的切分，不论是文艺、科技、事务或者新闻语篇，都具有双重基础：一方面，为读者单独划分出片段以减轻其接收信息报道的负担；另一方面，作者可以缕清时间、空间、形象、逻辑及其他报道片段之间的联系。前者可以明显地感受到切分的语用根据，后者则体现出主观认识基础。二者都存在分析意向，这种意向常常伴随语言书面形式的意思实现贯穿始终。这种意向的口头表达较之科学文献语体报道在性质上更加强烈，也更加清楚，而后者联系的逻辑线性和规律性特征则主要依靠解码予以保证。

现代文学特别是所谓"意识流"作品中，常常会遇到这种报道中断的现象，使读者困惑莫解，如堕五里雾中。例如，无法找出切分依据，看不到切分片段间的隐性联系，有时甚至完全失去了叙述线索，那么通过将语篇划分为段落并且确定出不同语篇段落类型，可以部分地解决这一问题，它进一步证实了整体切分是对各部分相互关系逻辑思考的结果这样一种思想。但是，有时候语篇各部分毫无联系，而这恰恰是作者有意识思索的结果。正如 Кв. Кожевникова 指出的那样："事实离散片段具有万花筒的性质，事件变化光怪陆离，增强了叙述的表现力，同时赋予叙述以主观色彩，因为事件、人们对外部世界的理解和推理都要通过事件内部的主体意识来实现,因而不可能进行排序,也无法对事件重要性进行细化和条理化。"①所举语句仅仅证实了语言大师们在对语篇进行有意识细化的同时,仍不免会对某些事实、事件加以评价,并通过某些具有特殊意义的特定时刻来表现这些评价,因此用图示法进行解释是可行的。

在针对文艺语体作品的语篇中特别区分出变体语境切分形式——引文。引文在科学语篇中大量使用,作者采用引文形式的目的或者是为了论述自己的思想,或者是为了反对别人的思想,或者只是引用某人的观点。引文通常通过图示(引号)来与语篇正文分开。如果不考虑语篇各部分的独特性,引文主要指篇幅较大的语篇,如长篇小说、戏剧、长诗、章程、公约、合同等等,也就是可以称为超大语篇的言语创作作品,对语篇切分的阐释就不会完善。各部分根据语篇类型而称呼各异,如作者的前言、绪论、序言、序文,另一方面则称为后记、结语、尾声、结论等等。为了与带有客观语用性质的语篇描写部分相区别,这些部分在作品中交织在一起而成为作品不可分割的组成部分,前言、绪论、结语等任选。这些部分不从属于整个语篇,但同时又与语篇紧密结合。这些部分带有客观语用切分性质,因为名称同语篇是分离的。它们对读者产生独特的影响,是变体语境切分形式,因为它们是作者对整个作品内容的纯主观思考。

---

① Кв. Кожевникова. Формирование содержания и синтаксис художественного текста. — В. кн.: Синтаксис и стилистика. М., 1976, с. 312.

第七节 语篇的单位——语句

研究者根据说话人的意图从语句的结构、语义学、运用的范围和性质等角度来评价语篇的单位——语句（высказывание）。语句常常被视作是句子的同义词，然而这两种单位并不重合。巴黎语言学派的代表认为，除了将句子和语句合并起来的基本的功能语义图示之外，还应关注语句的交际模式层面，考察它与句子的区别之处。他们研究了言语属性，包括语调、实义切分；言语交际中的非语言符号：手势（身势语），情景的交际意义，说话人坚信别人会理解他的话语，等等。针对这种状况，В. Скаличка 从内容层面写道："语句就是对符号的充分反映。"[1]

现代语言学、发展中的语义学和语篇理论都将语句视作结构语言单位，从概念上整合了词汇、语法、逻辑语义、交际等各层级系统的意义。语句同语境、具体情景、民族语言情景、说话人和受话人的背景知识、语言和内容预设、说话人和受话人等要素相关联。В. Скаличка 从篇幅角度评价语句，认为语句可以是一个词，也可以是一部小说或一篇科学论文。

现代研究者将语句界定为双部句单位，例如，它可以是句子、感叹词结构，也可以是对话中的弱化对白。语句可以同传统的句子等量齐观，也可以比句子容量大，即大于句子，包括语言语境（称名评价、名词性主题）和后继语篇（评价结构、基本句子之后与其相连的部分）。因此，语句相当于词、简单句或复合句。

语句作为语篇的较小单位，然而语篇的最小单位至今仍然存

---

[1] Й. Вахек. Лингвистический словарь Пражской школы. М.: Прогресс, 1964, с. 48.

在争议。语篇是较大单位,它可以从几个方面来加以描写:(1)语篇中划分出宏观主题、微观主题、宏观述位和微观述位;(2)研究内容、语言和非语言连接手段(与语篇范畴相连);(3)为正确构建语篇,旨在减轻对话人理解语篇内隐性信息和显性信息的困难,划分三种模式就显得极为重要;(4)通过语法、词汇、语义、语用等手段划出篇内几种信息类型。

如果我们从篇幅角度看,语篇通常被视为一部完整的作品,它首先可以切分为更小的结构语义单位:复杂句法整体(ССЦ)、超句统一体(СФЕ)。结构语义层面可划分为起、承、转、合、各种语义块、对话统一体、语句等。同时语篇还应包括语用结构单位,这对于作者更详细地形成自己的信息非常重要,譬如节、分节、段等。因此我们认为复杂句法整体可以包括几个段落、篇幅不大的作品:诗歌、短篇故事等(例如 И. А. Бунин 的《Ночь》,就是与超句相同的语篇,可以将它切分为几个部分和语句)。因而,我们认为语篇如同语句一样,是在交际过程中实现的,但我们可以将语篇理解为某个语句、复杂句法整体、完整作品。因此,语句更可能与句子相类似。

第八节　作为语篇修辞布局手段的段落

在研究语篇言语结构时划分出两种基本的语义结构单位——语句和超句统一体。两种单位都是对语篇进行语义切分的结果,然而句法语义切分常伴随有另一层面的切分——功能布局层面。前者很大程度上受制于语篇本身的语用目的,而后者则完全受语篇语用意图支配。语篇言语结构越典型,这两个层面越近似。反之,二者越疏离,甚至会产生对立。段落(абзац)——这是语篇修辞布局切分而成的单位。Ю. Н. Караулов 主编的百科辞典对它的定义是：由一个或几个句子构成的连贯语篇的组元，具有内容统一和内容相对完整的特点。"圆周句"、"复杂句法整体"、"超句统一体"等术语在意义上与它相近。① 可见段落实质上主要与该语篇的布局结构发生关系，是从修辞功能角度考虑的。段落的内部实质最好通过与超句统一体（复杂句法整体）的比较来加以理解。这是两个表面上看来有些相像的单位，实则大为不同。

复杂句法整体是包含启句（或涵盖整体内容的核心句）的主位和述位序列，正是复杂句法整体中的启句作为核心而统领语篇的内容主线。段落可能没有开场白，段落的中心句（主题、逻辑、内容方面的核心句）可能置于段首、段末或者单独另起一段。此外，如果段落容量很大且包括主位和述位序列时，段落中可能包含几个中心句。段落也可能被切分为一个主位和述位整体。段落的容量和结构完全取决于作者意愿，他的创作意图、个人喜好和独特的写作风格。

段落和复杂句法整体的界限可能是不重合的：段落可能只有一句话，甚至是一句话的一部分。例如在公文事务语篇中：в тексте законов, уставов, дипломатических документов, 等等。当段落中的微观主题相互联系时，一个段落也可能包含两个或更多的复杂句法整体。我们再举一例，一个复杂句法整体包括四个段落：

Всякая любовь прекрасна. И только она дана и прекрасна.

Потому что на земле единственное «в себе самом истинное — это любовь.

Любовь исключает ложь: первое «я солгал» означает: «я уже не люблю», «я меньше люблю».

Гаснет любовь — и гаснет истина. Поэтому «истинствовать на земле» значит постоянно и истинно любить. (В. В. Розанов

---

① 转引自胡谷明. 篇章修辞与小说翻译[M]. 上海：上海译文出版社，2004：35.

«Уединенное»)

下面这六个段落选自 К. Паустовский 的 «Золотая роза»，但它们被«книга»这一概念统一起来，是对单一对象的描写，因而整个六个自然段展现的是同一个微观主题：

Многое в этой книге выражено отрывисто и, быть может, недостаточно ясно.

Многое будет признано спорным.

Книга эта не является ни теоретическим исследованием, ни тем более руководством. Это просто заметки о моем понимании писательства и моем опыте.

Огромные пласты идейных обоснований нашей писательской работы не затронуты в книге, так как в этой области у нас нет больших разногласий. Ироническое и воспитательное значение литературы ясно для всех.

В этой книге я рассказал пока лишь то немногое, что успел рассказать.

Но если мне хотя бы в малой доле удалось передать читателю представление о прекрасной сущности писательского труда, то я буду считать, что выполнил свой долг перед литературой. (К. Паустовский «Золотая роза»)

下面这一片段是一个段落，它包括三个微观主题：(1) 介绍两个人物；(2) 描述 Воланда；(3) 描述 Азазелло：

(1) На закате солнца высоко над городом на каменной террасе одного из самых красивых зданий в Москве, здания, построенного около полутораста лет назад, находились двое: Воланд и Азазелло. Они не были видны снизу, с улицы, так как их закрывала от ненужных взоров балюстрада с гипсовыми вазами и гипсовыми цветами. Но им город был виден почти до са-

мых краев. (2) Воланд сидел на складной табуретке, одетый в черную свою сутану. Его длинная и широкая шпага была воткнута между двумя рассекшимися плитами террасы вертикально, так что получились солнечные часы. Тень шпаги медленно и неуклонно удлинялась, подползая к черным туфлям на ногах сатаны. Положив острый подбородок на кулак, скорчившись на табурете и поджав одну ногу под себя, Воланд не отрываясь смотрел на необъятное сборище дворцов, гигантских домов и маленьких, обреченных на слом лачуг. (3) Азазелло, расставшись со своим современным нарядом, то есть пиджаком, котелком, лакированными туфлями, одетый, как и Воланд, в черное, неподвижно стоял невдалеке от своего повелителя, так же как и он не спуская глаз с города. (М. Булгаков «Мастер и Маргарита»)

　　这个段落可以划分为三个或者两个微观主题，即把描述 Воланда 的(2)和描述 Азазелло 的(3)合二为一。虽然在内容上同复杂句法整体联系在一起，但并非一定属于它的框架之内。

　　综上所述，语篇结构切分、段落切分与句法语义切分尽管具有相似之处，但仍然差异明显，主要区别之处在于语篇中主观性成分和客观性成分的比例：段落更大程度是同作者意图联系在一起，因此对同一语篇可以做不同的段落切分。而语篇的句法语义结构是保持不变的，它是语篇本身固有的属性。句法语义层面语篇的单位是语句、超句统一体和片段（语篇若干成分的组合），它具有统一的、相对完整的内容。而段落在内容上并不一定完整，可能几个段落叙述的是同一个内容的不同方面，只是侧重点不同而已，它主要服务于作者的整体布局谋篇的功能，意义上不尽完整。它的主要功用是将语篇切分成各个部分，减轻读者接收信息的负担，即在阅读中获得"喘息之机"，同时有利于读者划分出语篇的重点所在。相对来说,复杂句法整体容量更大,承载的信息更多。

第九节 语篇单位的交际结构

"交际"(коммуникация)、"交际性"(коммуникативность)这一对术语来自拉丁文 communicatio,其含义是:"达成共识、联系、报道"。因此,语句、超句统一体、语篇都是书面语或口语的语言交际行为。语篇具有外部形式和内部(语义、语用)构造,通过各部分间的整体性、逻辑序列和关联性组织起来。每个交际行为都要考虑相关的情景类型,这些情景受说话人交际意图的制约,并且可以为听话人所理解。交际合作言语过程的交际功能在于言语行为是两个积极因素而非一个积极因素参与,交际一方(说话人)实现自己的交际意图,另一方(听话人)对说话人的话语进行解读,因此语言学界一直在思考并力图描述交际双方的立场和功能。其中说话人的立场是基本立场。说话人在言语活动中紧紧把握一定的交际目的,我们称之为交际意图。[①] 在交际意图作用下引入说话态度、道歉、问候、评价模式,我们称之为非信息性言语行为。其中作者意图是向听话人传达一定的信息。

文学言语中的说话人承担一系列的功能、作用:他体现作者本人的立场、"作者形象"(抒情主人公)的主观层面,发挥叙述人、讲述人的作用。一部作品的叙述人可以有多个,例如,在 М. Ю. Лермонтов 的小说«Герой нашего времени»中有三个人承担了叙述人的功能,他们分别是作者(严格来说不是作者,而是作者形象)、Печорин 和 Максим Максимыч。说话人可能是观察者本人,也

[①] В. Г. Гак. Теоретическая грамматика французского языка. Синтаксис. М.: Высшая школа, 1986, с. 192.

可能是文学语篇的主人公、"作者形象"(образ автора),将整部作品联系起来,统摄全篇,形成语篇的预设背景、宏观主题、基本语篇范畴,引导故事的情节线索——所有这些听话人都能捕捉到。站在说话人立场上言语行为的生成阶段从思想、意思到表达手段都极为典型。

听话人的立场也很重要,因为正是读者、听话人来理解、解读说话人发出的信息,这些信息包括逻辑-义符号、语法符号、语用符号、情景符号等不同符号体系的符号。说话人利用这些符号传达自己的思想,在交际过程中说话人走过了一条从语言表达到传递思想的道路。他应该考虑到手势、模仿、停顿等运动学元素。这些系统伴随着口头语言,从而也成为表情达意的信息符号。听众、读者的立场相对于说话人立场的不同之处在于某种不确定性、交谈者形象的模糊性。从说话人角度来看,解读语篇的受话人可以是具体的人、未来的某人或是相距较远的当代人。语言的这种属性可以将不同时代的人、对象、事件(美国学者称之为"标记性")联结起来。这也可以是一群听众。如果听众站在说话人面前与他进行直接交流,那么说话人就很容易地使听众听懂他所说的话。

在接受书面语特别是诗歌语言时读者的立场较为复杂。此时说话人无法始终指望、设想作者的知识量同读者的知识量处于同一水平线上,同样也无法假定作者的世界观同读者的世界观始终保持一致。难怪 Н. Гумилев 做出了"知己读者(читатель-друг)"和"异己读者(читатель-враг)"两种受话人的区分,前者"在诗人遍布形象化的言语中有能力捕捉其中的精妙之处,后者则不擅长解读诗歌语篇及其形象、象征意义、复杂语义现象、特征的句法甚至图示体系"①。就此 И. И. Ковтунова 认为诗歌语篇因其常常包

---

① Н. Гумилев. Стихи. Письма о русской поэзии. М.: Худож. лит., 1990, с. 421–422.

含自我注释,即指向作者自己的言语,这种内部形式的特点是形象体系的复杂性、个性化、使用语篇范式手段等,而这些手段都是读者可以理解的。① 我们看下面这个诗篇片段:

> Юноша бледный со взором горящим,
> Ныне даю я тебе три завета:
> Первый прими: не живи настоящим,
> Только грядущее — область поэта.
> Помни второй: никому не сочувствуй,
> **Сам же себя** полюби беспредельно.
> Третий храни: поклоняйся искусству,
> Только ему, безраздельно, бездумно.
> Юноша бледный со взором смущённым!
> Если **ты** примешь моих три завета,
> Молча паду я бойцом побеждённым,
> Зная, что в мире оставлю поэта. (В. Брюсов)

В. Брюсов 称自己的读者和追随者是年轻的诗人,他临终时寄语后辈年轻人面向未来,以自我为中心,保持对艺术无限的热爱。他期待读者理解自己的意思和诗歌语言形式,因而诗人称呼读者为朋友。任何作品中都存在这种对未知的、不变的和永恒的读者的称谓方式,而这些称谓方式常常出现于文学(或政论)作品,特别是充满诗歌语言的作品中。

综上所述,语篇构建和解读过程实际上是一个说话人和受话人的交际过程,不过这一过程并非是面对面的交谈,而是读者(受话人)通过阅读、欣赏作者所创建的语篇这一特殊形式来进行的。这样一种特殊的交际过程自然会引发同普通交谈相异的交际结构。能否成功解读作者提供的语篇内信息,取决于交际双方的共

---

① И. И. Ковтунова Поэтический синтаксис. М.: Наука, 1986, с.179.

同努力,作者有时出于行文需要和简约性原则会省略一些显性信息,这就要求读者从自身知识储备中提取出相应的信息加以补充,如此才能达到与作者交流的最终目的。当然还存在理解非信息性言语行为的问题和复杂的诗歌语篇的问题,但这些问题并非本论著的关注所在。

一、说话人和受话人的交际功能

语言最重要的功能之一是它的交际功能。因此,交际功能一直以来就是语言学界关注的一个焦点。在这方面比较有影响的功能说,如西方韩礼德(Halliday, M. A. K.)的系统功能语法,他归纳出达意功能、人际功能和组篇功能,分别对应的是语言、人和语篇三个界面。还有 Р. О. Якобсон 的功能观,他划分出语言六种功能:指涉功能、表情功能、诗学功能、意动功能、调节联络功能和元语言功能,分别表示情感、感召、针对现实、调节、解释和审美层面。① 俄罗斯语言学家 А. Ф. Папина 从语篇角度入手,提出了语篇内交际双方的交际功能观点。她认为,在交际行为过程中说话人的言语行为和受话人对话语信息的接收都具备一定的交际功能,这些功能是彼此区别的,为此她提出了说话人和受话人的交际功能的学说。

(一) 说话人的交际功能

她把说话人的交际功能划分为七类,分别是:

1) 基本功能(основная функция)

说话人的基本功能是通报有关主体、客体、情节、事件、过程、语言外事实的信息这种报道功能,也可称为称名功能、所指功能和指物功能。

---

① 详见邓军.篇章的逻辑语义分析[M].哈尔滨:黑龙江教育出版社,1997:23~50.

2）认识功能（познавательная функция）

认识功能是一种伴随功能，即传递一定知识、生活经验和形象体系的功能，这种功能也被称为认知功能。

3）意动功能（апеллятивная функция）

意动功能是针对受话人并对其施加影响，将说话人的世界观"强加给"受话人。通过这一功能，作者可以说服读者接受其某种思想、观念，灌输给读者事件发展的独特逻辑，在读者的头脑中描绘视觉的、听觉的、触觉的图景，阐明美学和道德评价等等。我们试举一例加以说明：

Идешь-идешь, вот уж и городок из глаз скрылся, с полей сладким ветерком повевает, все-то хорошо, все-то ладно, и вдруг, говорят, как встанешь. И **ты** стоишь. И думаешь: куда же это **я** иду-то? Чего мне там надо? Чего **я** там не видел? (Т. Толстая «Кысь»)

这是俄罗斯著名作家 Т. Толстая 的作品《野猫精》的片段，描述了小城从读者的视野中消失，原野里微风拂面，展现了一幅美妙无比、赏心悦目的画面。可是叙述到此戛然而止，作家开始展开对人物的心理描写："可是突然之间，就像人们所说的那样，你停下脚步，站在那儿，开始寻思：我这是到哪儿去呀？我干吗要去那儿呀？我在那儿没见过什么？"在此过程中用人称代词«я»这一指代方式使读者感到自己就是作者笔下的那个主人公，作者描述的就是自己的所思所想，那个小城、原野的轻风就是自己亲眼所见，同时«куда же это **я** иду-то? Чего мне там надо? Чего **я** там не видел?»就是自己的内心所想，作者成功地运用了语篇交际的意动功能达到了自己的写作目的，圆满地完成了语篇的交际任务。

4）表情功能（экспрессивная функция）

表情功能有助于描述说话人的心理状态，对所说话语的主观态度的表达形式。这种形式可以通过各种层级的手段加以表达：

如词汇语义手段、构词手段、词法手段和句法手段,例如: багровый, рассвет, загребущие руки, на веки вечные, 等等。

在 В. М. Шукшин 的短篇小说《Обида》中,作者用大量笔墨渲染不良的表情意义,标题就赋予全篇这样一种基调。类似的这种单调性语篇还包括他的《Горе》、《Случай в ресторане》、《Медик Володя》等,而 В. М. Шукшин 的小说正是以复调描写、表情意义多样而著称的。在他的小说《Страдания молодого Ваганова》中,语篇表情语义是我们的分析对象,在此可以看到各种各样的表情: 平静、沮丧、爱恋、惋惜、不安、激动、惊奇、恐惧、预感、愤恨、恼怒、温柔、痛苦、害怕、困窘、信任、怀疑、委屈、真诚、自豪等。这篇小说描写了相近的(爱恋、温柔)和矛盾的(спокойствие — раздражение, уверенность — сомнение)等各种感情。句子表情意义的特点是最低限度展开:仅存在于句子框架内部,将之作为复杂句法整体的一个区分性成分。例如在小说中可以分为:先是主人公——区检察院的办事员 Ваганов 不当的喜悦之情,继而他体验到不安和伤心。当农民 Попов 满怀委屈地去见这位办事员时:

Я тут…это…характеристику принес, — сказал мужчина. И, обрадовавшись, что нашел дело рукам, озабоченно стал доставать из внутреннего кармана пиджака нечто, что он называл характеристикой. (В. Шукшин «Страдания молодого Ваганова»)

这种转瞬即逝的喜悦更加强烈地表现出了 Попов 的局促不安和委屈之情。Попов 的这种表情在下文中再未出现,而 Ваганов 的那种满足感在语篇内也未展开,仅提到一次: Ваганов 在收到了 Майя 的来信之后的喜悦之情借助于运动反应、心理手势等手段在下面的片段中表现出来:

Но письмо было от Майи…У него так заколотилось сердце, что он всерьез подумал: «Вот так, наверное, падают в обморок ». И ничуть этого не испугался, только ушел с хазяйкой половины к себе в горницу. Он читал его, обжигаясь сладостным предчувствием, он его гладил, смотрел на свет, только что не целовал — целовать совестно было, хотя сгоряча такое движение — исцеловать письмо — было.

5) 情感功能（эмотивная функция）

情感功能可以为语篇情感蓄积造势，用以描写（描述、抒发）说话人的不同感情。这里除了语言手段以外，插入语、感叹句、词汇异常组合、搭配等也能起到独到的作用。例如：

Ах, какое радостное утро! К счастью, все устроилось; ужасный фильм; маленький человечек; россыпь огней.

6) 诗化功能（поэтическая функция）

这是说话人对符号本身设置的、作者对受话人美学接受的感召，主要通过诗歌隐喻、修辞格、开发词的新义、词汇非理据性搭配（以达到形成形象的目的）等手段达到此种效果。

7) 调节联络功能（фатическая функция）

这一功能对于在言语交际过程中说话人使收话人接收信息的准备，集中他的注意力极为重要。它主要借助于加入特殊的符号起到提高、加深听众注意力或开始或结束话语之用。请看下例：

Я вот что тебе скажу, — Дарья встала. — Скажешь «да» — все так и будет. Завтра муж твой вернется, а послезавтра разлучница нагулянное выкинет. И денег я с тебя не возьму, пока сама не понесешь. Но потом возьму — и много, это сразу говорю, Христом-богом клянусь. (С. Лукьяненко «Последний дозор»)

该片段选自被誉为"俄罗斯科幻文学之父"的 С. Лукьяненко 的守夜人系列。上文中 **Я вот что тебе скажу**（我跟你说）就起到了吸引对方注意力，使其做好继续接收新信息的准备的功用。

此外在对话中：

Послушай! А знаешь?... Помнишь ли?

在独白中：Пора уже нам закончить рассказ... Как вы помните, я говорил, что... А нужно сказать, что... 都是担负此项功能的。

（二）受话人的交际功能

受话人(听众)的交际功能同他在交际过程中的行为和他对语言交际内容的评价是联系在一起的。受话人的功能可划分如下：

1) 交际功能(функция общения)

旨在引起读者对新信息的关注和理解，这种功能同说话人、作者的交际意愿相连。这种功能是否会有效取决于读者对特定交际语言的接受、理解程度，用原文还是译文传递信息，用母语还是外语来传达等因素。

2) 接受功能(функция восприятия)

报道意思核心是以读者能够理解、领会该民族语言、言语、社会情景和言语行为为条件和基础的。读者通晓该语言，他掌握的程度与他解读意思、词汇、成语、语法、诗歌等符号的能力有关。

3) 调节联络功能(фатическая функция)

调节联络功能称为联系功能，是加强听众言语交际能力、提高其交际注意力或结束交际行为的一种功能。如：

Я воспитал свою дочь по американской моде. Я верю в Америку. Америка дала мне богатство. Я предоставил дочери свободу, но в то же время предупредил ее, чтобы она не принесла позор семье... Они заставили ее пить виски, а потом пытались изнасиловать ее. Она сопротивлялась и защитила свою честь. Я навестил ее в больнице. У нее сломан нос и раздроблен подбородок. Она плакала от боли: «Папа, папа, почему они это сделали? Почему они это сделали?» И я тоже плакал.

Дон Корлеоне сделал явно принужденный соболезнующий жест, а Бонасера продолжал страдающим голосом:

Почему я плакал? Она была светочем моей жизни. Чувствительная девушка, красавица. Никогда больше не будет она красивой. (М. Пьюзо «Крестный отец»)

这是节选自 Марио Пьюзо 小说《教父》中的片段,教父是纽约五大黑帮的头目,他神通广大,对下面也有求必应,说话算数,从而赢得了人们的敬畏。该片段讲的是 Америго Бонасера 的女儿被流氓侮辱,因此来求教父。上文黑体部分体现了受话人的调节联络功能,考利昂老头子好像是违背自己的意愿似的,做了个表示同情的手势;勃纳瑟拉接着讲,手势这种身势语的运用,实际上起到了联络对方、促使其继续说下去的作用,保证了下面交际的进行。

此外,说话人也可以通过语言手段来表达自己是否有继续交流下去的愿望,例如:

Продолжай! Хватит! Не буду слушать! Прекрати!

像我们经常运用的合上书、宣布休会、讲座等手段也是一种联络手段,同样也承担联系功能。

4) 诗化功能(поэтическая функция)

该功能作用在于强化受话人的接受观念,引起他的兴趣和类似的反应,以期获得与说话人头脑中相一致的"世界图景"。诗化功能也要通过读者、听话人的解读符号能力来实现。例如读者通过理解诗歌形象来捕捉潜在信息。

应该指出,上述功能(语言功能、交际功能)划分并未得到学界的一致认同。存在三功能说和六功能说。某些学者甚至列举了25 种以上的功能,各功能间的关系既彼此独立,又相互依存,按层级组织在一起,相互制约。

二、交际行为情景类型

在描述现实语言图景时，К. Бюлер 提出了"情景"的概念。下面我们逐一分析研究者们对这一概念的界定。

首先引入的是"语言情景"（языковая ситуация）的概念，它的含义是语言存在的总体形式。① 语言情景的"言语情景"（речевая ситуация）被称为交际条件，它说明了言语的使用环境。② "交际情景"（коммуникативная ситуация）确定了交际者在言语活动中运用各种具体语言和语言手段，即"能够同每个交际对象都用他的语言交际的能力"③。Ю. Н. Караулов 进而提出了"交际网络"（коммуникативная сеть）、"交际域"（коммуникативная сфера）、交际活动参与者之"交际角色"（коммуникативные роли）等概念。受他的影响，俄罗斯语篇学家 Л. Г. Бабенко 提出了语篇交际域（коммуникативные регистры текста）的概念。他在这一框架下进而区分为：复现域（репродуктивный регистр）、信息域（информативный регистр）、生成域（генеритивный регистр）、反应域（реактивный регистр）等类型。④ 复现域的功能在于通过语言手段再现、重构曾经的片段、画面、事件、事实，使听众可以获得同目击者同等的感官体验。请看下例：

От красоты не осталось и следа. Вещи из шкафов, разор-

---

① Лингвистический энциклопедический словарь. М.: Сов. энцикл., 1990, с. 481.

② В. Г. Гак. Теоретическая грамматика французского языка. Синтаксис. М.: Высшая школа, 1986, с. 138.

③ Ю. Н. Караулов. Русский язык и языковая личность. М.: Едиториал УРСС, 1987, с. 61.

④ Л. Г. Бабенко. Филологический анализ текста. М.: Екатиринбург: Деловая книга, 2004, с. 302 – 309.

ванные на части, валялись тут и там разноцветными кучками. В кухне неизвестные вандалы вспороли все пакеты с крупой, и теперь рис, гречка, пшено и геркулес лежали вперемешку на кухонных столиках, словно поджидая Золушку, которая вместо поездки на бал начнет перебирать запасы. Впрочем, банки с вареньем оказались разбиты, сахар высыпан в раковину. Хулиганы расковыряли батон хлеба, разломали на куски творожную запеканку. В ванной гель и шампунь были вылиты в раковину, сверху дрожали острова из пенок для укладки волос и крема для бритья, резко пахло разлитыми духами, а на полу, словно снег, лежал стиральный порошок. (Д. Донцова «Урожай ядовитых ягодок»)

片段选自 Д. Донцова 的小说《Урожай ядовитых ягодок》，这是女主人公到好朋友 Ритка 家所看到的家里被洗劫之后的场景：米袋被拆开，果酱罐被砸碎，白糖被倒进泄水盆，长面包被抠得乱七八糟，肥皂液和洗发水被倒进了盥洗盆，洗衣粉洒得满地都是。这种白描式的叙述手法就体现了复现域的功能，使我们获得同主人公一样的感受。

"交际域"是指叙述说话人已知信息，但该信息已经脱离言语主体已知的具体时间维度和空间向度了。请看下例：

Олечка Розова три года была честной женой честного человека. Характер имела тихий, застенчивый, но глаза не лезла, мужа любила преданно, довольствовалась скромной жизнью.

Но вот как-то пошла она в Гостиный двор и, разглядывая витрину мануфактурного магазина, увидела крахмальный дамский воротничок с продернутой в него желтой ленточкой.

Как женщина честная, она сначала подумала: «Еще чего выдумали!». Затем зашла и купила. (Тэффи «Жизнь и воротник»）

该片段中女主人公 Олечка 原是一位诚实、羞怯的妻子,性格柔顺,深爱丈夫,习惯了简朴的生活。可是作者笔锋一转,她在一次路过商店橱窗看到一件带黄色饰带的、浆过的女式衣领时,竟一改自己柔顺的性格和勤俭的习惯,走进去买了这件衣领。这也体现了交际域的特点。它可以用来叙述同已知信息不同甚至相反的相关信息。

"生成域"主要是总结、思考所给信息,包括生活经验、世界观、背景知识等,主要起升华主题、发表议论的作用。"反应域"一般出现在对话性语篇中,主要是承担传递信息、话语的语调、情态,诱使听众采取相应行动的功能。因这两种概念易于理解,限于篇幅,这里不做例证分析了。

同"交际情景"一同使用的术语还有"交际语用情景"（коммуникативно-прагматическая ситуация）。基于交际情景 Т. В. Радзиевская 创造了交际语用情景这一概念,按照他的观点:主体、客体、受话人、交际目的共同营造了交际语用情景。正是基于说话人交际意图而确定的事件参与者的关系,作者创作出了不同功用的口头语篇和书面语篇:文学语篇（诗歌语篇和散文语篇）、事务语篇、科技语篇、书信语篇、口语语篇。①

语篇学家 Р. Л. Смулаковская 则提出了"语篇情景"（текстовая ситуация）这一术语。② 她区分了语篇情景和所指情景、言语情景（包括说话人、听话人和话语意图）等概念。按照 Р. Л. Смулаковская 的观点,语篇情景由下列要素确定:1) 交际功能;2) 文

---

① Т. В. Радзиевская. Прагматические противоречия при текстообразовании // Логический анализ языка. Противоречивость и аномальность текста. М.: Наука, 1990, с. 148.

② Р. Л. Смулаковская. Лексико-семантические отношения в тексте（функционально-коммуникативный аспект）: Учеб. пособие к спецкурсу. Л., 1987, с. 7 – 8.

学描写、辩论、分析、总结等的交际意图;3)叙述形式和叙述方法;4)语言材料。语篇情景的特点是所使用的聚合手段的性质。当说话人不仅运用语言、标准、规范的现象等手段,而且还使用篇际聚合手段(如作者典型言语等)时,例如,词汇语言范式保存了众所周知的反义词对 холодный／теплый,那么在语篇情景中可以使用作者自行选取的语境对。在 А. Блок 的作品中我们发现了一些反义词:холодный,багряный。此时世界图景是多层面的,语境聚合性是由读者解读为更广义上的形象,这种形象不仅具有感觉和触觉评价,而且还具有色彩评价,即将 холодный 加入了其他色调——蓝灰色,而 багряный 则是红色加上炽烈的颜色。除了上述情景类型,还有学者提出了"社会情景"(социальная ситуация)的概念。语言百科辞典将这一概念解释为言语行为,它取决于说话人的职业、年龄、生活地域等。(Лингвистический энциклопедический словарь. М.: Сов. энцикл., 1990, с. 413.)

范·迪克(Т. А. ван Дейк)从另一角度来描述社会情景。他认为,这些情景是受众头脑中的片段,以图示、模式形式存在,用来反映操该语言的人的知识、见解和意见,它们是生成和理解语篇的基础。知识、见解等因素是寻找、发现、遴选和形成信息过程中构成语篇语义的基础性的、不可或缺的条件。社会情景模式带有结构性质,它是多层级范畴化的结果。他写道:"社会情景模式中包括这些范畴要素(如环境、情势、参与者、事件、情节等)。"[1]学者们将上述列举的大多数言语活动情景划分为固定范畴要素或范畴:1)交际活动或(事件)参与者,2)事件、情节、过程、事实,3)时间,4)空间,5)评价,从而实现了交际情景类型和语篇范畴的对接,我们也会借鉴其理论成果,用于我们的语篇分析。

---

[1] Т. А. ван Дейк. Язык. Познание. Коммуникация М.: Прогресс, 1990, с. 185.

第十节　语句和语篇交际构造

　　语句和语篇交际构造是适用于言语交际和社会交际情景的机制,它不仅同表层语言结构相联,并且也同深层语义结构相关。表层结构、句法(符号)、符号组合间的语法关系是单位的形式化特征。

　　深层结构建立在语言单位语义学基础上,该结构建立了符号与现实对象之间的关系,确立了符号意义、各层级单位的内容、信息,在本文中特指语句和语篇。表层结构和深层结构与语用学联系在一起,即与符号及其解释的关系,也就是说话人和受话人的关系相连。从交际语用角度,两个中心都非常重要。言语主体(第一人称)和言语受话人(客体)(第二人称),还要考虑到不同情景的客体功能(第三人称)。从认知角度可将语用学理解为"对说话人的意见、评价、推测和意图加以研究的领域"[1]。

　　因此,研究句子和语篇的交际结构,我们应将注意力集中在符号的性质和行为上,集中在现实交际条件的符号研究上,即语言、言语、社会、语篇情景等等。语句和语篇语义学在文学作品语言中表现得最为明显,因此还要分析该功能语体的语篇。正是基于语篇的交际结构、语篇构建者(说话人)和接受者(受话人、听众)的功能,我们将在后面另辟专章,来对小说语篇中不同类型的语篇范畴予以详尽分析。

---

[1] Лингвистический энциклопедический словарь. М.: Сов. энцикл., 1990, с. 441.

本章小结

本章论述了有关俄罗斯语篇语言学的发展概况,审视了语篇语言学的基本研究对象——语篇的概念、基本特征、基本类型,语篇的基本研究方向和单位,对语篇这一独特语言现象做了一番梳理,廓清了相关概念的基本内涵。在此基础上,根据言语思维活动结构的相关原理,提出了语篇构拟的相关制约因素,即作者、读者、语言、客观现实四要素,随之从语篇功能角度谈起,推出语篇单位的交际结构和说话人与受话人的交际功能,以对应上面提到的四种语篇制约因素。描述了 К. Бюлер 提出的"情景"概念,这是针对语篇理解的一种表征。在综合上述各项因素的基础上,探讨了语句和语篇的交际构造,以期对语篇作总体分析。语篇之所以是一个整体就在于其组成要素的相互联系和制约,因而我们从结构和功能两个方面论述了语篇这一语言现象,从而证明了只有通过多学科多角度的多维探索,才有望全面揭示语篇的结构运行机制。

当代的语篇语言学研究具有总体性特征。欧美注重从话语分析、衔接和连贯的角度对语篇展开定量研究,关注的是一般原则、语用功效和总体解决方案,这是由西方实证主义传统决定的。中国的俄语语言学界对语篇研究也倾注了极大的精力,像王福祥教授的《话语语言学概论》、邓军教授的《篇章逻辑语义分析》,直至吴贻翼教授等人共同撰写的《现代俄语语篇语法学》等,分别从语篇理论、语篇语义结构、语篇语法等不同角度对语篇这一对象进行了深入的研究。综观国内外的语篇研究情况,我们发现,语篇研究经历了一条从纯语言学研究到语篇的语文学研究直至话语分析、跨学科研究的发展道路,今后语篇研究将会超越语言学和文学的范围向更广泛的领域延伸。

第二章　语篇范畴理论与文学语篇

近年来，在对语篇单位进行不同阐释、研究的同时，另一些语言学家则开始将语篇划分为不同的范畴，以范畴作为对语篇特别是篇幅较大的文本进行专题研究的单位。像现在已广为学界所接受的整体性和关联性、整合性和完整性、信息性和情态性等，因而划分和描述语篇范畴就成为了语篇语言学的基本任务之一。

语篇中的范畴不等同于句子中的范畴，它是随着作为更高一级的体系——语篇的出现而形成的。语篇范畴较之句子而言能够概括更大容量的语言单位——语篇的特征。在研究语篇时首先要划分语篇范畴。那么语篇范畴的概念是怎样界定的呢？

Н. В. Шевченко 提出："范畴——这是最能反映客观世界事物和现象共同属性、本质属性，体现它们的特征和相互关系、联系的一个概念。范畴体现语篇的二重性，即语篇的内容和形式统一于一个系统中。语篇范畴是所有语篇特有的特征，离开范畴就不能被称为语篇，即范畴是语篇的类型特征。"[①]著名的俄罗斯语篇语言学家 И. Р. Гальперин 更是断言："在研究语篇时不列出它的范畴，就谈不上对对象的研究。"[②]

有关语篇范畴的问题研究尚不深入并且存在较多争议，对这

[①] Н. В. Шевченко. Основы лингвистики текста. М.: 2003, с. 21.

[②] И. Р. Гальперин. Текст как объект лингвистического исследования. М.: Наука, 1981, с. 4.

一问题的观点各异。正如中国学者汪涌豪所言:"就单个范畴而言,它的逻辑边界和理论内涵,从某种意义上说是游移不定的;就一个范畴系列而言,彼此之间的包容交互又有着多种实现的层面和方式;至于整个范畴的体系,更潜隐在浩瀚的史料和论者的片言只语中,令人有入山见宝、无从收拾之感。"①有的学者则认为无须对语篇属性(特征)作细致切分,有人则将语篇范畴视为能够反映篇内实质的总体性范畴,包括交际活动参与者、事件、时间、空间等,还有学者将语篇范畴归入能够反映语篇总体特征的类型特性(例如回溯、前瞻、语篇性等)。

迄今为止尚无关于语篇范畴权威性的术语学定义。定义的多样性既说明了语篇范畴受关注程度之大、用途之广,同时也暴露了对这一语言现象的研究还远未达到深入和完善的阶段。本章概括了目前俄罗斯语言学界有关语篇范畴的主流观点,扼要分析了语篇范畴的基本特征,这也成为我们研究它的原因之一。

第一节　语篇范畴的概念

从广义上来说,范畴可以被理解为"能够总结人类经验并对这些经验进行分类的人类思维的认识形式之一"②。有关范畴的学说最早来自 Аристотель 的观念,他提出了诸多范畴:实质、数量、质量、关系、地点、时间、情势、状态、动作等,并将这一概念运用于哲学和一般科学等领域,其后范畴被广泛应用到各个学科的研究之中。

---

① 汪涌豪,范畴论[M].上海:复旦大学出版社,1999:1.
② Е. С. Кубрякова. Категория // Е. С. Кубрякова, В. З. Демьянков, Ю. Г. Панкрац. Краткий словарь когнитивный терминов. М., 1997, с. 45.

近年来，范畴的运用领域更是获得了进一步延伸，被引入到语言学的研究中。范畴被学者们确定为"是一种范围很广的概念，它能够体现客观世界事物、现象间的属性、特征、联系和关系"①。研究者划分出不同的范畴，像大家都已熟悉的普通哲学范畴、一般科学范畴以及对任何知识领域来说都具有现实意义的范畴：客观范畴和主观范畴；一般范畴和个别范畴；内容范畴和形式范畴；物质范畴和精神范畴等。从中我们可以发现存在下列范畴：物质、运动、质量、数量、时间、空间等。与此同时还可以研究普通语言学范畴，譬如空间性、时间性、人称性等。词类、变位、变格等也包括在语言范畴体系中。② 俄罗斯语言学家 М. Н. Кожина 将范畴与修辞学联系起来，她将对话性、音韵性、评价性、假设性称为功能语义修辞范畴。③ 她认为此时需要考虑到承担统一功用的各层级语言手段所组合成的修辞功能和修辞意义。

语篇范畴往往被界定为"言语整体（语篇）同其他语言现象相区别的特征"④。М. Н. Кожина 将语篇范畴视作带有两个层面的、具有符号性的观点最具普遍意义。她在自己主编的《俄语修辞学百科辞典》中指出："语篇范畴——是互相联系的、重要的语篇特征之一，是用不同语言、言语和纯语篇手段（结构手段）表达的一定普遍语篇语义的体现。语篇范畴具有符号性质，该符号的内容层面是指一定概念的一般意义、统一的语篇语义（譬如，整体

---

① Н. И. Кондаков. Логический словарь-справочник. М.: Наука, 1975, с. 240.

② Г. Я. Солганик. Стилистика текста: Учеб. пособие. 6-е изд. М.: Флинта: Наука, 2005, с. 6.

③ М. Н. Кожина. О функциональных семантико-стилистических категориях в аспекте коммуникативной теории языка // Разновидности и жанры научной прозы. Лингвистические особенности. М., 1989.

④ С. Г. Ильенко. Русистика: Избранные труды. СПб.: РГПУ им. А. И. Герцена, 2003, с. 364.

性、主题、调性、空间、前瞻等),而表达层面则是指功用上不同层级语言手段的标准结构。"①按照 М. Н. Кожина 对语篇范畴的定义,研究者关于语篇范畴描述参数的观点就是正确的。该辞典援引 Т. В. Матвеева 的语篇范畴观而将其分为四类:1)语言成分组成;2)不同语言成分的语篇意义;3)作为语篇范畴线性表达手段的语言成分组合;4)语篇空间中语篇范畴符号的配置。② 在考察语篇范畴的地位时我们发现,研究者是将其视为与语篇属性、场结构、分析单位等同的现象来加以研究的。

语篇范畴这一术语是现代语言学和修辞学力图揭示语篇结构这一趋势而产生的,因为语言学家们通过各自的研究发现,单纯依靠基础性的分析单位(单词、言语表达手段)不足以支撑他们所进行的探索,很有必要突破"句本位"的藩篱,研究句子之上更高层次的语言单位,语篇范畴因其兼具内容表达和形式结构的特点而受到语言学界的关注。语篇范畴作为一种分析单位,它具有整体性的基本属性,即针对性和结构性。每一种语篇范畴都体现某种语篇的语义链条,该链条是由一组按特殊方式组合到语篇整体中的语言手段来加以表达的。语篇范畴的整体性还在于它们是互相补充、彼此融合的,是作为一个交际系统来共同建构语篇的。

如同功能语法中所划分的功能语义范畴一样,语篇范畴主要也在于其语言单位表达的语义功能的同一性。正是这种同一性成为语篇范畴作为一种特殊现象的划分标准。从形式上看语篇范畴不具备同一性。语篇范畴同语言系统中的某一层级或某些层级之间并无严格的关联,而不同的语言单位,其中包括超线性单位和超

---

① М. Н. Кожина. Стилистический энциклопедический словарь русского языка. Под ред. М. Н. Кожины М.: Флинта: Наука, 2003, c. 533 – 534.

② М. Н. Кожина. Стилистический энциклопедический словарь русского языка. Под ред. М. Н Кожины М.: Флинта: Наука, 2003, c. 533 – 536.

语言单位,它们是在实际运用中结合成这样或那样的整体语义的。学者们首先揭示并研究了以下语篇范畴:整体性、关联性、完成性、个体性,以此为基础形成了语篇语法。① 后来,在此基础上对语篇范畴进行了更加具体的划分。

因此,我们可以将语篇视为一个由某些互相关联的范畴组成的整体来加以研究。尤为重要的是需要考虑到下面这些事实:

(1)语篇从来不能只由一种范畴构成,它总是多个范畴的综合体。

(2)任何语篇范畴都可以做功能-语义切分,体现的是语篇的总体意义。每种语篇范畴都具有自己的统一、完整的内容和一定的语法标志,不能硬性地将语篇范畴与语言系统的层级相连。

第二节 语篇范畴的类型

语篇范畴既可以划分为功能范畴、语义范畴和修辞范畴,也可以划分为内容范畴和形式范畴。内容范畴主要包括内容、主题、思想、情节等,形式范畴则指结构、语言和手法等。

因为在语篇语言学中尚有许多有争议的问题,因此语篇范畴也并非是单义的。"语篇范畴"这一现代概念尚无定论,有学者将它看作手段②;有人视作语篇属性③;有人将它等同于语篇共同特

---

① См. И. В. Арнольд, М. П. Брандес, И. Р. Гальперин, Е. И. Шендельс, О. М. Москальская.

② А. Ф. Папина. Текст: его единицы и глобальные категории.: Учебник для студентов — журналистов и филологов. М.: Едиториал УРСС, 2002, с.20.

③ З. Я. Тураева. Лингвистика текста. М., 1986, с.15–18.

征和个别特征；И. Р. Гальперин 将它理解为语法范畴①；还有学者把语篇范畴看作语篇的概念构造；等等。大多数学者对于将语篇范畴划分为内容范畴和结构范畴没有异议。② 然而对语篇范畴的划分原则、数目、整个范畴系列的名称等问题则存在较大争议。

В. В. Одинцов 倾向于将语篇结构总共划分为两类：内容范畴和形式范畴。他将内容范畴区分为内容（言语对象）、主题、作品的思想；形式范畴区分为结构、语言、表现手法；而情节兼属内容范畴和形式范畴。见图 2。

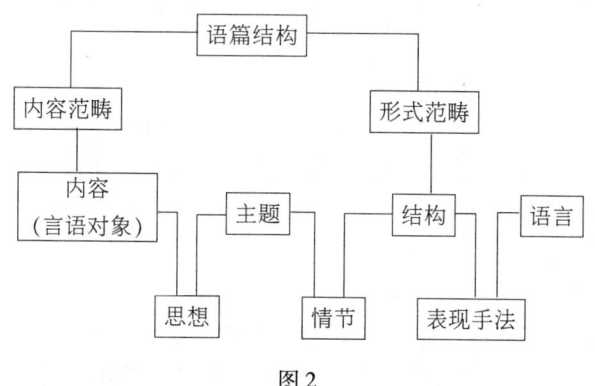

图 2

С. Г. Ильенко 则将语篇结构划分为交际性、信息性、情境、整合（完成性）、切分性、情态性（从作者角度）、语用性。А. И. Новиков 建议从语篇结构、语篇的静态性和动态性的角度来划分语篇范畴。他界定了类似的范畴：延展性、线性、关联性（内部联系和外部联系）、完成性、深层远景、静态性和动态性等等。这种划分标准符合他一贯的研究结论及他坚持在语篇生成和接受过程中对

---

① Гальперин И. Р. Текст как объект лингвистического исследования. М.: Наука, 1981，с. 73.

② См. В. В. Одинцов, И. Р. Гальперин, З. Я. Тураева.

语篇范畴进行考察的观点。

T. B. Матвеева 将所有语篇范畴区分为三类：

(1)线性范畴：是语篇中具有同一功能语义功用的语言单位链，比如主题链、思想发展链(语篇逻辑切分)、前瞻和回溯；

(2)场范畴：统一于语义场、语篇功能和语言要素结构中的各层级单位的总和，包括主题确定性、音调和评价(主观情态性)、时间场、空间场、逻辑重音和主体结构；

(3)篇幅范畴：属于结构性范畴，它综合了线性范畴和场范畴的特征，术语上可以称作"交际块"、"语用篇幅部分"、"片段"、"言语形式"等。T. B. Матвеева 更倾向于"交际块"这一术语。①

Н. Д. Зарубина 建议在语篇中划分出一个范畴——序列。她将序列理解为"线性的综合意义"，在俄语中可以用某些范畴的代词、连词、关联词，改变词序和不完全句来表示。她认为借助于这个范畴可以描写：

(1)句子间的组合关系；

(2)单个的句子和句群间的组合关系；

(3)句子各种可能的变体之间的聚合关系。②

在古俄语中就有序列范畴，比如句子的连贯和连词 a, и, да, да и 等特殊的起始连接功能。在古俄语的书面语中序列范畴的内容用连词叠用来表达，这种手段时至今日仍作为修辞手段来使用。

Н. В. Шевченко 认为语篇逻辑组织、语篇结构是由时间、空间这类的范畴构建的。连续统是时空内连续运动流。时空是一切现

---

① T. B. Матвеева. Функциональные стили в аспекте текстовых категорий. М., 1990, c. 16–20.

② Н. Д. Зарубина. Текст: лингвистический и методоческий аспекты. М., 1981, c. 23–30.

实片段和一定交际情景的反映,语篇不能脱离这些特质(属性)而存在。连续统是时空中不可切分的运动流。时间和空间是自然界存在的一切物质和现象的总体属性。语篇作为一定现实片段和交际情景的反映必然也具备这些属性。作为语篇范畴的连续统并不是句子,连续统不能在句子中实现,因为思想无法在单个句子中展开。句子在此意义上是静态的,可以将之视为电影中的一个镜头,甚至在类似«Он начал медленно двигаться по направлению к намеченной цели(他开始向既定目标行进)»这样的句子中也只能看到运动的片段,其中不存在连续统。实际上连续统作为语篇语法范畴是衔接(连续性)和中断性的整合(合成)。时空连续统也可以看作事件连续统。① 还有其他的划分和描述语篇范畴的原则。例如,И. Р. Гальперин 和 З. Я. Тураева 也将语篇范畴分为内容范畴和形式范畴。З. Я. Тураева 将语篇结构范畴区分为内聚性、整合、级数;内容范畴划分为作者形象、文学作品时间和空间、信息性、因果性、语境。

  学者们在对语篇范畴的分类上显然是纷繁复杂的、充满争议的。例如有学者提出,静态性和动态性与其说是语篇范畴,还不如说是语篇研究的方向。И. Я. Чернухина 对语篇范畴的划分则持另一种观点,她是基于语篇整体语义的考量来区分语篇范畴的。И. Я. Чернухина 将语篇范畴解读为"是一种语篇内容的抽象层级,通过这种层级可以切分出同所有具体文学语篇相关的思想实质"②。按照她的观点,时间、空间、人、事件均可进入到语篇范畴的含义之中。我们可以从 И. Я. Чернухина 的表述中总结出她研究语篇范畴的逻辑和划分依据,她指出:"在构建语篇的所有言语

---

 ① Н. В. Шевченко. Основы лингвистики текста. М., 2003, с. 38.
 ② И. Я. Чернухина. Общие особенности поэтического текста. Воронеж: Изд-во. ВГУ., 1987, с. 6.

手段基础上形成了相应的语篇范畴——时间范畴、空间范畴、主人公范畴、事件范畴。"①

综上所述,对于语篇范畴及其分类在学界并没有形成统一的认识。通常是将带有典型性和总括性的语篇属性和最重要的特征视为语篇范畴。语篇范畴从不同角度主要可以区分为两大类:(1)从功能、语义和修辞角度,分为功能范畴、语义范畴和修辞范畴;(2)从内容形式层面分为内容范畴和形式范畴。内容范畴主要有内容、主题、思想、情节等;形式范畴包括结构、语言和手法等。而有关哪些范畴可列入语篇主导性范畴的问题同样没有达成共识。例如,С. Г. Ильенко 认为主导性的语篇属性就是整体性、切分性和情态性。正是这三种属性可以被称为语篇基始性范畴,它们统摄语篇中其他局部的具体性范畴。② 如果我们不对语篇属性和范畴作进一步切分,这种观点无疑是符合逻辑的。

一、И. Р. Гальперин 的语篇范畴观

最完整、最具系统性同时最为学界接受的是 И. Р. Гальперин 关于语篇范畴的区分。不过 И. Р. Гальперин 并没有对内容和形式这两个范畴进行详细区分,因为某些范畴既可以划入形式范畴也可以归入内容范畴(如连续统、篇内信息等)。这位学者首先提出了构篇范畴体系,将之划分为内容范畴和形式结构范畴,其中他特别强调了二者的相互依存性。他认为:"形式结构范畴具有内容特征,而内容范畴在结构形式中获得体现。"③

---

① И. Я. Чернухина. Общие особенности поэтического текста. Воронеж: Изд-во. ВГУ., 1987, с. 7.

② С. Г. Ильенко. Русистика: Избранные труды. СПб.: РГПУ им. А. И. Герцена, 2003, с. 366.

③ И. Р. Гальперин. Текст как объект лингвистического исследования. М.: Наука, 1981, с. 5.

他区分并描述了下列范畴:信息性,切分性,接应(篇内联系),独立语义片段,连续统(时间和空间),回溯和前瞻,情态性,整合和完整性。他在著作中将这些构篇范畴统统视为语篇参数。И. Р. Гальперин 指出,经过二十多年对语篇语言学的研究,语篇范畴的数目明显增加,甚至达到了一定要区分构篇范畴和语篇属性的地步。尽管语篇存在着固定的形式语义和功能语义,语篇范畴仍然是有层级的,从中可以区分出内容范畴和形式范畴。

语篇总体范畴的基础是整体性(内容层面)和连贯性(表达层面),二者是互为补充、并行不悖的关系。语篇整体性指向内容层面和语义层面,它更大程度上是关乎心理学方面的,服从于语篇理解和接受的规律。语篇连贯性则主要体现为实义切分和前瞻、回溯。语篇切分导致了像前瞻、回溯、连续统、重音重置等与时空关系有关的一些范畴的产生。这种切分同其他语篇划分形式交织在一起,由于没有更好的术语,我们姑且称之为变体语境切分形式。这种形式可以划分出下列创造性言语行为形式:(1)作者的语言:a)叙述;b)对自然、人的外貌、陈设、情景、事件发生地点等的描写;c)作者的议论。(2)别人的话:a)对话(带有作者的说明);b)引文;c)非纯直接引语。两种切分形式互相制约,揭示概念内容信息。一些语言学家建议对文学语篇和其他语篇采取不同的切分形式。深入了解语篇切分的语用目的是一个困难的课题,而且解决起来常常带有主观色彩。但是,正如 М. И. Цветаева 所指出的那样,因为切分本身就是对字面、字里行间蕴含的意义的猜测,实际上是一种再创造。

在 И. Р. Гальперин 看来,前瞻是叙述手段之一,它可以使读者更清楚地辨明事件和片段间的联系和相关性。只有了解了下面即将发生的信息,读者才可能深入到概念事实信息之中,因为现在(настоящее)是以其他形式呈现在他面前的。前瞻可以是读者主观性前瞻,也可以是作者客观性前瞻。回溯是能够把读者引向先前叙述的事实内容信息的语言表达手段,与前瞻统一为整合一体的语篇语法范畴。回溯范畴的意义还在于它整合了作品中的时间断面,换句话说,回溯可以使我们从过去、现在,在一定条件下甚至是将来的视角研究、考察语篇。Н. Д. Зарубина 提出的序列范畴仅用于超句统一体和接应层面,该范畴无法反映内容特点特别是深层语义。Т. В. Матвеева 和 З. Я. Тураева 实际上是对 И. Р. Гальперин 的范畴分类进行了必要的补充,有助于对后者的范畴体系加深理解。Т. В. Матвеева 从具体语篇抽象出三种范畴,З. Я. Тураева 划分的范畴名称与 И. Р. Гальперин 的不同,例如:接应——内聚性,前瞻——级数等。М. Н. Кожина 则认为语篇范畴同功能语体关系密切,可以通过对不同语体、不同体裁的语篇的分析来进行语篇范畴的研究,这无疑也为我们研究语篇范畴提供了一条全新的思路。华劭先生在其著作《语言经纬》中对语篇内单位的关联性和整体性做了深入细致的分析研究。他划分出语篇单位的形式接应、语义接应和交际接应等篇内联系形式,这些手段实际上也可以视为是语篇范畴的类型,类似于连续统、整合等,而在谈到语篇单位整体性时他论述的语篇内离散单位的接应和整合与 И. Р. Гальперин 提出的内聚性(когезия)是殊途同归的。他在后面就语篇完整性(涉及情态性、抒情插笔、标题)所作的分析大大深化了国内学界对语篇内部结构关系的理解,同时对我们的研究也具有极大的启迪和示范作用。

二、А. Ф. Папина 的语篇范畴观

А. Ф. Папина 则试图将语篇范畴作为构篇的结构要素、语篇单位来加以研究。继 Т. А. ван Дейк、Н. Д. Арутюнова、Е. М. Вольф、Е. С. Яковлева、Е. С. Кубрякова 等学者之后,А. Ф. Папина 将语篇范畴区分为下列语篇总体性范畴:

(1) 交际活动参与者。

(2)事件、过程和事实。

(3)时间范畴:现实文学作品时间(包括客观文学作品时间、循环时间、主观文学作品时间、心理时间等);非现实文学作品时间(包括科幻作品时间、神话作品时间、魔幻作品时间、冥国世界中的时间等)。

(4)空间范畴——文学作品空间,包括现实文学作品空间和非现实文学作品空间(基于说话人的人称)。

现实文学作品空间分为:a) 第一人称——主观叙述;b) 第三人称——基于计量基点的客观时间(线性时间、前瞻性时间、全景性时间)。

基于所描述世界的类型划分的非现实文学作品空间包括:地球、宇宙以及破坏了几何维度的环境,譬如魔法空间、奇幻空间、神话空间、冥国世界、主人公的梦境等。

(5)评价范畴分为:质量评价和数量评价;合理性评价、实用性评价、规范性评价、神学评价;逻辑评价,它包括认知评价和道义评价。

А. Ф. Папина 的语篇范畴观非常具有理据性,条分缕析,在许多方面同 И. Р. Чернухина 的观点一致。确实,А. Ф. Папина 的评价范畴就是对后者语篇范畴分类体系的补充。不过语言学家 Н. С. Болотнова 虽然总体上认可 А. Ф. Папина 的划分标准,但仍然认为"既然她将交际活动参与者连同'作者形象'一并划入言语主体,那么'评价'这一特殊范畴的单独列出就显得不尽合理。这同 В. В. Виноградов 提出的作者形象是反映'光线和阴影配置'的作品中心思想的理解并无二致"[①]

[①] Н. С. Болотнова. Коммуникативная стилистика художественного текста // Стилистический энциклопедический словарь русского языка / Под ред. М. Н. Кожиной. М.: Флинта; Наука, 2003, с. 162.

我们在下文会对上述范畴及其他相关范畴分别予以分析和研究,以期通过范畴的研究,分析语篇的内部机理。从以上论述中可以看出,语篇范畴观点的异彩纷呈不仅仅表明这一概念本身的复杂性和多层面性,同时如果考虑到作为多层面现象的语篇结构的层级性,这也预示了我们可能划分出不同种类的语篇范畴。

显然我们可以认定,首先,存在语篇内范畴,这可以通过语篇内部的对应要素予以证实(如前瞻、回溯等),还存在篇外范畴(如作者范畴、接受者范畴等)。其次,正如一些学者正在做的那样,根据研究的视角及构建语篇不同属性的意义的差别,将语篇范畴分为内容范畴、结构范畴、功能语义范畴、功能语义—修辞范畴是合理的。考虑到语篇首先是一种交际形式,而交际性就构成了语篇最重要的集成特征,这一特征决定了其他的范畴。我们认为在研究该现象时应特别关注对话性(диалогичность),对话性是在主观性和针对性范畴中实现的,后两种范畴同作者形象和接受者等亚范畴相关联,也同事件范畴、时间范畴和空间范畴交织在一起,这几种范畴决定了语篇世界中语言的质料化参数,它们体现了语篇的交际指向。至于评价范畴、情感范畴,我们将之视为作者形象的多层面表现来加以研究。在具体研究这些范畴之前,让我们来做一下总结。

以上人文学科对范畴的划分是同认识论联系在一起的,范畴研究具有悠久的历史,最远可以追溯到古希腊罗马时代。范畴可以划分出普通哲学范畴(譬如实质、形式、内容等)、一般科学范畴(物质、运动等),也可以划分为普通语言学范畴(局部、评价、音调等)、语篇范畴(回溯、前瞻等)。С. Г. Ильенко 认为:"语篇范畴被视为是言语整体独具的特征,它是该整体(语篇)区别于其他语言现象的区别性特征。"①

И. Р. Гальперин, А. Н. Новиков, М. Н. Кожина, С. Г. Ильенко, И. Р. Чернухина, Т. В. Матвеева 等语言学家在研究语篇范畴及构建其分类体系方面做出了突出的贡献。我们可以从他们的论述中归纳出几个研究语篇范畴的角度:1)符号理论角度;2)语篇属性角度;3)具有场域性质的机制角度;4)分析单位角度。学者们区分了体现系统观的内容范畴和结构范畴以及基于反映论的功能修辞范畴。А. Ф. Папина 总结出语篇总体性范畴包括交际活动参与者、事件、时间、空间和评价范畴。考虑到交际因素,在研究上述范畴的同时,还可以研究在主观性和针对性范畴中实现的、同作者形象和接受者相关联的对话性范畴。语篇范畴在这点上更近似于近年来得到广泛关注的话语功能。邓军教授在《语言的功能及篇章分析》一文中指出:"从话语功能角度将话语划分为几种语体,分析功能语体的语言一体性、语体分类原则、语言手段在各种功能语体的基本运用规律等等"②,并根据 Р. О. Якобсон 六面功能学说将语篇划分为外显层和蕴含层,进而在这种框架内展开语篇分析,为我们提供了一种易于操作、阐释力强大的语篇分析手段,这同俄罗斯语篇学家将语篇范畴分为篇内范畴和篇外范畴加以研究的思路是一致的,只是研究手段不同而已。

总之,不同学者提出的语篇范畴有助于从不同层面、不同角度对任何语篇的内容和形式结构进行描写与分析。И. Р. Гальперин 指出:"语篇中的所有范畴,必要范畴和可选范畴都互相交织在一起,共同发挥各自的作用。为了研究目的而将其中任一范畴划分出去必将导致该范畴独立,结果会更清晰地揭示其本体特征和语

---

① С. Г. Ильенко. Русистика: Избранные труды. СПб.: РГПУ им. А. И. Герцена, 2003. с. 364.

② 邓军. 语言的功能及篇章分析[J]. 求是学刊,1997(3):82~87.

用特征。但只要开始分析所划分范畴的语段特征,我们就会发现语篇其他范畴也会一并发挥作用。语言学分析(而且不光是语言学分析)的实质就是这样,在将整体分解为部分时,我们倾向于赋予部分大于它作为整体的部分所应该具有的价值。而且,部分开始失去自己对于整体的依赖性,从而获得一定程度的独立性。"①因此,我们可以分别从几个语篇范畴角度对语篇进行多角度研究分析,所得出的结果应能够更加清晰、直观地反映语篇的本质特征。

第三节　文学语篇

　　语篇最重要的特征是容量参数。语篇的篇幅很大,但是从本质上来说仍然是可以考察的,因为语篇毕竟是有限度的。而语篇范畴的最主要特征是作为语篇构件的组成要素具有总体性。语篇作为言语行为事实具有系统性,是具有自己内容的某种完成性报道,是用标准语按抽象模式构建的报道形式之一。语篇具有自己的区别性特征。

　　内容就语篇而言具备自己的术语逻辑用法,与"意思"和"意义"是有区别的。内容作为语篇语法术语仅指语篇中整体的完成性信息,意思是指句子或超句中的信息,意义是针对词素、词、词组和句法结构。所有的范畴都有自己具体的实现形式,例如:信息性范畴——叙述、推理、描写(意图、情景、情节、本质、个体等)。整合范畴的实现条件:1)语篇部分对另一部分的从属形式;2)修辞手法;3)同义词重复等。

---

① И. Р. Гальперин. Текст как объект лингвистического исследования. М.: Наука,1981, с. 124.

考察语篇语法范畴,我们必须承认,这些范畴并非任何语篇所固有的,也不是任何语篇所必备的属性。许多语篇,特别是文学语篇(中篇小说、短篇小说、长篇小说、戏剧、诗歌、民间口头创作等)旨在对读者的情感施加影响,激发其美学反应。语篇可以引起视觉、听觉、触觉和味觉形象。

我们对语篇范畴的这种考察是与文学语篇分析联系在一起的。因此,必须要指出的是,诗歌语篇和散文语篇具有某种分类学上的同一性,这一点我们借助于类似的交际功能可以发现。而诗歌和散文的共性特征包括:报道功能,美学功能,表情功能,语言、言语、交际语用相似性,说话人的交际任务等。在谈及文学语言形象性时,А. Белый 指出:"散文和诗歌之间没有界线,二者的特征是一样的,不论形象、修辞格、隐喻,优秀的散文节奏感更强。确实,在语言大师的'散文作品'中没有散文的特征。"[①]

但这一点并不妨碍我们对文学语篇展开分析。不同语言手段在划分语篇交际意义和语句交际意义要素时意义重大,而正是因为在运用这些不同语言手段时没有严格界限,因而才使得我们可以在整部作品中分析文学语言。然而我们此时必须加以考虑的是诗歌与散文之间的距离,因为二者十分接近,因此需要找出二者不同层级中的语言特色。Я. Мукаржовский 曾说过:"诗歌语言有意地使语言变形,破坏标准语的规范。"[②]

我们发现,"现实化"(актуализация)这一术语不仅被用来破坏标准语规范,还被说话人用作划分语篇交际意义中心的书面语和口语不同层级的方法(词汇、语义、词法、构词、句法、语调、重

---

① Л. А. Новиков. Стилистика орнаментальной прозы А. Белого. М.: Наука, 1990, с. 119.

② Я. Мукаржовский. Литературный язык и поэтический язык // Пражский лингвистический кружок. М., 1967, с. 406.

音、图示)。我们可以将交际中心理解为语篇中的任何要素：词、词组、句子、独立短句等等。众所周知，句子句法中心是划分出两个主要成分，形成其述谓基础。我们现在跳出了句法中心说，进入更大、更全面的研究领域——语篇范围内，研究语段甚至整部作品，在这一层面来分析语篇的生成和理解，揭示其内在的规律性。

第四节 文学语篇的特征

具体的语篇是言语作品。但是语篇构建的普遍规律正是基于这些具体言语作品的，包括语篇结构、语篇单位、联系手段。这表明语篇不仅属于言语，还属于语言系统。学者们将语篇定义为语言系统的成分或具体言语行为的结果是互相补充的，这与 М. М. Бахтин 的思想是一脉相承的，他认为"任何具有关联性的符号总体都既可以在语言系统中作为语法现象进行考察，也可以在个体语句和言语体裁系列中作为言语现象进行考察"①。

正因如此，文学语篇中符号性质和功能的研究离不开对文学语篇特征的考察。我们来看一下文学语篇的特征。作为语言系统所有层级的功能单位域，语篇一方面为确定对象内部整合关系创造了条件，另一方面也为研究对象相互之间的关系提供了前提，因为语篇反映语篇作者世界观中折射出来的现实，而这种现实是作者个性创作的结果。这样，作为整合单位的文学语篇就能够反映语言和作为语言艺术的文学的内部联系(首先是语篇的美学和交际功能)。

文学语篇虽然也通过语言手段指明事物和现象，但不像科学

---

① М. М. Бахтин. Проблема речевых жанров // М. М. Бахтин. Эстетика словесного творчества. М., 1979, с. 257.

语篇和政论语篇那样叙写具体的事实。文学语篇承担美学、教育和娱乐功能。根据现实来描述想象的事件和世界,文学语篇的场景与我们熟知的现实世界是类似的。Дж. Серль 称之为"佯装"(притворство)。文学语篇中的词汇和句子构成类似的表述,具有多功能性。因为现实的过程是多维的,所以接受语篇的人的意识在想象世界中也延续了这种关系。这一点有助于理解文学作品中人物的行为,因为这些行为是基于作者自身的生活经验的。此外,作者也将自己的概念、情感、对文学形象的感受投射到作品中。因此,主人公、语篇片段、语篇部件都是带有象征、意识形态、心理和其他联想意义的。文学语篇的任务就是描写人的世界及人与世界的关系,如对象世界、社会、主观世界。① 这就使得我们不仅可以将语篇视为对现实的反映,还可以作为人同世界关系模式下自然语手段的反映来理解语篇。显然,语篇理解和接受是一定的心智和心理过程。语言学家 В. П. Белянин 将文学语篇列入复杂的系统中:"现实—意识—世界模式—语言—作者—语篇—读者—投射。"②文学语篇的内容可能是作者叙述的某一现实片段,例如情景的反映。情景范畴不仅对于语篇生成过程非常重要,而且对于理解语篇也至为关键。读者只有在弄明白了语篇描述的情景的情况下才可能理解语篇的内容。А. А. Брудный 认为文学语篇描写的情景和读者脑中重建的情景可以视为作者(活动主体)直接或间接加入的情景,其中读者想象中的情景与出场人物不一定吻合,但是他就叙述的顺序和对象持一定的立场。理解就是读者头脑中重建的情景的重新排序,就是情景思维中心从一点移置到另

---

① Ю. С. Степанов. В трехмерном пространстве языка: Семиотические проблемы лингвистики, философии, искусства. М., 1998, с. 37.

② В. П. Белянин. Психолингвистические аспекты художественного текста. М.: МГУ, 2000, с. 10.

一点。①

语篇理解的复杂性还在于不同的人对同一语篇会有不同的理解和解读。语篇接受者的个体特征对语篇理解同样具有影响,包括读者的世界观、受教育水平和文化水平、气质、性情等。谈到文学语篇的特征,必然涉及到"语篇"和"作品"这两个概念的关系问题。大多数文学论著对这两个概念未予区分。如一定要加以区别的话,我们只能抛弃语篇的特征。作品通常解释为由语篇构建并基于语篇的某种复杂内容。Р. Барт 是这样解释这对概念的:"作品是完全接受、领会其象征实质的产品,这也就是语篇。"②他将语篇和作品视为过程和结果的关系。为了理解作为结果的作品,需要考察其加工过程——语篇。可见文学语篇关涉作者和读者以及篇外世界等多种因素,因此对文学语篇的多维探索就成为一种必然选择。

第五节 А. Ф. Папина 的文学语篇宏观主题观

А. Ф. Папина 认为文学语篇,同其他功能语体的语篇一样,具有一系列规律。她提出了文学语篇宏观主题的几种特质。

第一,作者要时常记起语篇的主题(宏观主题),并且要在语篇中线性展开主题。比较 М. Ю. Лермонтов 的《Тучи》和 И. А. Бунин 的《Туман》两部作品的宏观主题,二者都涉及云雾这样一种自然现象。宏观主题包含在语篇标题或展句中(复杂句法整体),接着在论述部分(所谓展题)展开,最后,作者在结尾(尾声、

---

① А. А. Брудный. Психологическая герменевтика. М., 1998, с. 12.
② Р. Барт. Избранные работы. Семиотика. Поэтика. М., 1989, с. 417.

结束语)中总结所述信息。通过宏观主题的分析可以从多个角度认识作者精神、创作经验、思想倾向,宏观主题常常与作品主要思想联系在一起,因此对其进行分析有助于我们更好地理解作者作品及其世界观形成过程,揭示宏观主题与内容的有机联系。

第二,作者力求在逻辑和时间序列中递次展开言语连续统。然而也可能出现打破时间顺序的情况,前提是这一点符合作者的创作意图。作者在时间标尺上自由滑动,在语言符号系统中恣意徜徉:Прошло семь лет...;Еще две недели перед тем...;В прошлом году...;В будущем тысячелетии...;等等。不过要展开语篇内总体情节线索必须要有一定的线性运动,要有转述事件、过程、事实及其时间顺序的平移运动。

第三,语篇结构图示在语篇和复杂句法整体中发挥了重要作用。例如,在启句部分,作者将受话人、读者的注意力引向情节的发展,引入"超前信息"。在启句中包含了大部分或全部语篇总体性范畴,它们在以后的展题和结尾部分获得了进一步发展。总体性范畴,即基本的语篇构成范畴,它们是交际活动参与者、事件参与者、事件(情景)、文学作品空间、客体位置、文学作品时间、评价。复杂句法整体中体现的这些范畴强化了语篇的关联性和整体性,描述了世界图景所展现的多维性,因为任何事件都是发生在开放或封闭的空间中的,它一定同作者所选择的时间、"作者形象"、抒情主人公、作品人物相关联。任何语篇的创作目的都是为了引起读者的某种感受,激发读者的共鸣。因此复杂句法整体的每一种范畴都会引发读者这样或那样的评价,形成将语篇联为一个整体的关联系列。语篇作者总是力图排除语篇中的歧义因素,特别是借助代词反复的手段,关注读者对所述信息的领会和接受,以使读者始终记得语篇叙述的主人公和事件。

第四,作者在结尾、尾声或结束语中整合了语篇中所有总体性范畴,交代了最后的结局,描述了某个片段或整部作品情节的终结。Н. В. Гоголь 阐述了语篇尾声的重要性。让我们回忆一下他对 А. С. Пушкин 作品中语言和风格所作的赞赏有加的评价:"每个词用得都那么准确! 每个表达都那么有力!"①

第五,复杂句法整体(语篇连续统)中的逻辑序列和关联性可以为启句和展题以及展题和尾声之间的结构—语义停顿所中断。行文中的这种停顿可以用语用结构符号来表示,比如段落(散文中)、诗节、四行诗、二行诗等(诗歌中)。停顿的标志就是标点符号中的分隔符号:省略号、句号、问号、感叹号等,有时也用逗号或破折号,也可用句子独立成分来表示。这里说的独立成分实际上就是独立语义片段(автосемантические отрезки),它指"一段话语对于全文或其部分来讲具有相对的语义自在性"②。它可以脱离上下文而存在,主要的功用是突出作者意图。请看下例:

Коробка шоколадных конфет "Россия"! Что может быть вкуснее? — понеслось из динамика.

Я тяжело вздохнула — попала на рекламный блок. Интересно, люди, которые придумывают все эти слоганы, призывы и броские фразы, сами их слушают? Что может быть вкуснее коробки шоколадных конфет? Вкуснее коробки могут быть конфеты. **Нет, все-таки у людей начисто отсутствует здравый смысл.** Вчера заглянула на рынок и, идя по ряду, где продается сантехника, увидела ценник "Унитаз сидячий на одну персону". Был позыв подойти к продавцу и спросить: — Парень, а мне нужен стоячий, для двоих, где купить? (Д. Донзова «Уро-

---

① Русские писатели о языке: Хрестоматия / Под ред. А. М. Докусова. Л., 1954, с. 138.

② М. П. Котырова. Автомантия // Стилистический энциклопедический словарь русского языка/ Под ред. М. Н. Кожиной. М.: Флинта, Наука, 2003, с. 14.

жай ядовитых ягодок»）

　　这段话讲述了主人公在看电视时被不断插播的广告所打断，不胜其扰。黑体字表面看来是主人公的想法，实际是作者发出的议论。它插在叙述中间，抒发了作者的心声，而在结构上同上下文没有直接的联系，是独立存在的，起到烘托主题的作用。

　　相比较上文介绍的宏观主题观，А. Ф. Папина 对篇章语言学的主要贡献还在于她建构了一个完整的语篇范畴体系，并将这种理论和方法运用于文学篇章的分析上。这是篇章语言学框架下一次可贵的、有益的尝试。她开辟了一条语文学和纯语言学之外的第三条文学语篇分析道路。她将语篇范畴视为一种构篇要素，她在参与编撰的论文集《Текст: его единицы и глобальные категории》中，继 ван Дейк, Н. Д. Арутюнова, Е. С. Яковлева, Е. С. Кубрякова 等人之后提出了语篇总体性范畴的概念，它们分别是：交际活动参与者（участник коммуникативного акта）、事件（событие）、过程（процесс）、事实（факт）、时间（время）、空间（пространство）、评价（оценка）等，从而大大丰富了语篇分析的手段。研究她的语篇范畴理论，我们可以发现：一方面她强调语篇的交际性特征，提出了交际双方的交际功能的概念，兼顾表达平面和接受平面、常体和变体的范畴概念，对于开展语篇的结构分析具有重要的参考价值；另一方面，她也极为重视语篇的总体性特征，致力于构建多层面、全方位的语篇分析系统，从语用学、心理语言学、社会语言学、修辞学、文学理论、认知理论等汲取营养，力求全面系统地分析语篇，这种跨学科的态度和总体性的思路值得我们大力推介和学习。

第六节　作为文学语篇的小说

艺术言语是通过韵文(诗歌)和非韵文(散文)这两种形式加以实现的。韵文言语的形式多样,它能够最大限度地发挥出词语所蕴含的表现力,赋予作品以丰富的情感和含义。然而,艺术散文也有其独特的宝贵品质,正如 М. М. Бахтин 所指出的那样,采用散文体的形式,这会为作者实现语言的多样化,把各种不同的思维和表述方式统一在同一个文本中而提供广泛的可能性。西方叙事学认为,小说形成于 18 世纪,以长篇小说(novel)为标志。而在俄国情况还要复杂一些。如果从文学类别来看,则遵从古已有之的分类:这就是叙事类、戏剧类、抒情类。古希腊 Аристотель 在《诗学》一书中进行了类似的界说:"人们可用同一种媒介的不同表现形式模仿同一个对象——既可凭叙述——或进入角色,此乃荷马的做法,或以本人的口吻讲述,不改变身份——也可通过扮演,表现行动和活动中的每一个人物。"[1]后来逐渐演变为相应的文学体裁——小说、戏剧、诗歌。

在小说(俄国最初称为散文)同诗歌区别开以后,诗歌作为一门集中表现高雅、道德等的文学体裁而存在。而小说则从原始的古老传说故事中分化出来,成为一种通过相对完整的故事情节或生活画面,以构造人物形象为中心,利用背景交代和环境描写来反映社会现实、表现作者的思想感情的虚构性叙事文体。

小说,作为一种高度发达的文明财富,是随着经济发展、文化进步得以演进而最终形成的。小说,特别是长篇小说,在最近二三

---

[1] Аристотель. Об искусстве поэзии Перевод. В. Г. Аппельрота/Аристорель// Аристотель. Об искусстве поэзии. М.:Худож. лит.,1957, с.45.

百年里被公认为是一种主导性的文学体裁。长篇小说作为一种大型史诗的形式,更是成为反映社会生活的一种典型体裁。苏联文艺理论家 М. М. Бахтин 甚至为此建构了一种独特的小说理论,他认为长篇小说的主人公"不是定型的、一成不变的,而是作为在成长的、在变化的,由生活所教育出来的"来展示的。从中我们也不难发现小说这一文学语篇类型的受重视程度。

当代小说理论认为小说是通过相对完整的故事情节或生活画面,以构造人物形象为中心,利用背景和环境描写反映的社会现实来表达作者思想感情的一种虚构性叙事文体。由此定义可以看出,人物、情节、环境构成小说的三个基本要素。小说是通过塑造人物、叙述故事、描写环境来反映生活、表达思想的一种文学体裁。小说是作者对社会生活进行艺术概括,通过叙述人的语言来描绘生活事件,塑造人物形象,展开作品主题,表达作者思想感情,从而艺术地反映和表现社会生活的一种文学体裁。小说具有以下四种特征。

(1) 具有一定长度的虚构叙事。

任何小说都是具有一定长度的虚构性叙事。这种虚构叙事可长可短,由此小说有长篇、中篇、短篇、微型等不同分类。叙事的虚构性是散文所不具备的,却为小说、叙事性长诗、诗体小说、戏剧文学、影视文学所共有。"虚构性"与"捕捉人物生活的感觉经验"是上述要素中最能体现小说性质的。

(2) 人物成为描写的中心。

人物是小说的基本要素,也是它的灵魂。人物形象塑造和人物性格刻画是小说创作的主要任务,人物成为小说描写的中心。诗歌、散文可以根本不写人物,但是小说必须写人物。具有个性的人物形象,是小说跨越历史时代、具有永久艺术魅力的一个保证。小说的容量巨大,语言铺展,给人物形象塑造提供了广阔的空间和多样的手段。小说写人,则不受时空限制,不受真人真事的限制,可以运用各种艺术手段,立体地、无限地、自由地对人物进行多角度刻画。

(3)连贯完整的情节系列。

人物活在行动中,一连串的行动反映在小说中就是故事,就是情节。按照高尔基的意见,情节是"人物之间的联系、矛盾、同情、反感和一般的相互关系——某种性格、典型成长的历史"[1]。

我们假若从比较广泛的意义上来看"情节",它就是一系列的人物行动,是事件的序列,也是故事的组成部分。事件、细节都包含在广义情节的范围之内,故事则是由一个个情节组成的。任何小说都不可能只有一个单薄情节,而是应该有在连贯性和完整性方面程度不一的情节系列。即使是短篇小说和微型小说,其篇幅也足以容纳一个较为完整的故事或情节。西方现代派和中国先锋作家写作小说都出现过淡化情节的现象,但淡化不是灭亡,其中仍有断断续续的情节片段。整个地看作品,这些片段仍有其连续性和完整性,足以用来交代人物命运的演进。

(4)具体充分的环境描写。

在小说中,"背景即环境"。小说中的环境或背景,是指人物活动的历史背景、社会背景、自然环境和具体生活环境。小说以人物行动为描写的中心,就必然少不了对人物活动背景的交代,少不了环境描写。环境、背景是人物活动的舞台,是人物性格发展的土壤,因此环境描写是刻画人物性格、推进情节发展的重要手段。环境描写对人物形象的塑造具有重要作用。[2]

---

[1] 转引自高尔基.文学论文选[M].北京:人民文学出版社,1958:297.
[2] 转引自赵炎秋.文学原理[M].长沙:湖南师范大学出版社,2006:157~160.

本章小结

范畴作为"能够总结人类经验并对这些经验进行分类的人类思维的认识形式之一",它具有符号的本质,兼有内容层面和表达层面,体现了聚合和组合的二维思想,为我们研究语篇内部层级系统提供了有力的方法论工具。语篇范畴的出现是应现代语言学和修辞学力图揭示语篇结构这一趋势而产生的,因为语言学家们通过各自的研究发现单纯依靠基础性的分析单位(单词、言语表达手段)不足以支撑他们所进行的探索。语篇范畴作为一种分析单位,它具有整体性的基本属性,即针对性和结构性。每一种语篇范畴都体现某种语篇的语义链条,该链条是由一组按特殊方式组合到语篇整体中的语言手段来加以表达的。而语篇多面性的特征,也使得对语篇的多维解读和描写成为可能。语篇范畴作为一种研究语篇的新型模式,特别适合作为语篇的分析工具和手段,正越来越受到学界的重视。从范畴出发解读语篇不仅可以窥探作者构建语篇的规律和构篇手段,同时也会得出异于纯语言学分析的不同结论。文学语篇以其语篇建构的复杂性、语义结构的完整性而成为语篇范畴分析的最佳研究对象。我们论证的合理之处在于将语篇范畴视为语篇整体同其他语言现象相异的区分性特征来加以研究。毫无疑问语篇范畴具有场域性质,因为不同层级的语篇单位中都能够体现语篇范畴的关系和特征。考虑到语篇的交际性和语篇现实的结构性,我们认为划分出类似于对话性、作者形象等语篇总体性范畴极为重要。为此,本章主要阐述了有助于研究语篇结构、它的整体性和关联性的总体性范畴的概念、分类和基本特征。鉴于这些范畴的词汇—语义、语法表达手段的复杂性,我们将在下面分专章对它们分别加以论述。时间范畴和空间范畴作为语篇最为本质的特征,无可争议地成为篇章范畴系统中最为重要的一对范畴,在众多语篇特征中居于核心地位,下面我们就来重点阐述一下语篇时间范畴在文学语篇中的表现。

第三章 小说语篇时间范畴

第一节 时间研究的历史沿革

在人类发展史上,人们不断地探讨时间问题,提出各种各样的时间理论。究竟什么是时间?历来众说纷纭,莫衷一是。时间对于人类来说就是短暂的一生:童年、少年、青年、中年、老年或者只有其中的一部分。研究者从很早以前就试图深入了解时间范畴的秘密。古希腊人将时间这一抽象概念神化了。他们认为创世之神其中之一就是时间神赫拉诺斯(Хронос),他同宙斯和大地之神一起生育了火神、水神和风神,之后他们又哺育了诸神的后代。后来时间神 Хронос 演变成了许多语言中都存在的国际性术语"赫拉诺"(хроно-)的一部分,这一术语促进了复杂术语整体的形成。例如,年代学(хронология)、编写年代记(хронография)、时计学(хронометрия)、年代记(хронограф)、时计表(хронометр)、编年史(хроника)等等。这些术语将科学、现象、仪器区分开,并且保存了它们同时间概念之间的联系。

古希腊罗马的学者们致力于研究时间概念的内容和形式。古希腊哲学家 Платон 力求揭示"时间"的思想实质,他从词源上对其加以解释。他引入了时间段的定义——阶段(эпоха)。Аристотель 将时间概念与空间范畴结合起来,提出了"永恒"(вечность),即"无穷尽"、"整个宇宙存在的完整周期"这一定义。

Аристотель 关注动词的形式,他认为这些形式在表达时间意义时同运用名词所表达的时间是存在差异的。他在《物理学》一书中对时间的分析是从"现在"开始的。"现在"的一部分曾经存在,现在已不存在,可称之为"过去";它的另一部分有待存在,但现在尚不存在,可称之为"未来"。Аристотель 有关时间的定义旨在说明"现在"为什么,以及在什么意义上真实存在。这就提示我们"现在"与"存在"成为了开启时间之门的钥匙。

17—18世纪的学者认为主观时间存在于人的感觉之中。感觉论哲学家将所有知识都归结为感性认识。英国学者 Джон Локк 即属此类感觉论主义者。法国哲学家 Анри Бергсон 认为不借助科学而只通过研究者的直觉、直接观察来认识世界是完全可能的,他将时间、物质、空间确定为不同的长度形式。德国哲学家 Иммануил Кант 认为时间、空间、因果关系等是不依赖于人的经验和任何客观外物而存在的"先验"现象,它为我们认识客观世界提供了基本条件,但是 Кант 否认时间范畴对绝对现实的任何过度追求。他在自己的著作《纯粹理性批评》一书中断言:"时间仅仅是内心感觉的形式,即对我们自身和内心状况的内省。"①学者们认为存在人类主观接受的时间,这种观念使语言学家稍后开始关注这一问题,并促成了主观时间和心理时间思想的形成,而这些思想都是当代语言学家们需要解决的问题。17世纪英国学者 Исаак Ньютон 提出了"绝对时间"(абсолютное время)和"绝对空间"(абсолютное пространство)的概念。他把时间和空间描述成独立的客体,看作是同运动着的物质相脱离的东西,如同不依赖于物质的空无一物的储物间和空洞的过程。这是他脱离开物质单纯研究时间的结果。Ньютон 把暂时无法解释的时空现象归结为超时间性的上帝,这体现了他的时代局限性。

---

① И. Кант. Критика чистого разума / Соч.: В 6 т. М., 1964. Т. 3, с. 138.

德国哲学家海德格尔在他的著作《存在与时间》中从哲学的角度阐释了四种时间观,主要是表达了存在及存在的主体(人、世界等)同时间的关系,明确区分了时间和时间性的概念,即所谓世界的时间和本真的时间。《时间简史》的作者、剑桥大学教授史蒂芬·霍金认为时空是四维的空间,上面的点就是事件,从自然科学角度定义了时间。① 《苏联百科辞典》是这样定义时间的:"时间(同空间一样)是物质的基本存在形式,它合乎规律地协调现象间的更替。时间客观存在并与运动着的物质密切相关。"②

所有这些关于时间的定义使我们得出了时间的几个基本属性:1)任何物质的存在和发展,都要经历一定的时间,时间是物质存在的基本形式;2)时间是客观的,是不以人的意志为转移的;3)时间与运动是不可分的,时间的本质就是运动,时间表现的是物质运动的顺序性、持续性以及过程的接续性。

第二节 时间范畴概述

在科学发展过程中出现了相对论理论,该理论提出了有关"相对时间"的观念。В. В. Виноградов 在自己的著作《Русский язык》中使用了"相对时间"(относительное время)和"绝对时间"(абсолютное время)这对术语。此后,同一定的时间基点相关联的绝对时间和相对时间这对术语便在语言学中获得了广泛的应用。③

---

① 转引自史蒂芬·霍金.吴忠超译.时间简史[M].长沙:湖南科学技术出版社,2008.137.

② Советский энциклопедический словарь. Ред. А. М. Прохоров. М., 1980, с. 434.

③ В. В. Виноградов. Русский язык. М., 1972.

语言学中"绝对时间"被"抽象时间"(абстрактное время)、"宇宙时间"(космическое время)、"自然时间"(природное время)等术语所替代。Н. Д. Арутюнова 在自己的专著«Логический анализ языка»中使用了这些术语。① 术语的多样性也表明了学者们力求找到对这一现象的准确称名。他们认为"自然时间"是由过去到未来的线性排列,不会中断,具有不可逆性、永恒性并且是同质的。这种时间不会被我们的感觉捕捉到,没有社会性,它同相对时间、有目的的观察以及观察者的主客观反应中体现的外部事件没有联系。"自然时间"往往同永恒、无穷、循环、生命圈、自然现象的周而复始等范畴交织在一起。相对时间可以有终点,即与另一时间相关联的可计算的计量基点、日期。

不同时代的人发明了不同的时间计量仪器。最初人们借助于星辰来计量时间,后来发明了日晷和沙漏,继而又设计出了机械钟、石英钟、电子钟、原子钟等等。古代文献为我们讲述了在钟表发明以前人类是如何计算时间的。当时人们采用记录的方式,通过找出不同的时间计量基点来计算时间。譬如,对本国城市居民来说已习以为常的卫队换岗时间。在马太福音书中我们看到:В четвертую же стражу нощи(第四警卫队承担警卫任务)。所以换岗这一事件就成为衡量时间尺度的标准。在四五世纪时斯拉夫人就已经有了表示时间单位的词:часъ(钟)、година(年)等。час(小时)这个词在俄语中保存了下来,它源自乌克兰语,许多斯拉夫语言中都有год(年)这个词。随着沙漏、水漏的发明,即便是在没有阳光的白天,在黑夜也有了计算时间的方法。公元 1500 年左右,人类发明了钟表。钟表的发明显然使得人们的生活更加规律、更加紧凑。随着各门科学(哲学、天文学等)的发展,出现了表示

---

① Н. Д. Арутюнова. Время: модели и матафоры: Логический анализ языка. Язык и время. М.: Индрик, 1997.

时间计量单位的术语,如与地球环绕太阳公转联系在一起的分支年,地球相对其他天体旋转的恒星年。20 世纪有人提出"历书时"的术语,它的基本单位是秒。因各地经度不同而产生地方时概念。世界时是太阳时的初始点。还产生了区时概念。俄罗斯的第二时区的区时被称为"莫斯科时间",因为莫斯科位于这一时区。俄罗斯领土横跨十个时区。①

我们发现,表示时间单位的术语 минута(分)、секунда(秒)是在彼得大帝时期从德语借用过来的,这些词源自拉丁语。全世界都在研究时间范畴,1966 年成立了专门研究这一问题的国际时间研究协会。有学者划分了心智系统,即自然语、文化和艺术中的时间类型。下面我们用图示的方法来说明这些时间系统的相互关系。②

时间类型系统

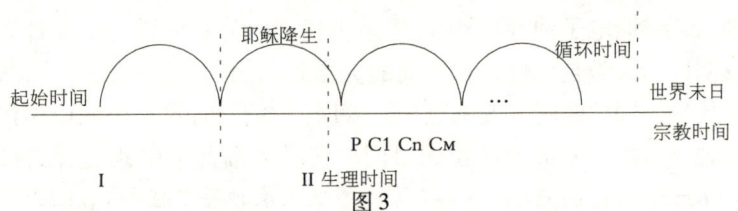

图 3

在主轴上是不受起止限制的永恒的自然时间、宇宙时间,它们与地球上四季、昼夜更替的周期,即循环时间(циклическое время)部分重合。在主轴上也体现了宗教时间(религиозное время),这个时间受限于下列符号所表示的阶段:Ⅰ——起始时间;Ⅱ——耶稣降生——(公元元年)。人们在循环时间和宗教时间

---

① Советский энциклопедический словарь. М., 1990, Т. 1, с. 218. Т. 2, с. 241 – 242.

② Кандрашина Е. Ю. и др. Представление знаний о времени и пространстве в интеллектуальных системах / Под ред. Д. А. Поспелова. М.: Наука, 1989, с. 80.

主轴上确立了神话事件、世俗事件、日期和节日的体系(如圣诞节节期、东正教圣诞节、新年等等)。

生理时间(физиологическое время)表示时间标尺上的某一时段。这一时间类型同人类联系在一起,它的起止时间就是人的出生与死亡时间:图示中符号 P 表示出生时间,См 表示死亡时间。在人的生命长河中会发生形形色色的事件,比如上学、举行婚礼等等,这些事件用 C1……Cn 来表示。

除了以上这些时间类型,学者们还划分出历史时间(историческое время)。它又被称为经验时间、物理时间或编年史时间。这种时间同自然生活某些循环、同人或整个社会生活的具体事件联系在一起,反映其时间先后顺序,即按逻辑顺序描述所发生的事件、事实。年代记录事件发生的日期;计时术则记录事件持续的时间。①

第三节 研究语言和言语中时间的意义与形式

Ф. Де. Соссюр 在《普通语言学教程》一书中区分了语言和言语的概念,这种划分对 20 世纪语言学产生了革命性的影响。与之相对应,时间作为语言学中的一个重要范畴,自然有必要区分出语言和言语中不同的时间意义与形式。

时间范畴的概念是在现代语言学中形成的。时间的形式在各个时代都是不同的,俄语中缩减了分析形式的数量,整合了各种词类的意义,特别是表示时间范畴的动词和副词的意义。研究时间

---

① В. Г. Гак. Пространство времени // Логический анализ языка. Язык и время. М.: Индрик, 1997, с.123.

范畴的学者和语言学家的态度也在发生变化。19世纪到20世纪语言学界开始了对时间范畴的精细化研究。

早在 М. В. Ломоносов 于18世纪所著的《Российская грамматика》一书中就归纳了10种动词时态,但他并未区分动词时和体的形式与意义。19世纪的学者 К. С. Аксаков 和 Н. П. Некрасов 提出了俄语中并不存在时间范畴的理论,因为时和式可以被其他形式所代替。比如我们说:"Ну, я пошла(喂,我走了)。"虽然对话还可能持续很长时间。在 Ф. Ф. Фуртунатов 及其追随者的著作中试图取消动词的所有形式而把它们归入其他词类。例如,他们将动词的过去时和形动词归入"指性词",副动词被划入副词等等。А. А. Потебня 的著作对俄语动词给予了特殊关注。他甚至为了证明动词在词类中的主导地位而创立了动词哲学这一学科,阐述了动词最具抽象性的特点,并且不遗余力地促进其他词类的"动词化"。А. А. Шахматов, А. М. Пешковский, В. В. Виноградов, Н. С. Поспелов, Ю. С. Маслов, А. В. Бандарко 等人的著作都对时间范畴进行了详细的研究,他们划分了时和体的范畴。

当代研究时间范畴的学者引进了一些新的概念:言语时刻(момент речи)和指称时刻(момент референции),是否与事件实际发生的时刻相对应。同时出现了"计量基点"(точка отсчета)这一术语。同"言语时刻"相比,"计量基点"是作为"二次时间"(вторичное время)被引入的,用来区分时间标尺上的过程(或事件)的阶段。

在研究古俄语时学者们注意到,古斯拉夫人将过去的时间细化为久远过去时(плюсквамперфект)、简单过去未完成时(имперфект)、简单过去完成时(аорист)和复合过去完成时(перфект)四种时间。对将来时间他们也进行了类似的区分:简单将来时、复合将来时、条件完成时、将来完成时。古俄语之所以具有如此复杂的时态形式是因为当时俄语动词"体范畴"严重落后,只好用某些时间范畴来表达体范畴的意义,因此时间范畴与体范畴有机地、紧密地联系在了一起。类似的现象也出现在拉丁语中。类似形式的时体意义在现代俄语和其他语言中也能见到。这些时间意义被称为"二次时间",它们用移动的计量基点来描述,而且它们并不总是与说话时刻吻合。① 学者们所研究的不同时间范畴对人类认识自然世界和社会的运行机制发挥了重要作用,它们有助于反映人类言语中包罗万象的事件、过程和事实。Н. К. Рябцева 指出:"没有语言,时间永远只是与世界机制并行的物理状况。从语言上认识时间丰富了世界图景的价值成分。"②

考察一下《Категория времени》一书的开篇部分,我们发现语言学家 Н. Д. Арутюнова 将所有的时间类型都归结到两个相互联系的模式之中:

(1) 人生道路时间模式(Временная модель Пути человека),该模式包括生理时间(физиалогическое время)、客观时间(объективное время)、主观时间(субъективное время)、心理时间(психологическое время)等等;

(2) 时间流模式(Модель Потока времени),指宇宙时间周期及其不可逆性、无限性、线性等各种属性。③

两种时间模式既体现在文学作品的语言中,又反映在其他书面语体和口语语体的语言中。为进一步研究,我们划分出"文学作品时间"(художественное время)的类型,并在下面章节中进行

---

① К. Г. Краснухин. Три модели индоевропейского времени на материале лексики и грамматики // Логический анализ языка. Язык и время. М.: Индрик, 1997, с. 74.

② Н. К. Рябцева. Аксиологические модели времени // Логический анализ языка. Язык и время. М.: Индрик, 1997, с. 94.

③ Н. Д. Арутюнова. Время: модели и матафоры: Логический анализ языка. Язык и время. М.: Индрик, 1997, с. 53.

分析。

第四节 语篇时间范畴

语篇具有两面性:一方面它反映一定的现实片段,记录了世界按年代发展的情况;另一方面,它又像时间一样是线性展开的,即存在开始时刻和持续的过程。如果忽视这种关系则无法构建语篇,因此时间范畴就构成了语篇的标志性元素。

哲学对于时间的解读及其关于现实时间和认知时间的划分使得人头脑中的现实图景发生了急剧的变化。语篇逻辑组织、语篇结构就是借助于类似时间、空间这样的范畴建构的。语篇时间范畴是"作为这样一种范畴加以确定的,即语篇内容是借助于时间范畴而与时间轴发生关联,譬如现实的历史性前瞻或前瞻的折射"[1]。与现实时间相关联的文学作品世界不能离开时间和空间而存在。时间范畴是作者建构的美学现实参数系和文学形式质料化的关键元素。那么存在哪些时间范畴呢?

研究者划分出了现实时间和认知时间(人主观感知的时间),这是针对客观时间(自然时间)和主观时间(推理时间)而言的。客观时间是作为"语篇中相对字面上表达的现实时间界定的,而语篇中的事件则是处于同现实时刻、时期、个人生命过程的联系之中"[2]。主观时间是同个人对客观时间模式的思考联系在一起的。与此同时还存在另一种划分方法。从 А. А. Потебня 那个时代开

---

[1] Т. В. Матвеева. Стилистический энциклопедический словарь русского языка / Под ред. М. Н. Кожиной. М.:Флинта-Наука, 2003, с. 536.

[2] Т. В. Матвеева. Стилистический энциклопедический словарь русского языка / Под ред. М. Н. Кожиной. М.:Флинта-Нацка, 2003, с. 537.

始就盛行将时间划分为现实时间和文学作品时间。现实时间的特征是:"一维性、连续性、不可逆性、有序性。"①文学作品时间有别于现实时间的特征是多维性、可逆性、间断性和离散性。至于有序性,Н. А. Николина 认为是由作者的美学观念所决定的,它服务于作者所选择的语篇展开策略。

研究者是将文学作品时间作为有终性和无限性、个别性和普遍性的统一体来加以研究的。②正如 Н. А. Николина 所指出的那样,文学作品时间带有体系性的特点。"这是作品美学现实及其内部世界同作者创作意图及其世界图景之体现的形象相关联的一种结构方式。"③И. Я. Чернухина 则将文学作品时间界定为"作者创作的产物,它是抒情性语篇和诗歌性语篇内物理时间和哲学时间在语言上体现出来的美学方式"④。

俄罗斯语言学家 Н. В. Шевченко 提出了现实时间、概念时间、艺术时间的划分。他认为语篇逻辑组织、语篇结构是由时间、空间这类的范畴构建的。连续统是时空内连续运动流。时空是一切现实片段和一定交际情景的反映,不能脱离这些特质(属性)而存在。连续统是时空中不可切分的运动流。时间和空间是现象世界存在的一切必备的物质性条件所具有的总体属性。作为一定现实片段和交际情景的反映,语篇离开这些属性则无法存在。连续统不是句子而是语篇范畴。连续统无法在句子中实现是因为在一

---

① Н. А. Николина. Филологический анализ текста: Учеб. пособие для студ. высш. пед. учеб. Заведений. М.: Издательский центр «Академия», 2003, с. 122.

② З. Я. Тураева. Лингвистика текста (Текст: структура и семантика). М., 2003, с. 124.

③ З. Я. Тураева. Лингвистика текста (Текст: структура и семантика). М., 2003, с. 122.

④ И. Я. Чернухина. Общие особенности поэтического текста. Воронеж: Изд-во. ВГУ, 1987, с. 8.

个句子中思想难以展开。句子在此意义上是静态的,我们可以将之视为电影中的一个镜头。即使像 Он начал медленно двигаться по направлению к намеченной цели(他开始慢慢地向既定目标前进)这样的句子也只能视作动作片段,里面不存在连续统。实际上连续统作为语篇语法范畴是独立语义片段(关联性)和间断性的合成物。时间连续统和空间连续统也可以被视为事件连续统。语篇中时间流并非单线条、单向地由过去向未来流动的,这和动词范式«работал — работаю — буду работать»全然不同,它是具有容量的。

语篇语言学中划分出三种时间类型,分别是现实时间(客观时间)、概念时间(事件时间)和认知时间(情感表现时间)。文学语篇中还可以划分出所谓的文学作品时间。客观时间、自然时间是外在于语篇的时间,是单向的、不可逆的时间。这是与认知概念结合起来的物理时间,是客观时间在人脑中的序列。语篇作为普通的物质客体(书籍、笔记等)存在于现实的时空之中,它具有自己独特的时间。这种时间是有终点的,就像其他物质客体的时间那样(譬如泛黄的书页破碎了,油彩从画作上剥落),但对于作为言语作品的语篇来说这却是无关宏旨的。

我们来总结一下语篇时间范畴的特征。时间范畴被视为语篇范畴,通过该范畴可以将语篇内容同时间轴加以对比:现实的历史性前瞻或前瞻的折射。这是一个具有场域性质的矢量范畴,计量基点在描述该范畴时起重要作用。在表达语篇时间范畴的语言手段中可以划分出词汇手段、词法手段和句法手段。

第五节 文学作品时间范畴

下面我们来详细研究一下文学作品时间的分类问题。А. Ф.

Папина 将其划分为"现实客观文学作品时间、循环时间、主观时间以及各种非现实时间"①。她将现实文学作品时间分为"与现实紧密相连的时间、受作者情绪影响而略微变化的时间、前瞻性的现实时间和线性排列的时间"②。非现实时间则分为星时间、地狱时间、魔法时间、神话时间、传奇故事时间、幻想作品时间和冥国时间。А. Ф. Папина 是基于文学语篇世界中作者创作意图和美学构思的外显特点来建构时间范畴的。

其他的时间范畴划分还包括 Г. А. Золотова，Н. К. Онипенко，М. Ю. Сидорова 等人在《俄语交际语法》中提出的时间观。③这种时间观是基于三维时间参照系上的相互关系：

（1）主要是带有"时间"义素的词汇单位所反映的历法时间；

（2）由语篇中所有的谓语联系（首先是动词形式）所构成的事件时间；

（3）表达叙述者和人物立场的认知时间（同时运用各种词汇语法和时间位移手段）。

这种分类法极具包容性，在兼顾语言表达手段的同时准确地反映了语篇时间基本类别，这可以作为分析文学作品的基础。鉴于文学作品时间是由语篇所有要素建构的，并且其中的时间关系同空间关系交织在一起，因而文学作品时间同语法时间远不是一致的。④

---

① А. Ф. Папина. Текст: его единицы и глобальные категории.: Учебник для студентов — журналистов и филологов. М.: Едиториал УРСС, 2002, с. 163.

② А. Ф. Папина. Текст: его единицы и глобальные категории.: Учебник для студентов — журналистов и филологов. М.: Едиториал УРСС, 2002, с. 218.

③ Г. А. Золотова, Н. К. Онипенко, М. Ю. Сидорова. Коммунистическая грамматика русского языка. М.: Изд-во МГУ им М. В. Ломоносова, 1998, с. 23.

④ Н. А. Николина. Филологический анализ текста: Учеб. пособие для студ. высш. пед. учеб. заведений М.: Издательский центр «Академия», 2003, с. 126.

除了上述时间类别外，Н. А. Николина 还区分出表达事件现实进程的情节时间、作者时间和人物主观时间，以及表现不同时间形式的生活时间和历史时间、个人时间和社会时间。①

除了以上所划分的文学作品时间之外，因作者意图不同而在不同语篇中所呈现出的各种时间，以它们的总体意义为基础还有其他时间分类。同时 И. Я. Чернухина 还谈到了类似具体时间、抽象时间、概括性时间和诗歌转换时间这样的文学作品时间类别。我们考察了 И. Я. Чернухина 的观点，我们认为她首先是针对美学交际参与者头脑中的时间概念而言的。

具体时间是作者创作的产物，是与作品中一定人物生活相关联的时间的美学再现，是一定人物生活中及社会和自然中发生的事件。该类时间的相关特征是突出了语篇中时间体验主体对它的再现，此类主体可以是人、社会或自然。② 作者将概况性时间作为他的创作成果加以确定，美学上体现了他的时间观，而时间主体可以是任何具有一定特点的人或类似的自然现象。在此意义上的时间主体被视为抽象名词，换句话说就是叙述—言说形式决定了语篇内容由具备什么特点的主体来陈说。

体现时间范畴的基本语言手段在 Н. А. Николина 的著作里得到了详细展示，她指出："这首先是动词时体形式的系统，该形式的连续性和断续性，时间形式的转换，与时间语义学相联系的词汇单位，带时间意义的格形式，时间顺序的标注，句法结构，它们共同构建了一定的时间层面。譬如，语篇中的称名句都是现在时形

---

① Н. А. Николина. Филологический анализ текста: Учеб. пособие для студ. высш. пед. учеб. заведений М.: Издательский центр «Академия», 2003, с. 130.

② И. Я. Чернухина. Общие особенности поэтического текста. Воронеж: Изд-во. ВГУ., 1987, с. 21 – 22.

式的历史人物、神话英雄的名字,历史事件的名称等。"①

以上列举的各种时间类型在文学作品中均有体现。各种文学流派的作者从自己的创作意图出发,力求合理地或者故意有悖常理地创造出外部世界的图景。这一图景包括了这样一些对象,它们散布于时空中,并且从时间计量基点角度看是与说话人和观察者的地位相互关联的。以此为基础,作家创设了几种文学作品时间。最为常见的时间类型是用在独白话语中的客观现实文学作品时间(реальное объективное художественное время),该时间类型也包括循环时间。在构建客观现实文学作品时间的同时,作者(说话人)又引进了主观现实文学作品时间(реальное субъективное художественное время),用来描写非线性的、断续的、异质的时间现象。此类时间现象多见于独白和对话中,常常富含大量在时间上违背逻辑和反常的东西。在此基础上形成了心理时间,强调从说话人的角度来描写个人心境和感悟中的独特情感。文学话语中的心理时间主要用来刻画人物的内心世界,并已成为它的一个组成部分。

说到心理时间,Н. К. Рябцева 指出:"这一时间已成为物理时间标尺伸展和压缩的必要手段。"②Н. К. Рябцева 还引入了日常生活时间之外的"精神时间"(духовное время)概念。她认为:"精神时间的对立面就是神秘世界、星世界、唯灵世界、超自然世界,即非理性世界。"③另一学者 Д. Андреев 认为:"语言不仅可以关注时间、终止时间、超越时间或者背离时间,而且可以在此基础上创造

---

① И. Я. Чернухина. Общие особенности поэтического текста. Воронеж: Изд-во. ВГУ., 1987, с.130.

② Н. К. Рябцева. Аксиологические модели времени // Логический анализ языка. Язык и время. М.: Индрик, 1997, с.81.

③ Н. К. Рябцева. Аксиологические модели времени // Логический анализ языка. Язык и время. М.: Индрик, 1997, с.81–82.

平行时间、超物理时间。"①

因此文学作品情节展开的时间可以是过去和将来遥远神秘世界的时间与空间,譬如幻想世界、神话世界、宇宙世界。这使得作家可以主观上不同程度地虚构各种世界中的非现实时间。最常见的非现实时间形式是:星际时间、魔幻时间、神话时间、童话时间、虚幻时间、冥国时间。这样,不同流派的学者划分出自然语及其书面和口头形式中的文学作品时间,这些时间可以是客观现实时间、循环时间、主观时间,也可以是各种形式的非现实时间。

一、文学语篇中的时间计量基点

计量基点(точка отсчета)是俄罗斯语言学界提出的一个重要概念。所谓计量基点是指时间开始计算的起始点。它通常分为三种计量基点:时间计量基点(точка отсчета времени)、空间计量基点(точка отсчета пространства)、个体计量基点(точка отсчета личного измерения)。

文学语篇的时间计量基点是在同其他计量基点的结合中形成的。Е. Р. Иоанесян 指出:"通常认为空间计量基点往往针对的是说话的地点,时间计量基点表示说话的时间,而个体计量基点则是指向说话的人。"②

基于此,我们可以得出如下结论:文学语篇中的时间计量基点是通过空间计量基点和个体计量基点(即人)两种计量标准衡量的。这同中国传统文学理论中有关小说含义的界定不谋而合。赵炎秋主编的《文学原理》一书在谈到小说的含义时指出:"小说是

---

① Н. К. Рябцева. Аксиологические модели времени // Логический анализ языка. Язык и время. М.: Индрик, 1997, с. 94.

② Е. Р. Иоанесян. Противоречивость и точка отсчета // Логический анализ языка. Противоречивость и аномальность текста. М.: Наука, 1990, с. 34 – 35.

通过相对完整的故事情节或生活场面,以构造人物形象为中心,利用背景交代和环境描写来反映社会现实表现作者的思想感情的一种虚构性叙事文体。由此定义可以看出,人物、情节、环境构成小说的三个基本要素。"① 这里的人物、情节、环境恰恰与个体计量基点、时间计量基点、空间计量基点的内涵暗合。因而我们在下面将辟专章对三种概念的内涵和外延进行阐释。

关于时间的这一特征,俄罗斯学者 М. М. Бахтин 做过很多研究。М. М. Бахтин 在《长篇小说的时间形式和时空体形式:历史诗学概述》一文中提出了时空体(хронотоп)的概念。根据 М. М. Бахтин 的界定,时空体是"在文学中被艺术地加以掌握的时间和空间的本质性的相互联系"。М. М. Бахтин 指出:"在文学中的艺术时空体中,空间和时间标志融合在一个被认识了的具体的整体中。时间在这里浓缩、凝聚,变为艺术上可见的东西;空间则趋向紧张,被卷入时间、情节、历史的运动之中。时间的标志展现于空间中,而空间则要通过时间来理解和衡量。这种不同系列的交叉和不同标志的融合,正是艺术时空体的特征所在。"② М. М. Бахтин 主要表述的思想是时间和空间的不可分割性,即时间表现于空间中,空间也同样体现于时间之内,研究者的任务是在空间中发现时间,在时间中发现空间。

时间计量基点常常将说话人(говорящий)置于现在时,同时假定它与说话时刻同步。在这种情况下话语是在时空体的基础上建构的:我——此地——此刻。例如:

Я иду по цветущему лугу.(我在鲜花盛开的草场上走过)。

---

① 转引自赵炎秋. 文学原理[M]. 长沙:湖南师范大学出版社,2006.155.

② М. М. Бахтин. Формы времени и хронотопа в романе: Очерки по исторической поэтике // Бахтин М. М.: Вопросы литературы и эстетики. М.: Худож. лит., 1925, c.406.

然而按照作者的意图,主体的动作是在瞬间完成的,即与作者言语中描述的时间吻合。时间计量基点处于现在时可以使说话人在头脑中轻松地将注意力转到过去,比如:

Цветок засохший, безуханный, забытый в книге вижу я; И вот уже мечтою странной; Душа наполнилась моя. (А. Пушк.)

(我看见了夹在书页中的枯萎的、已经没有香味的花朵;我的心里霎时充满了奇思妙想。)

在诗歌文本中运用时间计量基点可以表达不同时间发生的事情:花是在以前被夹入书中的,在那里干枯、凋零,最后被人遗忘。现在我看见了花,它使我想起了过去激动人心的事情,我(作者)的心里因而充满了奇思妙想。话语的中心位置是述谓结构«вижу я»(我看见了)。这一结构是现在时时间计量基点和个体计量矢量——"我"。述谓形式——现在时«вижу»(看见)是带有时间计量基点意义的表示心智的动词,符合说话时刻,并且可以把情节推进到过去时的不同阶段。事实——事件"被遗忘于书页中"、"枯萎的"使人想起久远的时间,使用现在时表达时间持续的长度和完整的结果。事件«Душа наполнилась моя»(我的心里充满了)是迅速的、瞬间的、完整的、发生于现在之前的事件。谓语用完成时与加强意味搭配并不矛盾,例如:"在那一刻"、"此刻"等,但是作者巧妙地把握住分寸感,体现出合理性、相称性。这句话的最佳时间顶点是现在时时间计量基点,它使时间保持在久远的、现在之前的时间,符合言语时刻。说话人还可以将包含有过去和将来发生的事件的语句同现在发生的动作及说话时刻联系在一起。例如:

Но прежде чем мы передадим читателям их разговор, считаем нелишним рассказать в немногих словах, кто была эта Татьяна. (И. Тургенев «Муму»)

(不过,在把他们的谈话转述给各位读者之前,我认为有必要简单地交代一下,塔季扬娜是什么人。)

集现在时计量基点与个体计量基点于一身的 мы(我们),作者运用人称代词复数第一人称,这种形式从逻辑上强调了动作发生的先后顺序:可能作者拟用将来时,我们称之为第一种时态,但逻辑上又表明作者叙述结束了(мы передадим),说话人从叙述时的现在时转化为过去时(считаем нелишним рассказать)。强化成分 прежде чем(在此之前)使作者可以按照逻辑顺序展开自己的故事情节:由现在时计量基点过渡到过去时和将来时。

必须指出,计量基点可以是处于不同过去时间段的过去时。研究者发现,过去时计量基点可以用于久远过去时(давнопрошедшее время)和前过去时(преждепрошедшее время)之后,需要指明的是此种时间类型被称为"二次时间"。在这种时间模式下,同时间范畴联系在一起的体范畴将发挥重要作用。学者 К. Г. Краснухин 指出,未完成体过去时表示"远离故事中设定的说话时刻,而完成体则意味着离此很近,即完成时形式不具有长度意义,从而剥夺了它时间上的久远意义"①。

我们还可以考察一下带有过去时时间计量基点意义的文学语篇在过去时中的阶段性划分。例如:

Герасим сперва не обращал на нее особенного внимания, потом стал посмеиваться... потом и заглядываться на нее начал.(И. Тургенев «Муму»)

(格拉西姆起初对她并不特别留意,后来他碰到她总要笑一笑,后来他开始出神地望着她……)

此时计量基点并未与说话时刻吻合,而是与事件完结的时间

---

① К. Г. Краснухин. Три модели индоевропейского времени на материале лексики и грамматики // Логический анализ языка. Язык и время. М.: Индрик, 1997, с. 74.

吻合,处于过去时的最后一个阶段:потом и заглядываться на нее начал(后来他开始注意她了)。

作者把 Герасим 所有的动作进行了合成。Н. Д. Арутюнова 将这种遵循事件发展的历史时间的叙述方法称为"年代模式"(хронологическая модель),在这种模式中,原因先于结果,而事件仿佛按照普遍的脉络进行叙述。她指出:"年代观察者的视角凌驾于对事件的叙述之上。"①

时间计量基点是根据它的状况固定和确定的,主要是表示时间的一些副词(表示强调):теперь(现在)、сейчас(目前,现在)、потом(后来)等等。表示强调意义的强化副词还可以表示一段时间,该时段非常接近时间计量基点:прежде(之前),сперва(起初),затем(然后),потом(后来),давно(以前),еще(还)等等。

对与事件发生时的确定时间相关联的计量基点进行划分不仅对语句,而且对整个连贯句法整体(связное синтаксическое целое)都有意义,这个连贯句法整体可以是整部作品的一部分,也可以是不长的诗歌或短篇小说、微型小说。因此,时间计量基点在确定大部分语篇的一定事件界限时起着重要作用,并同其他计量基点(个体计量基点、说话人和观察者的位置,即同其他时间类型和语句或连贯句法整体中的时间阶段)一起确立了各种联系:语法联系、意义联系、逻辑联系。这样就形成了所谓语篇单位时间的"语言内模式"(внутриязыковая модель)。计量基点系统地构建了整个事件时间的语篇内模式,如连贯句法整体,因而强化了事件连接符序列中时间模式要素的语篇构成属性。如上所述,文学语篇时间模式的所有描述方式都可以归结为现实时间模式和非现实时间模式。下面我们逐一论述一下这两种时间模式。

---

① Н. Д. Арутюнова. Время: модели и матафоры: Логический анализ языка. Язык и время. М.: Индрик, 1997, с. 61.

二、文学作品现实时间范畴

文学作品时间范畴在构建语篇内容方面起着非常重要的作用。同时语篇作者在每种具体条件下都创建了新的世界形象。他在不同的、明确的、某一情景所独具的时空框架内建构世界形象，而这一情景正是作者意图的产物。З. Я. Тураева 写道："文学作品时间不是现实时间的直接反映，里面掺杂着对客观世界的反映和作者的臆想成分。文学作品时间交织着现实时间、知觉时间、个体时间的属性。"[①]

（一）文学作品现实时间的特征

文学作品现实时间（реальное художественное время）这一术语包含下列意义：

（1）作者试图表达一种带有普遍意义属性的时间；

（2）作者试图表达在事件发生时刻、言语时刻、动作阶段、动作进行的速度等时刻的纯个体感受。

我们依据 Е. Ю. Кандрашина 等人的专著《Представление знаний о времени и пространстве в интеллектуальных системах》中已提到的论点说明一下学者们划分的带有普遍意义属性的时间系统。

（1）Е. Ю. Кандрашина 的专著中列举了以下几种带有普遍意义属性的时间：

① 时间由过去到现在直至将来的指向性

Е. Ю. Кандрашина，Л. В. Литвинцева 和 Д. А. Поспелов 在著作中写道："我们在周围现实中常常能观察到时间的单向性和不可逆性……然而很难想象一种时间模式，在此模式中时间是可逆的，时间仿佛是停滞的、凝固的（例如，在艺术作品中）。"自然，在

---

① З. Я. Тураева. Лингвистика текста. М.: Просвещение, 1986, с. 87.

运用文学作品时间手段的文学语篇中会见到这种直线时间模式和可逆时间模式。

② 时间的线性

学界普遍认为,时间的线性是自然时间流固有的属性,体现在某些不强调严格顺序关系的集合中。时间线性如同空间线性一样,在描述向前运动,如道路交通,描写主人公对时间的观察,他的回忆或幻想是最典型、最直观的体现。

③ 时间的连续性

时间的连续性被视为时间带有普遍意义的属性,这种属性使时间呈现为一维的连续统,该连续统的几何形态就是直线矢量。然而时间在其不同形式中表现出二律背反的特点,因为时间是连续性和离散性的结合。文学作品时间是相对于计量基点而提出的,因此它不光是连续的时间流,而且是时间的某些阶段,它可以将前面的时间阶段区分开。例如:сначала(起初),сперва(开始),прежде(在……之前),与言语时刻 теперь(现在)重合或指向将来 потом(然后),в дальнейшем(接下来)。

④ 自然时间的特点

自然时间的特点既包括过去时间的长度,又涵盖未来时间的范围。如果此时存在表示季节更替、日夜交替、人生道路循环重现或任何生命更迭的循环时间就不再矛盾了。循环时间同一切循环的起点和终点是交织在一起的,但是这种时间的连续性是指自然界和人的生命中的每个阶段都是循环复现的。循环时间的这种属性在文学作品时间内也有体现。

⑤ 自然时间流的同质性

自然时间流的同质性在于基点的任何链条和时间间隔的任何链条,二者的特点都是等值性的。一分钟与一小时内的任意一分钟在长度和其他属性上都是相符的,没有分别的。历史时间、宗教时间、神话时间、生理时间等的分期是对时间同质性的破坏,这些分期破坏了时间刻度的同质性,在语言中表现为各种语体,其中包括文学语体。

上述专著的作者们指出:"不论是否是自然时间,没有任何一种时间属性不具有普适性特征。……换句话说,没有也不可能有唯一正确的时间逻辑或时间模式在生活中任何情况下都能满足我们的要求。"①因此,文学作品时间,正如其他语体时间一样,包括带有普遍意义属性的时间及同作者自身意图相联系的各种时间变体。

(2)文学作品时间反映了每个作者对一定时刻特点的个人理解,这些特点也体现在他所创造的主观和客观世界图景中。我们划分出两种文学作品时间并列出它们的规定意义:

① 客观文学作品时间,包括循环时间;
② 主观文学作品时间,包括心理时间。

两种时间描述方式既可用来描写现实世界,也能用于描写非现实世界。

三、文学作品客观时间

文学作品客观时间(объективное художественное время)的主要特征就是运用人称动词、无人称动词的现在时和将来时第三人称形式,以及任何性、数的动词过去时形式构成。

文学作品客观时间是从过去向现在,也有可能向将来次第展开的,这种事件展开方式称为提纲式展开。时间计量基点此时可能是过去的某一时间阶段。我们来看一下 В. Короленко 的小说片段:

Теперь он **был** слегка раздражен и недоволен. Изменчивые

---

① Е. Ю. Кандрашина. и др. Представление знаний о времени и пространстве в интеллектуальных системах / Под ред. Д. А. Поспелова. М.: Наука. 1989, с. 68.

облака (овес сохнет!), жар, слепни, лукавство пристяжки, которая все норовит «обмануть» его, но самое неприятное-молчаливые, разваренные седоки... Их двое: молодая девушка и пожилой барин. Барин сидит совсем осовелый и клюет носом. Ямщик давно **махнул** на него рукой и все внимание обратил на девушку. Но та сначала забилась в угол тарантаса и все глядела в одном направлении упрямо и жадно, не видя ничего в отдельности и только поглощая глазами синюю даль. (В. Короленко «В облачный день»)

该片段的时间计量基点是现在过去时,即处于过去和现在的交界点上。«Теперь»(现在)标志着是现在时,而«был»表示的并不是过去的时刻,而是在过去和现在同时展开的一个持续的过程。动词«махнул»指明,在过去时中就实现了从之前的过去时(我们称之为另类状态)的转换:Теперь он был слегка раздражен и недоволен。这样,所描述的时间阶段便带有作者确定的界限。

前瞻性情节还会从现在时计量基点向将来时展开,例如:

Сейчас, наверно, уже около семи. Как бы не проехать!

А Перун трет глаза, зевает и разделяет словом свет и тьму — Еще немного-и **будет светать.**

И после этого сотворение заснеженной степи за студеным окном не остановить. Небо светлеет. (М. Шишкин «Взятие Измаила»)

前瞻情节会从现在时计量基点向将来时展开,但是会带有比较复杂的时间横向线性和纵向序列的特征,例如:

Он громко **провозглашает**: Ваше здоровье! Остатки волос на его висках и под ушами завиты. Семь кружек пива способствуют отличному настроению. Только Господу ведомо — врачи **узнают** это позднее — что ему суждено **умереть.** (Э. Штриттматтер «Два рассказа» Новый мир. 1970. №8. С. 122）

小说描述了有关宣布主人公健康的一个场景。第一句指明话语时刻是正在进行的动作。它既是计量基点（现在时），又是作者和读者从过去到现在直至将来的整个生理时间的标志。语篇的情节将作者和读者的注意力引向将来时：«Только Господу ведомо — врачи узнают это позднее — что ему суждено умереть»。作者在语篇中设置了指向将来的时间预期。然而«провозглашает»这一现在时动词形式似乎使情节回到象征过去的多次重复的动作上。这就破坏了时间的线性和一维性特征，使时间的分支更加复杂。

计量基点——现在时，是在文学语篇和回溯中形成的，即作者将时间运动导引到距离现在很近或远离现在的过去。回溯常常描述说话人思索的情景和对他所熟知的有关事实的回忆等等。例如，描写时间远景的方式之一是以过去时间为计量基点列举过去和现在所发生的历史事件，譬如：

Вскоре потом Петр Андреевич женился на Марье Ивановне. Потомство их **благовенствует** в Симбирской губернии. В тридцати верстах от **находится** село, принадлежащее десяти помещикам. В одном из барских флигелей **показывают** собственноручное письмо Екатерины II. (А. Пушкин «Капитанская дочка»)

作者指出动词过去时计量基点是«женился»，它和加强语气副词«вскоре потом»是该片段开始的标志。这一场景的展开包含现在时形式（与过去时结合在一起的历史时间）。Н. Д. Арутюнова 将这种时间模式称为年代时间模式。只有过去时形式可以描写此类时间模式。试比较：

Пантелей рос исчерна-смуглым, бедовым. **Схож был** на мать лицом и подбористой фигурой.

Женил его Прокофий на казачке — дочери соседа. (М. Шолохов «Тихий Дон»)

上例中的«женил»是表示结果的过去时动词形式，而«схож был»则表示一种常态过去时。

客观时间的线性特征可以呈现为持久的、一维的、均质的情节过程。客观时间可以同时空体中的空间结合，并且借助于现在时形式准确的同义词重复来表示。例如：

— Что это？ — спросил вдруг Костя, приподняв голову.

Павел прислушался.

— Это кулички **летят**, **посвистывают**.

— Куда ж они летят？

— А туда, где, говорят, зимы не бывает.

— А разве есть такая земля？

— Есть.

— Далеко？

— Далеко, далеко, за теплыми морями.

Костя вздохнул и закрыл глаза. (И. Тургенев «Записки охотника»)

文中对话涉及时间（冬天）和空间（很远很远的地方），其中«летят»，«посвистывают»表示时间计量基点是恒定现在时，未完成体表示持续的动作，但并不表明动作在说话时刻进行，只是表示一种恒常关系。

文学作品中的时间可以是离散的现象，作者将它划分为不大的片段，表示在发生顺序上已经完成的或者未结束的一个或几个客体的动作。在描述客体现实的变化时会使用这种时间模式，例如天气的变化。此时整个事件都可以呈现为过去时形式，而动作性质的改变就意味着使用完成体或未完成体动词形式。В. В. Виноградов在分析 А. Пушкин 的作品风格时写道："在完成体过去时形式的线性叙述图示中,用未完成体过去时引入新的测量量度。而正是这些形式构建了叙述中的空间前景……标明了过去时使用的广泛领域。"①我们试举一个普希金文学作品中时间模式的例子来加以说明:

  Ямщик поскакал, Но все поглядывал на восток. Лошади бежали дружно. Ветер между тем час от часу становился сильнее. Облачко обратилось в белую тучу, которая тяжело подымалась, росла. И постепенно облегала небо. Пошел мелкий снег — и вдруг повалил хлопьями. Ветер завыл, сделалась метель. (А. Пушкин «Станционный смотритель»)

  作者借助于未完成体过去时动词的各种语义意义来描述作品中线性的、长久的、渐进的动作:

  重复性——Ямщик все поглядывал на восток. (驿站马车夫不断地看。)

  局部的特写镜头——Лошади бежали дружно. (马跑着。)

  计量基点是完成体过去时——Ямщик поскакал (马车夫策马飞奔),以此构筑了线性叙述图示的界线。

  天气状况的变化也是借助于未完成体过去时动词描述的,许多动词的定时动作是通过一些副词词组加以强调的:

  Ветер **между тем час от часу** становился сильнее(黑体部分表示一小时接着一小时,即风变得更猛了)。

  完成体动词:Облачко **обратилось** в белую тучу, которая тяжело **подымалась**, росла. (云变成了白茫茫的一片。)

  本着叙述动作过程的逼真和连续性的目的,普希金使用了表示阶段性意义的动词:тяжело подымалась, росла…облегала небо

---

① В. В. Виноградов. Избранные произведения. О языке художественной прозы. М.: Наука, 1980, с.231.

[(云层)压下来,蒸腾着,覆盖了整个天空],这个过程通过运用程度词"渐渐"而得到准确传神的体现。而天气状况的急剧变化是通过带有交际中心意义的短句来陈述的,比如带有动作开始意义的完成体过去时动词:снег пошел(下雪了),ветер завыл(刮风了)。带有结果意义的完成体动词:сделалась метель(刮起了暴风雪),最后以复杂句法整体结束了该片段。

在归纳文学作品中完成体过去时动词的过去完成功能时,В. В. Виноградов 指出:"它们(动词)表示在向动作结果递进中过程的断裂以及存在这一结果。"①这样,В. В. Виноградов 不仅考察各种时体动词在句子中的形式,而且还研究此类动词在连贯语篇中的功能,并且往往是在整个作品中进行研究。众所周知,维氏研究过 А. Пушкин 的《Пиковая дама》、《Жития протопопа Аввакума》以及其他作品。他观察的结果之一就是对我们来说非常重要的情节动作线索这一思想:"未完成体动词在普希金的作品中承担着划分界线特征的功能。例如,他确定了时间域的范围,在这一界限内情节动作是封闭的。"②表示情节动作的动词,即完成体动词的各种形式,构成了语篇事件本身,包括开端、迅速发展的阶段、情节结局、事件结果或成就。

继 В. В. Виноградов 之后,有学者使用"情节动词和非情节动词"、"情节时间和非情节时间"等术语来研究叙述性语篇、描写性语篇和论断性语篇中的此类现象。考虑到时间形式和语言类型的联系,В. В. Виноградов 写道:"现在时本身没有运动。只是在替换动词形式时、在连续动作时现在时才带有动态意义。因此现在时

---

① В. В. Виноградов. Избранные произведения. О языке художественной прозы. М.: Наука, 1980, с. 229.

② В. В. Виноградов. Избранные произведения. О языке художественной прозы. М.: Наука, 1980, с. 232.

的动作性不是直接的,不是词法主题性质的,而是句法情节性质的。现在时可以是描写形式、推论形式和叙述形式。在完成体过去时形式下,情节更替直接反映在情节结果中。完成体过去时形式表示潜在的情节,它是与标志剧情已经结束但尚未落幕的尾声结合在一起的。"①

四、情节时间和非情节时间及其形式

使用过去时、现在时和将来时的各种形式有助于作家动态或者静态地描写文学作品中的现实时间。描述处于现在时的动态情景特征的情节时间(сюжетное время)表示事件,它限制事件的开始和结束,指出事件是以极快的速度进行全部或部分转换的,指出是一次转换还是点状转换,动作的一瞬即逝,动作完全停止,及事件的结果。我们将使用下列术语:

① 根据前文论述的动词语义意义,情节时间形式应为完成体过去时动词。В. В. Виноградов 指出:"这些形式最具叙述的动态特征。"②

② 此外,情节时间还表达一般将来时和动作起始将来时的形式:прочитает(要阅读),заговорит(说起来),начнет говорить(开始说),станет петь(开始唱歌)。

③ 情节时间分析形式可以用动词性或静词性合成谓语来表达:Он не мог рассказать о своих мечтах; Земля была усыпана снегом; Закат солнца был великолепным.

④ 情节时间可以借助于将来行动的现在时形式来构成:Ухо-

---

① В. В. Виноградов. Избранные произведения. О языке художественной прозы. М.: Наука, 1980, с. 229.

② В. В. Виноградов. Избранные произведения. О языке художественной прозы. М.: Наука, 1980, с. 229.

дим завтра в море；Или воображаемого；Прихожу домой, а там, я думаю, меня ждет сюрприз。

⑤ 情节时间还可以是带有过去时意义的历史现在时，目的是为读者描绘一个事件图景，使受众有一种身临其境的感觉。例如：

Шла я вчера вечером и вдруг подходит ко мне один человек и говорит...

历史现在时还可以包括带有完成体过去时动词的联结词序列。此时历史现在时也承担情节时间动词的功能。这样，有助于通过情节时间迅速展开情节，正如众所周知的电影艺术中"镜头交替"的表现手段，用来表现事件中的特定活动。情节动词可以通过非情节动词划分层次，起到延缓事件发展速度的作用。这就要求我们弄清楚承担强化词作用的副词和副词词组的情节时间意义，比如 вдруг, тотчас, в тот же миг 等。我们需要指出的是，表示文学作品客观现实时间的现在时和过去时的动词通常用单数和复数第三人称表达，而过去时形式用性和数的形式表达。依靠由大量完成体过去时情节动词组成的时间范畴的联结词序列，我们提出了复杂句法整体中事件动态描述情形。为了更加准确地说明这种情况，我们试举一个诗歌作品为例：

Превратила все в шутку сначала,

Поняла — **принялась укорять**,

Головою красивой **качала**,

Стала слезы платком вытирать.

И, **зубами дразня**, **хохотала**.

Неожиданно все позабыв.

Вдруг припомнила все — **зарыдала**,

Десять шпилек на стол уронив.

Подурнела, пошла, обернулась,

Воротилась, чего-то ждала.

Проклинала, спиной повернулась,

И должно быть, навеки ушла...(А. Блок)

在分析 А. Блок 的作品时这成为传达事件信息的主要手段，它由一系列动作组成，借助素描的手法，通过主人公的情感反应来表达他的心境（принялось укорять, стала слезы платком вытирать, зубами дразня, хохотала, зарыдала）。在这一系列表达短暂的、动作完全或部分结束的动词中作者还加进了表示主人公动作、停顿、平移、手势的情节动词，主人公的名字在诗歌中并不出现。在诗中 А. Блок 描述了一个场景，该场景显然截取自诗人生活的一个片段，但诗人关注的并不是发生了什么，而是事件是如何发生的。此时可以说情节动词同所谓的"外在时间"联系在一起，回答什么时候的问题，指明是发生于过去的事件。然而情节动词同样具有"内在时间"的属性，回答怎么样的问题。В. Г. Гак 认为："不论是外在时间还是内在时间都包含质和量的评价要素，除了动词之外，还可以用副词和副词词组来表达。例如：вчера, на следующий день（когда）, вдруг, навеки（как），副动词也具有类似的功能。"[①]

我们发现，作品中描述人物和抒情主人公遭遇的所有叙述都以情节动词作为起点和终点：превратила, поняла... ушла。叙述主人公活动的最后一个动词 ушла 具有双重意义：既表示现实发生的动作，又作为关系完全破裂的象征，用强化词 навеки 表示。语篇强化词系统建构了事件的线性流程远景：сначала — зубами дразня, хохотала, неожиданно все позабыв, — вдруг припомнила — навеки ушла. 事件借助于情节动词急剧展开，但在情节动词序列中作者还加进了若干未完成体过去时的非情节动词：кача-

---

[①] В. Г. Гак. Пространство времени // Логический анализ языка. Язык и время. М.: Индрик, 1997, с. 123.

ла, зубами дразня, хохотала, ждала, проклинала. 作者利用这些动词来达到舒缓事件展开进程的目的, 就像 В. В. Виноградов 认为的那样: "构建空间远景, 勾勒过去事件的宏阔规划。"最后两个非情节时间动词 ждала, проклинала 还兼具描述主人公此刻的心理状态, 她的摇摆不定、游移和对美好结局的憧憬的功用。因此, 情节动词和非情节动词在语篇中的功能多样, 但彼此还是有区别的。有关非情节动词我们会在下面谈到。

我们再看一个运用不同形式情节动词的经典案例。为此我们选取了 А. Куприн 的小说《Олеся》, 他在这部作品中描绘了风呼啸着进入主人公的宅内以及之后产生的种种奇幻的感觉。

Ветер забирался в пустые комнаты и в печные воющие трубы, и старый дом, **весь расшатанный**, дырявый, полуразвалившийся, вдруг оживлялся странными звуками, к которым я прислушивался с невольной тревогой. Вот точно **вздохнуло** что-то в белой зале, вздохнуло глубоко, прерывисто, печально. Вот **заходили** и **заскрипели** где-то далеко высохшие гнилые половицы под чьими-то тяжелыми и бесшумными шагами. Чудится мне затем, что рядом с моей комнатой, в коридоре, кто-то **осторожно и настойчиво нажимает на дверную ручку** и потом, внезапно разъярившись, **мчится по всему дому**, бешено потрясая всеми ставнями и дверьми, или, забравшись в трубу, скулит так жалобно, скучно и непрерывно, то поднимая все выше, все тоньше свой голос до жалобного визга, то опуская его вниз, до звериного рычанья. Порою бог весть откуда врывался этот страшный гость и в мою комнату, пробегал внезапным холодом у меня по спине и колебал пламя лампы, тускло светившей под зеленым бумажным, **обгоревшим** сверху абажуром. (А. Куприн «Олеся»)

在本片段中 A. Куприн 选择了一些带有动作开始意义、初始阶段意义的完成体过去时动词作为情节推进的手段,譬如 заходили, заскрипели, вздохнуло 等。为实现自己的创作意图(近似过去时的动作),作者继而将过去时转换为现在时 чудится, нажимает,以表现主人公在幻觉中见到的一个人摸到门把手,推开房门冲了进来而震惊的表情。为了达到将过去事件表现得如同现场直播的效果, A. Куприн 使用了带有结果意义的历史现在时动词:осторожно и настойчиво **нажимает** на дверную ручку, мчится по всему дому, весь расшатанный(形动词也是现在时),最后一组一次性动作方法动词 врывался, пробегал, колебал, светившей, обгоревшим 伴随表达强烈感情的强化词组 бог весть 出现。情节动词链的最后一个动词 обгоревшим 是表示结果意义的动词,以此结束了整个场景宏大的画面。

这样,运用不同形式的情节时间动词, A. Куприн 创作了可以同"现场直播"相媲美的文学图景,收到了同步再现的震撼效果。我们发现,使用情节时间形式的上述类型语篇都是动态的。情节时间经常运用在叙述性语言中,而很少用于描写类文学话语中。

(一)用于非情节时间意义的非情节动词。

非情节时间(несюжетное время)是指过程的长度、过程、中间阶段,因为活动注定是不会结束的,它可能发生在过去时、现在时或将来时(此时言语中使用的是复杂将来时)。使用非情节时间的语篇其时间计量基点既可以是过去时,也可以是现在时。

非情节动词的功能是在静态中描写活动,即在活动停止或减慢了的情况下来进行描述,而这些活动是作者在描写性语篇中必须要加以描述的,譬如风景的画面、创作一幅用来描述经常性的或永恒现象的画像,或者加入从作者视角看来是必要的即所谓的"暂停镜头"。为了表达非情节时间需要使用复杂的未完成体动词的现在时、过去时和将来时形式。这些非情节动词同各种语义学中表示过程的形式联系在一起。同时,我们发现要经常使用非情节动词的语义学意义。

在静态性语篇中经常会遇到表示存在意义的动词:有过(бывать)、位于(находиться)、有(иметься)、存在(существовать)等。例如:

Посреди села находился небольшой пруд. (И. Тургенев «Бретер»)

村子中央有个不大的池塘。

显然,池塘过去就有,在说话这一刻仍然存在,而其未来的命运则无法预知。在描写存在现象时本来可以用现在时动词:"位于(находится)";将来时动词:"会有(будет находиться)"。应该指出,这种语义学动词的现在时形式目前在语篇中极为常见。请看下例:

Иконников переулок **расположен** в Центре, перпендикулярно Садовому кольцу, в пяти минутах ходьбы от метро «Смоленская». Дом двенадцать оказался старым зданием, **стоящим** в глубине хорошо убранного двора. Консьержка не сидела на месте. На небольшом столе лежала газета, сверху покоились очки. (Д. Донцова «Урожай ядовитых ягодок»)

动词«расположен»等同于 находится,指出 Иконников переулок 位于市中心,垂直于花园环路,离«Смоленская»地铁站只有五分钟的步行路程。Дом двенадцать 是一幢旧楼,位于整理得很好的花园深处,«стоящим»仍然具有存在的意义,所有这些都是静态描述,呈现出一幅堪比静态写生画的场景。

非情节时间的意义可以在多次动作中获得强调,它们同久远过去时的关系也可以通过语气词«бывало»而得到强化:Хозяин, бывало, сиживал перед домом. 非情节动词常常带有后缀:-ыва-、-ива-、-ва-、-а-。例如 хаживал, говаривал, открывал, выкрикивал, 等等。

为表示非情节时间, 作家会运用带有下列意义的未完成体过去时动词:

① 局部性意义(线性、空间中的配置): шла, неслась, лителa, плыла 等。

② 状态意义(人和自然的生理状态和心理状态): лежать, сидеть, нездоровиться 等。

③ 感官意义(感知能力): слышать, видеть, ощущать 等。

④ 心智意义: знать, не знать, помнить, думать, вспоминать 等。

⑤ 情感意义: любить, ненавидеть, страдать, досадовать 等。

⑥ 带有总体评论意义的非情节动词: воспитывал, руководил 等。

⑦ 具体动作意义: рубил, гнал, выл, шумел 等。

我们如同暂停的现象一样来展示一下静态性画面:

(1) 在描写房间内部陈设时

Одна дверь **вела** в маленькую спальню. Уютную, с двуспальной кроватью. Постельное белье — шелковое, розовое. На туалетном столике — вазочка, в ней свежая алая роза, единственный яркий мазок на весь номер. За другой дверью **оказался** санузел, **крошечный**, но оборудованный каким-то высокотехнологическим гибридом гидромассажной ванны и душевой кабины. (С. Лукьяненко «Последний дозор»)

Одна дверь **вела** в маленькую спальню——未完成体过去时, 表达一种常态特征。

За другой дверью **оказался** санузел, **крошечный**——非情节动词, 连同后面的形容词一起表达感官评价。

（2）描写风景时

　　Редкие в пепельном рассветном небе зыбились звезды. Из-под туч тянул ветер. Над Доном на дыбах **ходил** туман и, пластаясь по откосу меловой горы, сползал в яры серой безголовой гадюкой. Левобережное Обдонье, пески, ендовы, камышистая непролазь, лес в росе — **полыхали** исступленным холодным заревом. За чертой, не всходя, томилось солнце.（М. Шолохов «Тихий Дон»）

　　Над Доном на дыбах **ходил** туман——未完成体过去时,感官评价,带给读者一种顿河上空云雾蒸腾的宏大之感。

　　Левобережное Обдонье, пески, ендовы, камышистая непролазь, лес в росе — **полыхали** исступленным холодным заревом.——非情节动词,表达一种局部性意义,描述左岸的河汊、沙滩、湖沼、苇塘和树林被笼罩在一片凉爽迷人的朝雾里的景象。

（3）描写人的面貌时

　　Она ходила растрепанная, в съехавшей на сторону юбке, с красными руками, говорила громким голосом, сама мыла полы горячей водой.（Ги де Мопассан «Ожерелье»）

　　ходила растрепанная, **говорила** громким голосом——非情节动词说明罗瓦赛尔太太的特征,在偿还债务的十年中她已经从一个注重穿着、向往上流社会的女子变成了高嗓门说话、邋遢粗俗的家庭妇女。

（4）用于描写持续较长时间的人的心理或生理状态时使用未完成体过去时非情节动词

　　为了说明这种用法,我们试举一个美国作家马里奥·普佐的成名小说《教父》中的一段心理描写。电影界大亨 Вольтц 因未给教父的教子一个他投资的影片中心仪的角色而遭到教父的报复,他最心爱的一匹赛马被人把马头砍下放到了他床前。以下是他在歇斯底里的大发作之后的内心独白：

Вольтц не был дураком, он просто ошибся, полагая, что сильнее Дона Корлеоне. Ему намекнули, что он **заблуждается**. Несмотря на богатство, связи с президентом и дружбу с главой ФБР, какой-то итальяшка — импортер оливкового масла может приказать, чтобы его, Вольтца, убили. И он сделает это. За то, что не дал Джонни Фонтена роль в фильме. Невероятно. Не имеют права люди так действовать. Это сумасшествие, это значит, что ты не можешь распоряжаться своими деньгами, быть хозяином в своей фирме. Это в сто раз хуже коммунизма. Надо все это разрушить. Этого нельзя допустить. (М. Пьюзо «Крестный отец»)

Ему намекнули, что он **заблуждается** ——非情节动词，描述他当时的一种生理状态，被巨大的恐惧和黑社会头子不顾后果的肆意蛮干而震惊。

（5）表示重复动作意义的非情节动词

Иван **задержал** вожжами, разворачивая его. Конь храпел, бил ногами — не мог перешагнуть оглоблину... Грабю-ут! — заполошно орал он, **нахлестывая** коня... Наум **нахлестывал** коня. (В. Шукшин «Волки»)

задержал вожжами——非情节动词，表示持续的过程；**нахлестывая** коня... Наум **нахлестывал** коня——非情节动词，表示重复的动作。

（6）一组过去时非情节动词可以用来描写人的内心和表面状态及情绪，以及人的重复动作

Чичиков только **улыбался**, слегка **подлетывая** на своей кожаной подушке, ибо **любил** быструю езду. (Н. Гоголь «Мертвые души») улыбался——非情节动词,是一种表情,重复动作;**подлетывая**——非情节动词,是一种表情,重复动作;**любил**——非情节动词,表达一种情感。

非情节动词可以用现在时形式表达。В. В. Виноградов 援引 К. Аксаков 的话来概括现在时形式的意义:"К. Аксаков 表达了非常微妙的思想,他断定,只有动词的现在时才是俄语中纯粹的时间形式。现在时形式表示持续的过程或者带有某种动作的意义——这一点对于动作的结果和其他时间形式而言是绝对的。"①

现在时形式的非情节动词具有其他形式的未完成体动词的语义意义。这些意义前边已经列举过,在必要情况下我们会加以引用。但是现在时非情节动词形式也具有一系列特定的意义和功能。现在时非情节时间的基本形式是实际现在时,表示语法起算点时刻正在进行的具体过程,即动作与说话时刻重合。

例如:Вот он — глядите — стоит перед нами. (А. Бл.)

将实际现在时同各种非实际现在时形式一起使用可以拉长说话时刻的界线。具有此类意义的非实际现在时包括:

① 标记并且在某种程度上实现动作的现在时;
② 带有延缓性、重复性动作意义的现在时;
③ 有关动作、状态的恒常现在时;
④ "永恒真理"现在时;
⑤ 表示自古以来人类一直在进行的动作的现在时,习惯现在时;
⑥ 循环现在时;
⑦ 人、事物、现象本身具有的属性、性质现在时;
⑧ 白描、描述、描写现在时;

---

① В. В. Виноградов. Избранные произведения. О языке художественной прозы. М.: Наука, 1980, с. 229.

例如：**Слетает** он от ветра и оттого, что по соснам **прыгают** белки. Когда очень тихо, то слышно, как они **шелушат** сосновые шишки. (К. Паустовский «Золотая роза»)

⑨ 舞台指示、报道、舞台对白中使用的注解现在时。

在一系列表示延缓性、经常性或有意终止性动作的现在时非情节动词中，也应该研究历史现在时。借助于这些过去现象的形式作者可以描述与说话时刻同时发生的事件。如前所述，历史现在时可以同情节动词一起发挥完成阶段的作用，但这种形式也用来描写带有过程、未完成意义的动作。例如，А. Пушкин 使用历史现在时来描写希腊古代历史的画面。作者刻意强调整个画面的静态性特征，通过强化词多次强化静态性特征：недвижим — возносится недвижною струею — говорят недвижно — лежит недвижно。这种静止状态同表示积极动作和状态的动词是相矛盾的。这样作者就在语篇中构拟了一种"带有欺骗性的预期效果"，给读者造成一种似乎许多世纪以来世界一直静止不动的强烈印象。其中历史现在时起了特殊的作用。Н. Прокопович 在总结这一现象时写道："历史现在时在标准语的书面语特别是文学作品中得到广泛的应用。这种用法的修辞特色在这里特别明显地表现出来。"①

我们注意到有一种可称为"现场报道"的非情节动词形式。在此类语篇中时间往往同空间交织在一起。说话人说出动作完成的地点，这些动作同时发生或迅速变换。作者好像是在现场进行实时报道，以现在时形式说出他敏锐的眼睛捕捉到的一切，因为过程在观察者说话时刻仍在继续。这种景物表现手段在文学作品中被广泛使用。例如：

---

① Е. Н. Прокопович. Стилистика частей речи: глагольные словоформы. М.: Просвещение. 1969, с. 125.

А над всем миром, по всему полуденному небу — белые облака, плоские снизу и необыкновенно причудливые, округлые, кудрявые, наверху... А уж от дальнего леса по лугам, по полям, разливаясь всё шире, и как бы набирая скорость, катится новая солнечная волна. (Соловух.)

"现场报道"的典型特征是使用强化词：здесь, сейчас, тотчас, вдруг, в тот же миг 等。例如：

Здесь тучи смиренно **идут** подо мною; Сквозь них, **низвергаясь**, **шумят** водопады; Под ними утесов нагие громады... (Пушк.)

语篇静态描述类型的特征是使用未完成体过去时、实际现在时和非实际现在时（带有过程性、暂停性和恒常性意义、性质和动作意义、永恒真理意义、生动现在时意义和报道意义等）。这种时间形式是非情节时间。与这种时间临近的是复合式将来时形式（未完成体动词）。非情节动词的功能是作描写手段，合成谓语也承担非情节动词的功能。历史现在时既可以起非情节动词的作用，也可以起情节动词的作用。非情节动词强化词包括：сейчас, теперь, прежде, бывало, потом, уже 等。

为了创作叙述性的动态文学语篇而使用情节动词：完成体过去时、历史现在时，有时也使用现场报道将来时、简单式将来时和起始将来时。情节时间可以用动词或静词合成谓语来表达，有时会加入强化词：вчера, однажды, вдруг 等。情节动词的基本意义在于现在时、过去时和将来时的动作都带有界限特征，而这些特征包括：开始、结束、持续时间长度以及一次性、点状、短暂性。情节动词和非情节动词的时间计量基点都是现在时，偶尔也可以是过去时的某一时段。

五、循环时间

在"宇宙时间"线性展开的背景下，在人的意识中也形成了一个客观概念——实际发生的循环时间（циклическое время）。该时间反映在自然语言和文学语言中，用来指称自然现象循环和人的生活圈循环。Е. С. Яковлева 这样界定时间的循环性："时间是同一类型事件的重复性的序列。"①

在 Е. Ю. Кардрашина 等人的著作中是这样定义"循环时间"的："循环时间显然是人所掌握的第一类时间，可能正因为如此人本身的生活也呈现某种循环性状态。"② Н. Д. Арутюнова 在界定人生道路时间模式和时间流模式时指出："人没有专门的感知时间的器官，但正是时间本身构建了人的心理构造。时间和人是截然分开的，但人离不开时间。人对时间的感知是建立在对自然循环的认识基础之上的。人的心理结构将自己同线性的时间联系在一起。"③自然语中循环时间用来称谓自然界"宇宙循环"的各个时间阶段。这种循环的称谓通常不仅用动词，还可用名词来表达，例如季节的称谓：пора，зима，весна，лето，осень；一天某一时段的称谓：ночь，день，полдень，вечер，утро；月份的称谓：декабрь，январь，июль，等。

循环时间用相应的形容词来表示：зимний，весенний，сентябрьский，мартовский，утренний，ночной，等等。话语和语篇中表达循环时间阶段时主要使用副词强化词：вновь，снова，опять，

---

① Е. С. Яковлева. Фрагменты русской языковой картины мира: Пространство. Время. Восприятие. М.: Гнозис, 1994, с. 73.

② Е. Ю. Кандрашинаи. др. Представление знаний о времени и пространстве в интеллектуальных системах / Под ред. Д. А. Поспелова. М.: Наука. 1989, с. 75.

③ Н. Д. Арутюнова. Время: модели и матафоры: Логический анализ языка. Язык и время. М.: Индрик, 1997, с. 52.

обычно，еще，уж，等等。例如：

　　Уж осени холодною рукою.

　　Главы берез и лип обнажены.（А. Пушкин «Осеннее утро»）

　　上述词语构成了循环时间语义场的核心。带有某种循环概念的词语组成了语义场的核心。这些词首先是表示光源的名词和形容词：солнце、луна、заря、звезда、свеча、фонарь，等。循环时间语义场的圆周是一些边缘性词语，例如：сумрак、мгла、метель、лед、желтые листья、молодые трава，等等。这类词的特点是周期重复性，因为雪可以在秋天降下，枯黄的叶子也能出现在夏季干旱时节，冬季暮色可能出现在正午。但是通常称谓此类现象的词语都是表示季节、昼夜等周期性的惯常词汇。表示光源的词汇尤其如此。例如：

　　Огромный огненный **месяц** величественно стал в это время вырезываться из земли. Еще половина его была под землею, а уже весь мир исполнился какого-то торжественного света. Пруд тронулся **искрами**. Тень от деревьев ясно стала отделяться на темной зелени.（Н. Гоголь «Вечера на хуторе близ Диканьки»）

　　语篇中光源通常是与昼夜的某一时段相关联的，因此作家引入这些词对所选择的循环时间加以绘声绘色的描述。例如，太阳同一天中最明媚的时段相连；月亮则与黑夜相连；霞光预示早晨或黄昏；路灯光、烛光则标志夜晚的降临。М. М. Бахтин 认为："循环时间呈现出的是这样的一种时间，首先是自然的展开：太阳、星星的运动，公鸡的鸣唱，四季明显的征兆，所有这一切都同人类生活的相应时刻密不可分。"①

（一）人的宇宙循环——宇宙外时间——微观世界

　　宇宙学中的概念 пора（时候）、время（时间）不仅指自然现

---

① М. М. Бахтин. Эстетика словесного творчества. М.：1979, с. 205.

象,而且也同人及任何生物的生命阶段相连。人的生理时间可分为童年、少年、青年、成年、晚年。我们发现,这些阶段同整个人类的发展阶段也是吻合的:行星的幼年期、少年期、青年期,文明的最后衰落期,新世界的诞生期,等等。我们试举有关文学作品中表达人生阶段的词汇:Молодость моя;Назад не кличу;Ты была мне нашей и обузой(Цвет);Старость не радость(Пословица)。

带有"人生阶段"意义的词构成了生理时间和社会时间。它们组成一个完整的语义场,包括用来称谓人生某一阶段年龄的词汇,例如:新生儿、幼童、小男孩、小女孩、小伙子、姑娘、男人、女人、老爷爷、老奶奶、老头、老太太(所列举的都是中性词)。每个人都会经历这些阶段,因此我们将这些词语归入循环时间中,表示这类循环时间开始、结束的词是出生、生命过程和死亡。属于此类语义场的词包括一些带有循环属性但并不具有这种意义特征的词语,例如:年轻的、青年的、成年的、老年的。这些词与同一个词组合可以表示不同年龄段:少女(юная женщина)、成年妇女(взрослая женщина)、老年妇女(старая женщина)。带有阶段性时间意义的副词与这些词构成附加关系:现在、目前、又、历来、还等等。副词构成一种特殊的类别:从前(раньше)、以前(прежде)、稍后(позднее)。表示时间计量基点之前和之后的时间,例如:Я молод юностью чужой и говорю:так было прежде(Пушк.)等。

А. Белый 在诗中写道:

> Да у **старого** амбара.
>
> **Старый** дед сидит.
>
> Старый ветер нивой старой.
>
> **Исстари** летит(Вечерком).

在 А. Белый 的诗篇中对垂暮之年的老者的特征是借助于循环词汇重复来加以强调的。"дед"一词本身就指明了人的年纪已近暮年,而加上 старый 就更突出了这一形象。老人周围的事物似乎也都是古旧的,甚至风和田野也被赋予这一特征,用自古以来(исстари)一词来强化该特征是亘古不变的。因此,作者就将两个世界、两个时间联系起来:人类世界同人类生理时间阶段相连,同微观宇宙相连,而微观宇宙则同过去的无限时间相连。这样,微观宇宙、宇宙、地球的规律在描述昼夜、季节、宗教节日等自然语循环词汇中得以体现。该语义场还包括表示同其核心特征间接相连的概念的词汇。微观宇宙同人的生理时间及其自身的微观宇宙并不吻合。例如,说话人和受话人都意识到老人(старый дед)、亘古的风(старый ветер)具有不同的"生命周期",按照自然规律,老人的生命历程在一百岁之内,而风则同时间一样是不间断的、不停歇的。因此,词组«старый ветер»就蕴含了"亘古"之意。

人和地球微观宇宙循环时间是俄罗斯各个时代作家们一直思索的一个问题。他们仔细观察自然现象,包括昼夜、季节、太阳、月亮、群星的更替规律。试比较:

Уж солнце начинало прятаться за снеговой хребет, когда я въехал в Койшаурскую долину...

На вершине горы нашли мы снег. **Солнце закатилось**, и ночь последовала за днем без промежутка, как это обыкновенно бывает на юге; но благодаря отливу снегов мы легко могли различать дорогу, которая все еще шла в гору, хотя уже не так круто.

Кругом было тихо, так тихо, что по жужжанию комара можно было следить за его полетом. Налево **чернело глубокое ущелье; за ним и впереди нас** темно-синие вершины гор, изрытые морщинами, покрытые слоями снега, рисовались на бледном небосклоне, еще сохранявшем **последний отблеск зари**. На темном небе начинали **мелькать звезды**, и странно, мне показалось, что оно гораздо выше, чем у нас на севере. По обеим сторонам дороги торчали голые, черные камни; кой-где из-под снега выглядывали кустарники, но ни один сухой листок не шевелился, и весело было слышать среди этого мертвого сна природы фырканье усталой почтовой тройки и неровное побрякиванье русского колокольчика.（М. Лермонтов «Герой нашего времени»）

上面列举的语篇选自 М. Лермонтов 的《Герой нашего времени》，所选段落是对主观文学作品时间和客观文学作品时间的经典描述，它带有一个中心的统一时间语义场：白天—黑夜或者带有一个中心——我爱太阳和群星。

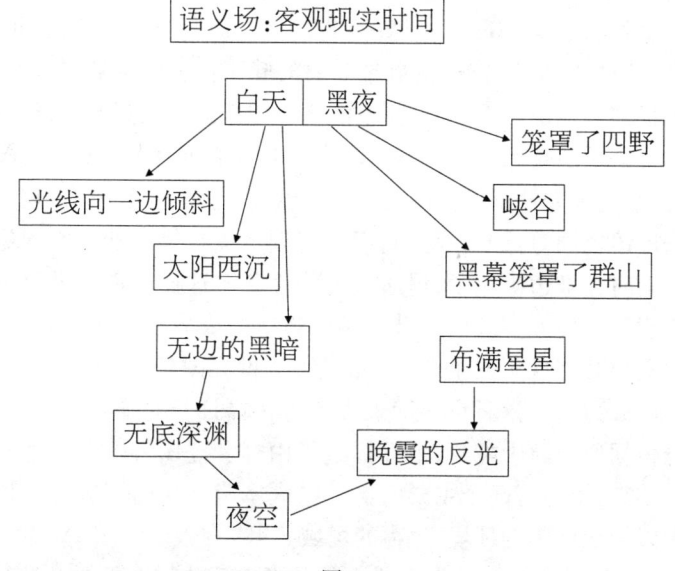

图 4

客观现实时间语义场的中心是词法上同第三人称代词或动词相关联的名词，中心的循环词：白天、黑夜——可以以头语重复形式替代，白天——太阳，黑夜——群星。

客观现实时间语义场的中心是由第一人称代词和感官动词构成的基干部分,用来表示说话人、抒情主人公对听到和看到的事物的态度——"我喜欢"。我们记得 3. Вендлер 将这类单词称为"密封式动词",它们集中并汇聚了语篇中提到的一切事物和现象,赋予它们以作者的评价:喜欢、不喜欢、知道、记得、听见、看见等等。这类动词常常用在说明从属句中。但是,正如我们所看见的那样,这类动词作为简单句的中心,还可构成主观时间(现实时间和非现实时间)。

我们发现,在这个文学语篇中每个词组(或词)对于传达信息、信息的发展都是非常重要的。因此,在 М. Лермонтов 的作品中词形《за ним и впереди нас》就是纯粹边缘词。它们引入的虽然不是新的信息,但却是形象性的信息。但是这些定义如同"黑夜降临"、"无边的黑暗"、"群星"一样,除了作为作者限定语以外,还包括部分述谓意义。因此,不能将其归入语义场圆周中,否则就破坏了语句的意思。在"无底深渊"、"晚霞的反光"中的定义同样重要,它们并非修饰语。因为讲的是秋天,是秋天最初的表现。不过修饰语也同等重要,因为它们参与创设风景描述的画面。然而它们同时又被边缘化了,退居次要的地位。这样对现实世界进行的客观反映便或多或少地带有某种臆造的成分,这就使得作者能够勾勒出客观现实或主观现实的"语言世界图景"。对此,Н. Ю. Шведова 写道:"这种世界图景表现为一幅打开的画布,画布上各部分根据递减原则配置,上面描绘了山峰和登山者。山峰上站立了一个人,山峰有两个主要的支脉:'人本身'——他的活动、他的血脉以及他周围的环境、生存的场域。"①

Г. В. Колшанский 指出:"人的意识中反映的世界图景是对客

---

① Н. Ю. Шведова. Теоретические результаты, полученные в работе над «Русским семантическим словарем» // ВЯ. 1999. №1. с. 15.

观世界存在的二次反映。客观世界的存在是通过独特的物质形式实现的。"①

六、主观时间——概念时间

每个作者眼中的蕴含独特时间的主观世界图景(自然世界、人类世界)也是现实的,作者阐述了自己对现实世界各种现象间关系的理解。此时世界、世界范畴、世界时间体现为时空的变幻、位移,实际上并不符合客观现实。个人世界图景并未破坏世界基本规律,因此,这类时间也被称为现实时间,但却是主观现实时间(即概念时间)。

主观时间的特征

①文学语篇中的主观时间常常采用第一人称进行叙述。这种类型的语篇使用主观时间(空间)是以自我为中心的,主要使用第一人称形式:我、我们、我们的(я、мы、наш)。

②此类语篇中经常借助特征词表达评价意义(形容词、形动词、副动词、副词),会大量使用隐喻:修饰语、比喻、隐喻来改变客观时间。例如:Ты **рванулась** движеньем испуганной птицы; Ты **прошла**, словно сон мой, легка...; И вздохнули духи, задремали ресницы; **Зашептались** тревожно шелка. (А. Блок «В ресторане»)

此类语篇中包含大量现实类动词(过去时)不是偶然的,因为作者(抒情主人公)经常要回忆过去发生的事件。如果将这些动词从语篇中选出并排列起来,使其脱离上下文,那么这些词就失去了"陌生化美感"的描写效果,而这种情节是将说话人的意识同联想合二为一的。因此,所有动词都伴有情态算子«как бы», «слов-

---

① Г. В. Колшанский. Объективная картина мира в познании и языке. М.: Наука, 1990, с. 15.

но бы»: Ты рванулась (как бы) движеньем испуганной истины... Ты, легкая, прошла (как будто) мой сон...

因此作者不仅道出了过去的现实事件,而且还加入了自己的个人感受,这种感受主要是通过具有美学认识价值的补充信息形式来表达。И. Р. Гальперин 将这种信息称为"超意义的线条状信息"①。作者将这类信息在语篇中重新进行编码,使其能够表达难以言表的东西。这类语篇中虽然使用某种现实时间,但似乎也是不现实的时间。这种时间的矛盾性由于受话人的语义理解能力而获得消解。类似《вздыхают духи, дремлют ресницы》这样的结构能够(常常是直观地)解释复杂语义结构。② 这些复杂时间结构是诗歌语言的典型特征,因而普遍认为,似乎存在某种独特的诗歌作品语言,这种语言有自己独特的语法。但是在语篇中建构超线条信息的能力也是散文语言所固有的属性,它能对语篇内容进行解码,消除语义弱化,填平"意义孔隙"③(смысловые скважины)。

③主观现实(概念)时间动词反映人深层的心理世界。Н. Д. Арутюнова 对此这样写道:"在这个多变的世界很难区分各种状态并把每一种状态划入一定时间界限内。"④В. Ходасевич 很好地诠释了心理世界的这种特质:在透明的春光中寻找"我","我"是难以察觉的翅膀的一挥,"我"是声音,"我"叹息,"我"是兔舍中的小兔子,"我"比兔子还轻盈;它存在,"我"已成为过去。"心理时间"的弱结构化在语言中被置于次要地位。例如,在表达印象

---

① И. Р. Гальперин. Текст как объект лингвистического исследования. М.: Наука,1981, с. 30.

② Н. Д. Арутюнова. От редактора // Логический анализ языка. Противоречивость и аномальность текста. М.: Наука, 1990, с. 4.

③ Н. И. Жинкин. Речь как проводник информации. М.: Наука, 1984.

④ Н. Д. Арутюнова. От редактора // Логический анализ языка. Противоречивость и аномальность текста. М.: Наука, 1990, с. 6 – 7.

的交替时不仅可以用反义词的合取,也可采用推断和否定的连接。试比较矛盾句:«Речка движется и не движется»,此类句子的对立意义是借助于类似"кажется, что..."这样的直观世界生成算子的手段来实现中性化特征的。

从上面叙述可以看出,要创建"心理世界"时间范畴,线性同质时间逻辑并非总是准确无误的,而在不破坏外在的现实事件的前提下,时间的移位、压缩、离散性和不可逆性是合适的。下面我们来深入地探讨一下"心理世界"时间的形式。

七、人的"心理世界"时间

(一)主观"心理"时间

说话人可以借助心智动词来表达主观"心理"时间,例如:知道(знаю)、看见(вижу)、记得(помню)、等待(жду),等等。心理时间可以用一系列过去时、现在时(时间计量基点)和将来时动词表示。动作按顺序次第展开,时间属性并未遭到破坏。试比较:

Я живо вообразила себе почтенную компанию, из тех, кто носит подтяжки и маленькие бородки, сгрудившуюся с лупами вокруг стола для созерцания глянцевого деликатеса, который тем временем тащил на себе тяжкий крест! Ах, Станислав Альбертович, какую ахинею вы развели! — сказала я, скорее раздосадованная, нежели польщенная его признанием, хотя и польщенная тоже. Какая к черту знаменитость! Что за бурная и интересная жизнь! Знайте же, Станислав Альбертович, что в результате всей этой истории я живу, как последняя церковная мышь, которая лапой боится пошевелить, чтобы ее окончательно не сожрали! (В. Ерофеев «Русская красавица»)

Я живо **вообразила** *себе почтенную компанию*——完成体过去时动词。

В результате всей этой истории я **живу**——刚发生现在时动词。

这是俄罗斯作家 В. Ерофеев 的具有后现代风格的小说《Русская красавица》的片段，这是一个俄罗斯美女的内心独白。她的独白颠三倒四，喜怒哀乐此起彼伏，真情柔意与歇斯底里相互交替，常常是前言不搭后语的。作家力图通过这种意识流的、非逻辑的叙述来展现人物的内心世界。作者借助表达心理时间的动词将人物的心理活动不断推进，文字密不透风，这种心理时间体现在人物的心理幻觉中，仿佛她一直在做着荒诞不经的"白日梦"。

但是过去、现在和将来的动作可以在一个层面表现出来，如同被压缩在某一整体中。显然，这反映了说话人头脑中被时间界限所冲淡的类似状态。这一点我们不妨来看一下俄罗斯语文学家、塔尔图-莫斯科符号学派的代表人物 Б. А. Успенский 的代表作《Поэтика композиции》，他在该书中有关视点问题的论证对我们的研究做了极好的诠释。他认为："在许多情况下，语法时间的形式则作为叙述时间位置的表达手段出现。"① 我们以 Н. С. Лесков 的《Леди Макбет Мценского уезда》为例来加以说明：

Катерина Львовна **закрыла** окно... да и **легла**... **Спит и не спит** Катерина Львовна, а только так ее и **омаривает**, так лицо потом и **обливается**, **и дышится** ей... **Чувствует** Катерина Львовна... Наконец кухарка **подошла** и в дверь **постучала**: «Самовар»— **говорит**... Катерина Львовна насилу **прокинулась**. А кот... **трется**... КатеринаЛьвовна **заворошилась**... а он... **лезет**. (Н. Лесков «Леди Макбет Мценского уезда»)

卡捷琳娜·利沃夫娜关上（закрыла）窗户……然后躺了下来（легла）。卡捷琳娜·利沃夫娜现在似睡非睡（спит и не спит），

---

① Б. А. Успенский. Поэтика композиции. СПб.: Азбука, 2000, с. 66.

她只是这样折腾得很难受(омаривает),然后是满脸大汗(обливается),她呼吸(дышится)很困难……卡捷琳娜·利沃夫娜现在感到(чувствует)……最后,厨娘走了过来(подошла),敲了敲门(постучала),"茶炊"——她说(говорит)……卡捷琳娜·利沃夫娜勉强醒了过来(прокинулась)。……而猫……蹭来蹭去(тртся)……卡捷琳娜·利沃夫娜开始翻动起来(заворошилась)……而猫……在往前凑(лезет)。

在此,与前一个句子中存在的时间形式相比,几乎在每一个句子中都存在时间形式的变化:如果在前一个句子中有过去时,那么在下一个句子中则使用现在时,反之亦然。

但是有时过去、现在和将来的动作可以在一个层面表现出来,如同被压缩在某一整体中。显然,这反映了说话人头脑中被时间界限所冲淡的类似状态。例如在诗人 Гумилев 的诗歌中:

Откуда я пришел, не знаю... ——完成体事实类动词,现在时心智动词

Не знаю я, куда уйду, ——现在时心智动词,将来时前提

Когда победно отблистаю ——将来时前提

В моем сверкающем саду.(Гум.)

心理时间还可以借助情感接受动词(слушаю, вижу)来表示。这些动词好像记录下人的幻想,内心发生的事情。语篇中这些动词伴随情态成分"我想",这些成分使过去发生的事件表现为现在发生的事件。这样,就把时间界限平移到一起。例如:

Я слушаю рокоты сечи ——现在时心智动词

И трубные крики татар ——似乎与言语时刻重合

Я вижу над Русью далече ——与过去发生的事件重合

Широкий и тихий пожар.(А. Бл.)

主观心理时间常常体现为回溯,说话人常常进行回忆(我记得……)(я помню, что...)。例如:

— Ты историю не **помнишь**, что ли? — возмутился Семен ——现在时心智动词

Мы, конечно. А Кевина я **пленил**. Потом к нему в гости **ездил**. Ну, уже в двадцатом веке... в одна тысяча девятьсот седьмом... или восьмом? ——过去时事实类动词

Он рванул руль, обгоняя спортивный «ягуар», и крикнул в открытое окно:

— Сам тормоз и обалдуй! Еще ругаться будет... (С. Лукьяненко «Последний дозор»)

应该指出,心智行为常常是由说话人赋予受话人的,但这并未破坏时间的主观性,因为这里的受话人——具有交际意义的人,主体可以赋予受话人以知晓或不知晓某事,同其分享自身的感受以及心理世界的特征。例如:

Даже поздним вечером кольцевая дорога была забита. Впрочем, Семен этого словно бы и не замечал. И я даже не **знал**, просчитывал он линии вероятности либо просто вел машину на своих инстинктах водителя со столетним стажем.

— Ну откуда мне было знать, что ты так Шотландию любишь?

— Как откуда? — возмутился Семен. — Я же тебе рассказывал, как мы в войну в Севастополе-то с шотландцами схватились! (С. Лукьяненко «Последний дозор»)

即使到了夜晚,环线道路上的车还是堵得挺厉害。可是谢苗好像没察觉到这一点。我甚至不知道,他是预计着前面路线的可能性呢,还是就靠着驾龄超过百年的司机的直觉开车。

"我怎么知道你这么喜欢苏格兰啊?"

"说什么呢?"谢苗很生气。"我可是告诉过你,打仗的时候我在塞瓦斯托波尔跟苏格兰人交过手!"

"我"并不知道谢苗喜欢苏格兰这个情况,通过对话交流彼此有了更进一步的了解,推动了情节的展开。

带有情感状态意义的其他动词也可以表达主观时间:喜欢(любить)、生气(сердиться)、忧愁(грустить)。这类动词在语篇中常伴随评价词出现:亲爱的(милый)、静静的(тихий)、生气的(сердитый)、美丽(красив)、愉快(весел)、寂寞(скучно)、尴尬(неловко)、疯狂地(безумно)等等。抽象名词在这类评价词中起重要作用:苦难(страдание)、愿望(мечты)、忧郁(печаль)、爱恋(любовь)等等。例如:

Незаметно стала она девушкой, и незаметно упрочилась ей гимназическая слава, и уже пошли толки, что она ветрена, не может жить без поклонников, что в нее **безумно влюблен** гимназист Шеншин, что будто бы она его **любит**, но так изменчива в обращении с ним, что он покушался на самоубийство...
(И. Бунин «Легкое дыхание»)

她不知不觉地长成了大姑娘,不知不觉地在中学里出了名,于是流言四起,人们说她轻佻,说她没有崇拜者便活不下去,说中学生申欣疯狂地爱上了她,似乎她也爱他,只是对他的态度反复无常,弄得他寻死觅活……

作家通过心理时间这种构篇手段使得人的心理世界,特别是文学语言中心理世界的时间表现为现实的主观过程或事实。时间的表达手段记录了记忆中看见的、保存的东西。记忆产生于对各种时间结构的联想中,它被合并为将整体统一起来的前瞻和回溯中。心理时间具有评价构成的手段,这些评价同基本报道一起构成了语篇附加信息和潜在信息。因此,除了用客观现实时间表示的现实物质世界以外,还存在其他的本体世界,这些世界的时间规律和时间形式我们在上面论述的主观世界和心理世界时间关系中均已谈及。但是文学语言可以描述其他世界,这些世界可以用一个术语加以概括:"非现实世界"。它们有自己独特的时间形式和空间形式,我们来考察一下非现实时间。

八、非现实时间

非现实时间(ирреальное время)是指非现实世界里存在的时间。非现实世界的本体属性同现实世界截然不同,我们这里所说的现实世界是指现实物质世界。非现实世界近似于心理世界,变幻莫测,以致其特征极其容易改变,内部时空经常易位。现实世界的时间具有不间断性、线性和不可逆性等特点,而在非现实世界里时间的这些特质或者成为背景,或者作为其直接对立面而出现。说话人可以将计量基点设置为任何时间,其中也包括将来时。

非现实世界,正如我们提到的那样,在文学语言和科学语言中可以表现为某些变体:包括宇宙世界(星世界、地狱世界)、魔幻世界、幻想世界、神话世界、冥国世界、诗人幻想世界等,上述每个世界都有其独特的时间表达方式。星世界、地狱世界的时间常常被说话人描述为无穷无尽的,没有界限的,不存在开始和结束。我们可以通过一些专门词汇来判断某一世界的归属:天空、深渊,及其评价:无拘无束的、无人管理的、永恒的。例如:В душе моей, с начала мира; Твой образ был запечатлен; Передо мной носился он; В пустынях **вечного эфира**。(М. Лермонтов «Демон»)

然而,作者在描述"无人管理世界"的时间时仍然使用自然语言中可能的时间形式,他们借助时间形式构建时间的维度、前瞻性,将计量基点设置为现在时:

Я снова огляделся, используя сумеречное зрение.

Все верно! Вот она, несуразность!

Вокруг не было синего мха — безобидного, но неприятного паразита. Он растет на первом слое Сумрака, единственный постоянный обитатель этой серой изнанки мироздания. Здесь,

где люди постоянно испытывали страх, пусть даже и несерьез-
ный, ярмарочный, синий мох должен был разрастись вовсю.
Свисать с потолка мохнатыми сталактитами, устилать пол от-
вратительным шевелящимся ковром, разукрасить стены. (С.
Лукьяненко «Последний дозор»)

  作者描述了主人公借助魔法力量进入非现实空间——黄昏界时所见到的情景:四周都没有青苔。而这种寄生物在这样一个恐怖的地方应该疯长才对。它们像铺了一层微微颤动而又使人生厌的地毯,爬满墙壁,从而突显特定的时间段这一景象的肃杀、惊悚。同现在时动词搭配的是现在时无人称动词的否定形式(нет),将否定意义推广到过去和将来中,进而否定过去和将来。

  *Вокруг **не** было синего мха — безобидного, но **неприятного паразита**.*

  这样,星世界和地狱世界时间范畴的特点、属性同宇宙世界时间流意义相近,即与时间从过去向现在直至将来流动的方向性、不可逆性相近。过去时和将来时永恒时间的特点是不间断性、连续性、无穷尽性。作者要表达这类世界的时间形式存在着一定的选择性。

(一)现代幻想作品中的时间

  我们的幻想作家发展了宇宙主题,但是应该说,幻想作品的事件既可以在其他星球中展开,也可以在地球上展开。幻想作品的时间范畴违反了研究者所确定的有关现实时间的所有属性,例如在К. Булычев, А. Стругацкий 和 Б. Стругацкий 兄弟等人的科幻作品中就是如此。

  现代幻想作品中的时间常常违反时间发展的连续性这一属性。К. Булычев 的短篇小说«Так начинаются наводнения»叙述道:

  Он забрался на башню, на которой стоят главные городские часы, и **привязал гирю к большой стрелке. Часы замедлили ход.** В любом другом месте Галактики от такого поступка ровным счетом ничего бы не случилось. Ну, может быть, кто-нибудь и опоздал бы на работу. И все. А на нашей планете в период «серебряных облаков» **замедлился ход времени.** Рассвет наступил позже, чем обычно. (К. Булычев «Так начинаются наводнения»)

奇异星球上的居民借助于自己腕上的手表可以轻松改变时间进程,因此,他们每天都校对钟表,以保持与该星球的基准时间一致。宇航员所降落的这一星球上存在另外的时间循环,时间单位可能是其他维度。例如,在 К. Булычев 的短篇小说 «Избушка» 中,新的星球上一昼夜的长度相当于地球上的四个昼夜。

在他的短篇小说«Так начинаются наводнения»中,外星人所居住的星球上,一昼夜只有 22 个小时,而且每个人都可以改变世界的时间,星球上有多少居民就会有多少种时间。请看下例:

Но потом от всех мер такого рода отказались. Просто-напросто каждый житель планеты имеет часы. И раз на планете живет сто двадцать миллионов человек, то среднее время, которое показывают сто двадцать миллионов часов, правильно. Одни спешат, другие отстают, третьи идут как надо. (К. Булычев «Так начинаются наводнения»)

幻想作品的典型特征是打破时间的线性、不可逆性特征,因为在此类作品中具有自身时空规律的两个世界可能并存。例如,在 А. Стругацкий 和 Б. Стругацкий 兄弟的幻想小说«Понедельник начинается в субботу»中,小说标题本身就说明了时间潜在的回环往复的性质。这部作品的主人公(魔法研究院的教授)具有双重身份,一种身份过着正常人的生活,从过去到现在直至未来。他的另一种身份则在时间轴上反向运动,而两种身份并不是同步运行的,因而他可以同时出现在两个不同的地点。这所学院的科研人员也都有自己的双重身份,他们可以正常工作或者排队去领工资……这样,该学院的科研人员就过着这种双重的生活,为自己的行动和自己另一身份的行动分配着各自的时间。在 К. Булычев 的中篇小说《Последняя война》中,不是地球人而是外星人实现了理想,甚至是在几年前就能使死者复活。一些外表长得像蟾蜍似的伟大学者和来自地球的宇航员一起使在一年前死于核战争辐射的蓝色星球的居民复活。

因此,幻想作家的科学思想走在我们时代的前面——克隆动物,甚至复制人和人体器官都是可能的。虽然在当代产生了伦理学问题,但这些问题在幻想作品主人公身上已经得到了解决。幻想作品预言,将来一定会出现违反现实时间基本属性、中断时间流的现象,因为地球和其他星球的居民会发明出"时间机器"。这种机器在不同作品中的称谓也各不相同,例如:"小室"、"时间舱"等。在 К. Булычев 的短篇小说《Пустой дом》中宇航员遇到了一些难以解释的现象:在他们飞临的星球上所有居民的房屋并未遭到破坏,但人去屋空,居民们都不见了。最后查明,为了躲避严寒,他们设想出"时间舱"。在寒冬来临时躲在里面过冬,但整个冬天在他们的感觉中似乎只过了短短的一分钟。而实际上,三个月的冬季时间被压缩为一分钟,这可以使居民免遭严冬之苦,因此,他们不需要准备燃料、制作棉衣,也无需御寒。

"时间舱"使宇航员可以穿越时空实现"时空穿梭",跨越时间障碍,转瞬即可回到遥远的家乡。К. Бульчев 的中篇小说《Тридцати лет пути》中整个机组人员被人为设计进入休眠状态,只是即将在遥远的星球着陆前才醒来。在小说《最后的战争》中宇航员在时空跨越时都被抽象化了,与飞船一起转变为重力波。因此,对某些东西会消失不应感到奇怪,基本上以后一切都会得到完美复原。К. Бульчев 写道:"'银河中心'号飞船上安装的发动机可以通过零空间进行所谓跳跃移位。这样飞行从起飞到进入太空,可以达到巡洋舰的航行速度,做好跨越准备,然后在需要的空间地点制动(停车)。"通过 К. Бульчев 的作品我们了解到,除了"时间舱",还可以发明"计时器",它可以使我们看到任何世纪、任何时代发生的事件。例如,20 世纪的观察者可以来到 11 世纪的缅甸(《阿南达神庙仪式》);"机器"、"舱"可以将物品从过去(17 世纪)带入未来(21 世纪)。因此,在创作幻想作品时,作者断言不同世纪都是平行存在的。

著名的波兰作家 Иоанна Хмелевская 在自己的小说《По ту сторону барьера»(1999)中叙述了平行存在的各个不同时代。另外,这部波兰小说的题目包含更多的感情色彩:(该死的壁垒)一座浅绿色的壁垒赫然耸立在原野上。女主人公无意中策马越过壁垒,她也就从 17 世纪一跃来到了 20 世纪。现在她已经不再骑马,而改为乘坐汽车了。最使伯爵小姐感到难为情的是她身上束着紧身胸衣,穿着 17 世纪的裙子,而裙子是在那时流行可在 20 世纪已变为古董的褶皱很多的旧式裙子。于是问题产生了:她需要掌握许多科技进步带来的成果——她不会使用洗澡间的设施,不会使用电话,不会打开电视。虽然很困难,但她还是掌握了这些对她来说特殊事物的操作方法,这些东西带来的便利使她感到莫名兴奋。但后来她又因偶然的机缘再次于不经意间跨越了时间障碍,她又回到了 17 世纪,又开始为失去那些方便的设施感到后悔、沮丧。作家将女主人公带回 20 世纪,从而拯救了她。Иоанна Хмелевская 就是这样从女性的视角来描述"时空跨越"的。幻想作家的思维创造了一种特殊的非现实幻想时间,这种时间打破了时间属性——时间流的连续性,但保留了时间的切分性、离散性、可逆性、回环反复性和世界平衡与交叉性,增加了进入"跨越"阶段的可能性。幻想作家假设人类具有操纵时间的能力,甚至可以在此基础上创建时间服务公司。

应当指出,幻想作家的创作活动结出了丰硕的成果。在这方面应首推 Антонович Ефремов。他不仅是作家,而且还是俄国伟大的科学家。在沙漠戈壁中他挖开了"龙墓"——恐龙的骨架。作为古生物病理学家,И. А. Ефремов 发现了这些"基地"的分布规律,从而开创了一门新学科——埋葬学。这门学科反过来又促进了地质学家对矿产资源的勘探工作。作为幻想作家,И. А. Ефремов 写了一部短篇小说«Алмазная труба»,在这部小说中他预测了金刚石的产地在 Якутия,地质学家们在 И. А. Ефремов 叙述的地点附近果真找到了金刚石。

我们还应记住 И. А. Ефремов 的一个幻想科学思想,他写了一部短篇小说《消逝的阴影》,在小说中作者描述了一个具有特异功能的人,他能够发现藏匿的猎物的踪迹、它们的图像和留下的影子。在这一思想影响下,Ю. Н. Денисюк 教授发明了全息摄影术,也就是物品、动物的全景影像,例如黄金制品的全景影像,它们现存于博物馆中。

И. А. Ефремов 在短篇小说«Кагти Сарк»中讲述了有关一艘同名英国帆船的令人感伤的故事。英国人找到了这艘帆船,现在这艘船陈列于博物馆中。并不是 И. А. Ефремов 设想的一切都实现了,在小说«Туманность Андромеды»中作者说明了自己创建伟大世界之环的遗愿,叙述了平静、和平的星际旅行,描述了定居于世界之环系统中健康、美丽、智慧的居民及巧妙地分布在各地的自然资源、能源、通信手段。俄罗斯另一著名的幻想作家 А. Казанцев 在«Туманность Андромеды»的前言中描述了 И. Ефремов 在上面讲述的一切。

谈到幻想作家的功绩,应当指出,他们完成了一部语言学巨著,创造了全新的术语。例如,在上面提到的 И. А. Ефремов 的这部小说中几乎每一页都有几处引文,引用经作者解释的术语,这可能是科技词汇,例如:十亿、秒差距、星光谱型、万有引力场等等。

但是作者常常用括号指出幻想词汇,例如:治疗嗜睡症的药、星际飞船、行星际飞船、行星燃料(用于幻想出的星际飞船和行星际飞船的燃料)等等。

К. Булычев 在作品中极少运用引文,他更喜欢给出直接的解释,例如机器人合上了帽子,全体船员不得不承受失重状态,同时要经历漫长的"大跃进",宇航员极力做出样子,仿佛跨越时的抽象感是一种平常、简单的过程似的,比制动过载还简单。作者似乎寄望于读者的理解能力,以此来给自己的作品增加新的复杂术语,然而所引进的新术语可能在不同的科学流派中得到固化。此外幻想作家似乎借助于词语的复合法、缩略语等发明了一套构建新术语的方式方法。幻想作家的思想常常可以启发研究宇宙和地球问题的学者,使他们得以发现奇异的事物,捕捉建筑的特征,勾勒外星人的外貌。例如,К. Булычев 在小说《Последняя война》中认为外星人有的长得像蟾蜍,有一条大尾巴,双手又长又细。

Снежина обернулась. Мимо открытой двери прошла **хвостатая жаба**. У жабы были **длинные тонкие руки**. Она жестикулировала ими, объясняя что-то семенившему рядом Малышу. (К. Булычев «Последняя война»)

幻想作家创作的作品中,时间是四维的,空间是弯曲的,并且违背了宇宙时间的属性。对此,Н. К. Рябцева 写道:"幻想作家的作品也证明了对超乎寻常的心灵学、超验主义认识上的不足,这些领域刺激了技术的进步。人类通过提高速度、克服距离障碍、发展新的通信、交际手段完全可以学会怎样真正地压缩时间,甚至可以使时间倒流——比较一下计算机的操作就会得出这样的结论。"[①]

[①] Н. К. Рябцева. Аксиологические модели времени // Логический анализ языка. Язык и время. М.: Индрик, 1997, с.82.

（二）魔幻空间中的时间

魔幻世界的时空也是非现实世界的范畴，因此这两个范畴与幻想世界的类似范畴近似，然而它们也具有一些不同的特点。魔幻世界时间的属性首先是时间的易变性、不稳定性和能够转化为其他时间的能力。因此在此类文学作品中，时间常常违背时间的年代顺序、历史阶段和线性排列特征，它常在某一时刻是离散的或者压缩的。相反，在另一时刻又表现为是无限延伸的。

魔幻世界的时间还违背了时间各种现实范畴的规律。例如，在文学作品中会改变人生理时间的特征。众所周知，时间是以死亡宣告结束的，而在魔幻文学作品或口头叙述中，读者、听众常常与主人公一起出现在死者的世界中。在这个世界中某些时间的界限和其他的时间标志都在发挥着作用。在死者的魔幻世界中，夜晚、半夜是起作用的时间，公鸡啼叫则是独特的象征。现实世界物理时间的界限是死亡，但在魔幻世界中世界的界限则是另类的生命，如同宗教时间中等待人们的是炼狱、天堂或地狱一样。但是在波兰作家 Генрих Сенкевич 笔下的魔幻世界中，死亡是静静流淌的河流。从前人们不曾经历苦痛就进入了丁香园，那里人人都长生不老，安居乐业，没有疾病和痛苦。人们都喜欢在这里定居，纷纷离开家园来到这里，因此天帝便在河上设置重重障碍，使人们在渡河时不仅感受到愉悦和宁静，同时也体验着磨难和苦痛。这时，前往彼岸世界的人流终于停止了。

Г. Сенкевич 所写的这个寓言故事可能包含了古斯拉夫人神话的某些因素。与此类似，神话便包括所谓的"维列索夫体（Велесова книга）"，叙述斯拉夫人的始祖是如何分裂为雅文、斯拉维和雅维世界的蹉跎岁月。雅文（现实）是指当代生活，是按照斯拉维公布的规律改造世界的，这是雨神的安排。鬼魂是死人国，是现实世界的人死后去的地方。

魔幻世界里也破坏了循环时间。在魔幻世界里冬天可能开花；夏天可能落雪；光源如（月亮、太阳、恒星、天体等）之间可以对话或者同主人公进行交流；月亮和太阳甚至可以结婚；月亮娶太阳为妻(Бальмонт)。作者在魔幻作品中是想强调所描述事物是异乎寻常的、与众不同的、与幻想世界迥异的。作者力求使读者相信这种奇异现象，相信叙述中并没有杜撰成分。

魔幻作品中的时间特点是由现实时间突然过渡到非现实时间，这常常伴随着奇异人物的突然出现，而之前的事件并未予以说明。这种叙述上的急剧变换通常在叙述人的语言中传达出来，手段是借助于强化副词：вдруг, однажды, неожиданно, в тот же миг, в то же мгновение, 等等。表示各种变化的动词常常带有阶段性质，它指出动作的开始、结束或者是否是一次性动作，这些通常是事实类动词和带有 вс-、за-、раз-、по-等前缀的情节动词。在描写魔幻世界的作品中除了传奇主人公外，还有观察者、观众和事件偶然参与者。人物、抒情主人公或作者形象常采用第一人称形式。随着事件的展开，他会体验到恐惧、惊悚、离奇等感觉，作者借助于名词、特征词、评价词、感叹词来描摹这些情感。行文中叙述人所流露的激情的特点是通过使用特殊的修辞结构来表达的。这种结构很像对话或者独白中断续的、弱化的言语。叙述中这种表达感情的语气、语调用标点符号来表示：破折号、冒号、感叹号、省略号等。例如：

Я хотел вскочить, хотел бежать вон, но ноги мои подкосились, и я, **как приколоченный, остался неподвижным** на прежнем месте. **Вдруг** Лауретта в маске... **появилась** на сцене. За ней тянулся длинный ряд музыкантов — **и каких, мой друг!... Господи боже мой!** Журавлиные шеи с собачьими мордами; туловища быков с воробьиными ногами, петухи с козлиными ногами. (Загоскин «Концерт бесов»)

表示取消结果的动词在描述类似事件中起着重要作用。这种结果可以用各种手段表达,例如:хотел бежать вон, но... 或者 хотел, было, но... 在这种语篇中常常使用不定形式:что-то, где-то, какой-то, почему-то, 等等。叙述人引入感官动词和情感动词:замерла душа, кто опишет мой ужас, страх овладел мною 等等,例如:

В ушах моих раздавались аккорды гитары, и я сначала думал, что звуки эти не что иное, как продолжение моего сновидения; но кто опишет мой ужас, когда между моею кроватью и стеною я увидел женщину-фрек, вперившую в меня какой-то страшный, нечеловеческий взгляд. (А. Толстой «Упырь»)

由发生在他眼前的、难以解释的、不现实的事件引起的叙述者的困惑和惊恐也可以借助于形容词表达的情感定语表示:какой-то страшный, нечеловеческий взгляд。这些词可以传达因观察到令人难以置信的转变,无法解释的、不合逻辑的现象而惊讶不已的人的状态,作者往往采用第一人称讲述所发生的事情。

与魔幻世界近似的是对浪漫主义作家、现实主义作家以及象征主义作家来说非常典型的梦境的描述。我们看一下曹雪芹(Цао Сюэцинь)所写的《红楼梦》(«Сон в красном тереме»)中对做梦的描写:

Однажды в знойный летний день Чжэнь Шиинь сидел в своем кабинете с книгой в руках. Утомившись, он отбросил книгу, облокотился о столик и задремал. Неожиданно ему почудилось, что все вокруг заволокло туманном и он оказался в незнакомом месте. Откуда-то сбоку появились два монаха — будийский и даоский. Они шли, разговаривая между собой...

Чжэнь Шиинь осмотрел ее со всех сторон — это оказался кусок чистейшей драгоценной яшмы, на котором сохранились четкие следы иероглифов «Тунлинбаоюй» — «Драгоценная яшма, в которую вселилась душа». (Цао Сюэцинь «Сон в красном тереме»)

作者通过描述甄士隐梦游太虚幻境,从而揭开整个故事叙述的大幕,对梦境的描写成为整个小说开篇的重要叙事手段,成为进入故事时空世界的锁钥。

在类似作品中,作者使用情节动词、省略、描述性的话语、隐喻的情感系统。叙述者以第三人称叙述梦境,就像在描述魔幻世界一样,观察者在此过程中关注的是事件的变化。观察者可以是抒情主人公或"作者形象",例如:

Чжу долго-долго стоял перед картиной, не сводя с нее глаз. Он весь застыл в упорной думе, голова кружилась, и он не заметил, как душа его заколебалась и рассудок словно кто-то отнял. И вдруг его тело стало легким-легким, вспорхнуло и полетело, как на облаке... Глядь, он уже на стене. Видит перед собой громадные храмы, величественные здания, которые тянутся бесконечной чередой. (Пу Сунлин «Расписная стена»)

在蒲松龄(Пу Сунлин)的小说《画壁》中,主人公朱生在一座寺庙中欣赏壁画,当他见到上面所绘的绝色美女时不禁心旌摇曳、神为之夺,恍惚中奇妙地进入壁画,与散花天女相会。"梦境"在此成为主人公处于幻域、顿入仙界的方式。这是中外幻想小说常用的一种叙事方式——梦幻模式,而"梦"也常常是设置幻境的途径。中国学者朱自强认为:"在《聊斋志异》里,'梦'起着与幻想小说中的'通道'、'入口'一样的作用,它沟通了人和异类的联系。"[①]

瞬间变化一般通过完成体动词来传达(事实动词、情节动词)。这些动词将动作划分为不长的完成阶段,例如:

---

① 朱自强,何卫青.中国幻想小说论[M].上海:少年儿童出版社,2006,77.

Буфетчик **что-то буркнул** и быстро **пошел** вниз. Голове его было **почему-то** неудобно и слишком тепло в шляпе; он **снял** ее и, **подпрыгнув от страха**, тихо **вскрикнул**. В руках у него был бархатный берет с петушьим потрепанным пером. Буфетчик **перекрестился**. **В то же мгновение** берет **мяукнул**, превратился в черного котенка и, вскочив обратно на голову Андрею Фокичу, всеми когтями **впился** в его лысину. (М. Булгаков «Мастер и Маргарита»)

这个舞台上的表达形式是表达某些带有局限性意义动作的动词：开始、结束，表现为断续的、离散的动作。动作、事件的转换通过构词手段表达：开始前缀为 по-或者结束前缀为 пере-等等。动作开始意义用带有情态动词的组成形式表达，比如表示开始的前缀：в-, вз-, за-, пре-,等等，或表示结束的前缀：по-, пере-, с-, 等。开始意义的动作可以用带有情态意义的合成形式表达，试比较：Денежки я **приберу**; Мужским басом **сказала** сестра милосердия; Нечего им тут валяться; **Сгребла** птичьей лапой этикетки и **стала таять** в воздухе. (М. Булгаков «Мастер и Маргарита»)

描述短暂的，表示开始、结束的动作的这些形式促进了情节的急剧发展，而这对于描述魔幻世界幻觉的作品来说非常重要。再比较一个例子：

Маргарита **зачерпнула** легкий жирный крем и ... **начала втирать** его в кожу... Мускулы рук и ног **окрепли**, а затем тело Маргариты **потеряло** вес. Она **подпрыгнула** и **повисла** в воздухе невысоко над ковром, потом ее медленно **потянуло** вниз, и она **опустилась**. (М. Булгаков «Мастер и Маргарита»)

魔幻世界的属性不但在于人物完成一定的动作，而且还表现在某种力量作用于他时，作者为了指明这种未知力量而使用无人称结构。比如上述的例子中：ее медленно потянуло вниз。总的说来，上述列举的动作仿佛是超越了 Маргарита 的意志，似乎是某种外在的力量在支配着她。

因此，在分析非现实魔幻空间的时间模式时我们得出结论：这种模式的结构特点、独特性在于构词、词法、句法手段的选择——标志动作开始、结束的前缀。表示一次性动作的后缀 ну-，主要是完成体过去时动词（情节事实动词），不定范畴词。句法手段有助于表达某种外在力量的动作，借助于呼语、疑问句、感叹句和无人称结构来传达观察者对各种转变、异常事情的情感及其所持的态度。所有这些都有助于对非现实的、魔幻虚拟的、迅速切换的画面的描述，引发事件参与者、观察者（抒情主人公、做梦者、叙述人等等）的惊讶和恐惧之感。

非现实魔幻世界中动词的意义违背了现实时间的属性，它们表示结束、断续、过去完成的动作，偶尔也表示将来的动作。过去时通常可以分割为过去的过去、过去、现在完成时。事件常常发生于预期并按顺序完成。这些作品中的将来时是无成效的。

（三）神话世界的时间

神话世界时间的特点是将事件移置于遥远的年代，通常神话故事发生的情节时间在故事的开场中已经确定和交代。譬如：

В некотором царстве, в некотором государстве жил-был царь, у него было три брата...（在一个很远很远的王国里呀住着一位国王，国王有三个儿子……）

或者是：

Когда-то (это было давно) жил-был медведь. 从前有一头灰熊。

Во время былое, во время она жила-была девица-красавица. 这里原先住着一位美丽的姑娘。

神话的开场强调神话故事发生的时间距离叙述时刻的不确定性、遥远性。此外，类似的开场的特点是故事的叙述笔触舒缓，开篇经常使用：

①不确定的标志：когда-то，во время оно，во время былое 等。

②时间"延展"的标志：в веках，который год 等。

③过去的时间及其长度借助于久远时间的残余形式得以强调。

例如：**Жили-были** волк да лисичка. У лисички-то изба была ледяная, а у волка-то лубяная. Лето стало, у лисички избушка и растаяла. Пошла она к волку на фатеру.（А. Н. Афанасьев «Лисичка-сестричка и волк»）

类似的开头一般见于散文体神话作品中：

Жил-был газетчик и жил-был читатель；**Жили-были** два генерала.（Сал. -Щедрин）

④还应指出一种开篇的方式：说话人使用带有时间意义的名词（века，времена，время），伴随评价词。

为了表示时间的长度，叙述者使用重复的手法，这种开场常用于神话和史诗中，例如 Н. В. Киреевский 作于图拉的《Царь Федор》一书就是这样开头的：

Ох, **было** у нас, братцы, **в старые годы**, **в давние веки**, **в давние веки**, при старых при царях, **было время злое**, **нагубное.**（Н. Киреевский «Царь Федор»）

⑤神话可以通过非情节时间形式（未完成体过去时）表达的情节长度来开篇，但是长度或周期可加以说明。通常所提到的年代是很大的数字。

例如：**Жил** старик со своею старухой；У самого синего моря. Они **жили** в ветхой землянке；**Ровно тридцать лет и три года**（А. Пушк.）等。

叙述人可以提到事件发生的时间，但这一时间是臆造的。例如，А. Н. Афанасьев 所作的史诗《Мизгирь》中所提到的日期就是如此：В **старые годые**, в старопрежние, в красну весну, в теплые лета сделалась такая соморота, в мире тягота: стали проявляться комары да мошки, людей кусать, горячую кровь пропускать. Проявился мизгирь, удалой добрый молодец, стал ножками трясти да мережки плести, ставить на пути, на дорожки, куда летают комары да мошки, **породила** она **себе три** дочери (А. Афанасьев «Мизгирь»)等。

⑥神话开篇可以把带有个别意义的情节动词（完成体过去时）作为述谓。

例如：Однажды Заяц перед Волком **провинился**. (М. Салтыков-Щедрин «Самоотверженный заяц»)

强化词«однажды»表示发生的事件是一次性的、突然的。动词«провинился»指明事件的结果，这种开篇的特点是急遽展开神话情节，但是大多数神话都是以"延展性时间"作为开场的。

⑦典型的神话展开部分也使用特殊的民间口头创作形式，这种形式的特点是描述延续性的情节过程，但不局限于开端和结尾。也使用某些带连接词«но, однако»的句法结构，以此打断时间的长度，强调发生事件的变化：

Сидит газетчик в своей берлоге **и знай себе обманывает да обманывает**. (Салт. -Щедрин)

Долго ли коротко ли так **дело шло, но только нашлись** добрые люди. (Салт. -Щедрин)

Долго ли коротко ли, **однако генералы** соскучились. (Салт. -Щедрин)

所举例子中第一种形式被称为长时间、未完成性情节。后两个带连接词«но, однако»的例子，指明了持续时间结束的标志，打断了时间的连续性。

神话情节之所以开展缓慢还因为主人公通常都不是一下子就建立功勋的,他的命运常常有三种可能、三种尝试:

Три раза старик закидывает невод(老头撒了三次谎);

Былинный богатырь останавливается на перепутье **трех** дорог(勇士站在三岔路口处);

У царя **три** сына(沙皇有三个儿子)等。

因此要讲述每个人的活动等等。在 И. Якушкиный 于俄国中部写出的史诗中,我们观察到:

Жил-был старик да старуха, у них было три дочери. Старик пошел в амбар крупку брать; взял крупку, понес домой, а на мешке-то была дырка; крупа-то в нее сыплется да сыплется. (И. Якушкиный «Солнце, Месяц и Ворон Воронович»)

带魔力的数字"7""12"也常常出现在神话语言中。7 和 12 的象征意义分别对应时间和空间。数字"7"的象征意义是完成,它是一个洋溢着喜气的数字,它还象征世界的和谐。基督教中"7"是与天上的数字"七"联系在一起的,如"七重天",圣经中称为"七宗罪",创世神的时间也与此相关联。据统计,"7"这个数字在圣经中出现了 700 次。[1] 例如吴承恩(У Чэнэнь)的《西游记》中就描述了七女妖的故事:

Прошло немного времени, примерно столько, сколько необходимо на то, чтобы выпить полчашки горячего чаю, и все шелковые шнуры, лежавшие бесчисленными слоями, вдруг исчезли без следа, и скит вновь принял свой прежний вид. Потом послышался резкий скрип ворот, и оттуда, разговаривая и смеясь, вышли все **семеро** девиц. Сунь Укун стал внимательно взглядываться в них. Они шли в ряд, взявшись за руки и при-

---

[1] Н. Жюльен. Словарь символов. Челябинск: Урал ЛТД, 1999, с.356.

льнув друг к другу, прошли мост и скрылись.（У Чэнэнь《Путешествие на запад》）

数字 12 的象征意义是与秩序和善相关联的，表示日历循环的时间。古希腊、罗马的 12 神，一年有 12 个月，基督教耶稣的 12 门徒，基督生命之树上有 12 个金块。① 除了时间过程、长度的表示方式不同之外，神话语言中还有一些事件迅速突然地发生、急遽变化的标志。这些变化标志是副词和副词词组：вдруг，в миг，в тот же миг，вмиг 等。例如：

Вот опять она его.

Вмиг обрызгала всего：

В муху князь оборотился,

Полетел и опустился.

Между моря и небес,

На корабль — и в щель залез.

（А. Пушкин《Сказка о царе Салтане》）

这种急剧变化的特征（此时公爵变为昆虫）源于神话中所有事件都是迅速发生并且都是按主人公意志进行的。例如：Емеля②（耶梅里）对他坐着的炉子说（念动咒语）：按狗鱼的吩咐，按我的想法。傻子 Иванушка 喊道，在他念完咒语之后，他的愿望就会实现：突然出现一座美丽的跨河大桥、一座美轮美奂的宫殿等。这样，主人公就可以支配时间，以非现实的速度中止时间，通过咒语实现自己的愿望。

神话中急遽变化的事件可能会受制于手势的力量：Василиса Прекрасная 一挥衣袖就出现了一泓深湖，里面白天鹅在畅游。神

---

① Н. Жюльен. Словарь символов. Челябинск：Урал ЛТД, 1999, с. 90.

② Емеля 和 Иванушка дурачок 均为俄罗斯民间故事中的人物，头脑简单，多嘴饶舌——本文作者注。

话故事中某些物件具有魔力:Аленушка 扔下梳子——眼前立时耸立一片树林,接着再将毛巾向后一抛——前面立时大河滔滔。我们发现,与神话不同,幻想作品中时间并不总是屈从于主人公的意志的,例如在《时间颠倒》中时间可能违背主人公的意愿而发生。(И. Хмелевская «Проклятый барьер»)

神话的结尾也是有规律的,这可能是劝喻。例如:

Вот и сказочке конец, а кто слушал — молодец(故事讲完了,谁听了谁就是好样的)。

蒲松龄的小说《画壁》中,描写了两个人进入寺庙赏玩,一人面对墙壁的画观看时忽然进入画内世界,享尽荣华富贵的故事。请看小说结尾:

«Чудесное рождается от самих же людей!». В этой словах, пожулуй, скрыта глубочайшая правда.

Если у человека блудливая душа — она создает развратную обстановку. Если у человека душа развратная — она рождает все, что наводит страх.

Бодисатва волшебной рукой перерождает человеческие заблуждения, и разом создаются тысячи химер... Но все они возбуждаются самим же сердцем человека.

Буддийской мудростью окрепло сердце старого монаха. Как жаль, что оба приятеля не услышали за его словами величайшего прозрения!

Тогда они, наверное, растрепали бы свои волосы и устремились в горы. (Пу Сунлин «Расписная стена»)

异史氏曰:"幻由人生,此言类有道者。人有淫心,是生亵境;人有亵心,是生怖境。菩萨点化愚蒙,千幻并作,皆人心所自动耳。老婆心切,惜不闻其言下大悟,披发入山也。"

这一段实际上是作者借他人之口所发的议论,对心怀不轨之念的人加以训诫,提醒世人应心怀坦白,勿生邪念。在小说中起到劝喻的作用,以警醒世人。

因而,神话情节的典型特点是两个时间线索并行发展:

①叙述者讲述的是现在时——скоро сказка сказывается... 故事讲起来很快;

②神话本身指向遥远的时空。

时间的长度特点呈现为同各种不定方式指示词连用:долго ли коротко ли он ехал, когда-то, плывет себе в волнах,等等,即情节是在拉长的时间内描述的。但是,对于神话时间来说重要的是意外事件的突然性,还有一点对于神话时间也至关重要,那就是神话往往同表示神话主人公数量,主人公的器物、动作或咒语等带有魔力的数字相关联。神话时间常常借助于非情节动词的未完成体形式来表示。因为时间延伸至"古代",但用于创造情节发展转折的各种变化则用情节动词表示。例如:Мышка бежала, хвостиком махнула, яичко и разбилось(老鼠跑着,摇尾巴把蛋打碎了)。

(四)"冥国世界"时间

"冥国"(зазеркалье)神秘世界也可以用独特的时空计量基点表示,它可划分为现实世界和非现实世界两种类型。空间划分的界限常常是镜子、窗户、玻璃、门、门框等。最早关注镜子、玻璃等反映现实世界及与之并行的神秘世界的作家是 Э. А. Гофман。他的作品中主人公的命运常常同镜子、祖母绿宝石、玻璃等相连,这些东西进入寻常百姓的生活中,进入到他们的时空,这些时空中住着英雄。例如,他的神怪小说«Золотой горшок»(1814)就曾描述过这种时间。玻璃、镜子、门框等形象也见于以塑造天外独特世界闻名的 19—20 世纪许多作家的作品中。俄国作家中描述冥国世界的首推 Н. В. Гоголь,他这方面最负盛名的著作是中篇小说«Портрет»。"画像"中所画的老头儿那双特别生动的眼睛使观看

者大为惊异:

Это были живые, это были человеческие глаза! Казалось, как будто они были вырезаны из живого человека и вставлены сюда... Это уже не была копия с натуры, это была та странная живость, которою бы озарилось лицо мертвеца, вставшего из могилы. (Н. Гоголь «Портрет»)

这是一双生动的、活人的眼睛!它们好像是从活人身上剜下来,嵌在画上似的。这已经不是临摹的复制品,而是一种能使坟墓里爬出来的死人脸上发出光彩的奇异的神情。

除此之外,老头还能穿行于现实世界和非现实世界之间:

... старик пошевелился и вдруг уперся в рамку обеими руками. Наконец приподнялся на руках и, высунув обе ноги, выпрыгнул из рамы...

他看见老头儿蠕动着,忽然用两只手撑住框子。后来支着手把身子抬起来,伸出两只脚,从画框里跳了出来……

在现实空间中,老头重新数了一下金币,在惊讶的画家眼前,又遁入镜框中,给画家留下了一千金币。画像之后又变换了多张面孔,还同对老头的虚幻的现实主义表现手法相结合,这甚至会使有夜间游走于镜框和屋子之间习惯的人恐惧不已。因此,画像被卖掉了,经过多人之手后消失了。因此,Н. В. Гоголь 讲了一个穿行于两个世界(现实世界和非现实世界)之间的人的奇闻。这则奇闻同时空相连:被镜框、镜子、玻璃隔开的冥国世界出现在现实世界中深夜的某一瞬间是极为常见的景象。

虽然现实世界的人、抒情主人公有时可以看见非现实世界的人,听见他们说话,但是两个世界的人常常并不交流。例如,Л. Кэрролла 作品的主人公 Алиса 进入奇境后,同当地居民一起体验了种种奇妙经历,并同他们交谈。镜子作为两个世界界限的形象,如同 В. Брюсов 在短篇小说《В зеркале》中所创造的"旋转出的现实"一样,小说女主人公与镜子的影像搏斗。有一次他们的手碰在一起,这是穿越两个世界的传奇。他们交换了位置,最终在经历了漫长的煎熬之后,在"烧灼之痛后获得新生",现实主人公与她的影像在那一刻、那一瞬间各自找到了自己的人生位置。如同神话世界一样,冥国时间的特点也具有代码符号的不确定性:когда-то,кто-то,какой-то,等等。现实主人公所观察到的事件常常发生于夜半时分,但也可见于白昼。例如:

Оказывается, двери спальни также заперты. **Он** встал на цыпочки и заглянул в окно. Видит — сидит **какой-то** свирепый черт с сине-зеленым лицом, цвета перьев зимородка. Зубы у него торчат углами, словно у пилы. Он разостлал на кровати человеческую кожу и цветною кистью разрисовал ее. Кончив красить, он бросил кисть, поднял шкуру, как берут для надевания платье, и, накинув на себя, тотчас же превратился в деву. (Пу Сунлин «Рассказы о людях необычайных»)

这是中国清代著名小说家蒲松龄所著《聊斋志异》中《画皮》的片段。

主人公(太原王生)偶遇道士,见他身上邪气环绕,认定他为鬼魅所迷。王生对此狐疑不定,乃返家察看前些时日收留的一女子,至家中则见室门紧闭。他蹑踪而窗窥之,见一狞鬼,面翠色,齿如锯。铺人皮于榻上,执彩笔而绘之;已而掷笔,举皮,如振衣状,披于身,遂化为女子。

作者将此事件发生的时间定格为日间,此时透过窗子但见室内鬼影幢幢,此时窗子实际起到一种边界作用。现实与虚幻在此交汇融合,此时主人公目睹厉鬼的恐怖面容:черт с сине-зеленым лицом, цвета перьев зимородка, зубы у него торчат углами, словно у пилы. 此刻他体会到的是极度的恐惧和彻骨的寒意。

鬼魅这种离奇的出场方式也要求独特的表达形式。作者使用述谓形式——"现场报道",例如:сидит,торчат 等来表达。现在时刻能够在描述事件那一刻确定旁观者是否在场,由此产生大量的评价词语:свирепый, сине-зеленый, словно у пилы — страшный, призрачный; 脸色青青,獠牙好似锯子,执彩笔描摹人形——显得诡异、恐怖、虚幻,恶鬼的动作伴随着腾腾的杀气。作者刻意将时间设定为白昼,从而明显加剧了这种恐怖气氛,使人感到危险随时可能降临。

有关冥国世界的短篇小说可能使人想起过去,回忆起逝去的时光。在这种情况下作者选取过去时述谓形式、非情节动词,包括表示存在语义的动词等。非情节动词的功能在于传达时间过程的长度,未完成性的特点有助于作者修饰所描述的事物。该类动词参与塑造说话人的性格特征。试比较下例:

И было в полночь видение в аду... Вслед за тем, откуда ни возьмись, у чугунной решетки вспыхнул **огонечек** и стал приближаться к веранде. Сидящие за столиками стали приподниматься и всматриваться и увидели, что вместе с огонечком **шествует** к ресторану белое привидение. Когда оно приблизилось к самому трельяжу, все как закостенели за столиками с кусками стерлядки на вилках и вытаращив глаза. (М. Булгаков «Мастер и Маргарита»)

作者在读者的意识中,在他们的心灵深处塑造了一个光怪陆离的虚幻世界:地狱里的幽灵在悄无声息地移动;黑暗处闪烁着一个小小的火星;白色幽灵在慢悠悠地晃动;就餐者不由得个个目瞪口呆,手拿叉子僵住了。

但是非现实世界时间范畴的形式依然要遵循现实世界的时间规律,因此在描写虚幻世界时说话人也使用将来时形式,而这种形式在描述非现实世界时极少使用。完成体将来时并不仅仅用来表示一次性动作,也可以表示重复的完成动作或者循环动作。正如学者们指出的那样,现在时与将来时彼此联系紧密,将来时可以表示现在进行的动作,这种动作在将来发展、完成。因此,В. В. Виноградов 和 Н. С. Поспелов 将其合并为"现在将来时"这一新形式。В. В. Виноградов 写道:"完成体将来时形式同现在时表示的将来动作并不矛盾,后者所表示的动作自现在时开始,延伸到过程完成的将来某一时刻,延续至动作的结果中,同时动作开始也可以用现在时。"①

如此,非现实文学作品世界便拥有了一系列变体:星世界、地狱世界、魔法世界、神话世界、虚幻世界。所列的各类世界都具有独特的塑造非现实文学世界的特征,这些也是每个作家所创设的主观世界和客观世界的一部分。所以现实世界可以塑造主观时间和客观时间,这两种时间是其不可分割的组成部分。时间在很大程度上是与现实世界相互关照的。文学作品现实时间很少通过作者情绪的变化、作者对其塑造的主人公在各种生活场景中古怪行为的设定之变化来加以印证、确认。现实世界的时间通常总是预期之内,按年表顺序排列的,因此现实时间形式更加多样。作者运用这种文学作品时间的余地更大,因为这种时间来自"健全的头脑",来自于作者个人的经验。美国学者 Джей У. Форрестер 将这种思维类型称为"直觉思维类型"。这种思维类型使人可以将时空中的因果关系联系在一起,因此,时间是有逻辑性的,是按先后顺序排列的。②

Джей У. Форрестер 将第二种思维类型称为"理性思维类型"。具备这种思维类型的学者经常不惮做出种种不合常规的惊人之举,在科学上他们锐意探求人类未知的领域,将人类的认识推

---

① В. В. Виноградов. Русский язык. М. – Л., 1947, с.574.

② Э. Араб-Оглы. Прок от будущего или вместо предисловия//Настоящее в будущем. М.:Прогресс,1984,с.17.

向前进。属于这类科学家的有哥白尼、伽利略、牛顿、罗蒙诺索夫、洛巴切夫斯基、门捷列夫、爱因斯坦、科罗廖夫等。具备理性思维的作家有 А. С. Пушкин、М. Ю. Лермонтов、Н. Гоголь、К. Бульчев 等,他们创作出了生动的非现实世界的图景。

文学作品非现实时间描述的是事件、经历出其不意变化的过程、转变、延伸或压缩为某一时刻的状况,这种时间常常取决于人物的意志或者命运、天数。因此,这种时间也带有某种象征性、程式化的特点。现实文学世界和非现实文学世界可以并行不悖,也可以交汇为某一时刻。两种臆造出来的世界都产生于创造者的头脑,在他的直观思维抑或理性思维的主导下,披上了形象的外衣,孕育着假定性的艺术。

本章小结

以上我们详细地探讨了俄罗斯语言学界关于语篇特别是文学语篇中时间类型的情况,介绍了时间计量基点的概念,分析了文学作品现实时间范畴的意义。语篇时间范畴的特征是时间范畴被视为语篇范畴,通过该范畴可以将语篇内容同时间轴加以对比:现实的历史性前瞻或前瞻的折射。这是一个具有场域性质的矢量范畴,计量基点在描述该范畴时起重要作用。在表达语篇时间范畴的语言手段中可以划分出词汇手段、词法手段和句法手段。语篇时间范畴还同语篇空间范畴密切相关,二者组成整合范畴——时空体(хронотоп),同时语篇时间范畴还与主体性范畴(人)一起构成整合范畴——语篇定位范畴。时间范畴中现实时间与非现实时间的划分具有重大的理论意义,它使得对时间范畴的研究清晰而富有条理,确保语篇层层递进,丝丝入扣,具有强大的理论阐释力。语篇中时空范畴是语篇语言学中的重要范畴,这对范畴对于从内部组织解构语篇、剖析语篇深层的运行机制具有重要意义,需要我们进一步细心梳理,深入研究。

第四章　小说语篇空间范畴

空间范畴一直是人类不断探索的领域。对人类来说,空间既可能是客观的,也可能是主观的。"空间"这一概念是多义的。很早在哲学里就确定了这一术语。当时对这一范畴存有几种不同的理解。在确定"空间"这一概念时常常引用 Ньютон 和 Лейбниц 对其所下的定义。

第一节　语言学外其他学科对空间范畴的理解

Ньютон 提出了物理世界图景的概念。在《自然哲学的数学原理》一书中他提出了基于空储物间的绝对运动的概念:绝对时间和绝对空间。在描述星球运动规律时,Ньютон 确定了宇宙引力理论。Ньютон 将天体第一推动力归结为上帝,认为时间和空间范畴是独立的、空洞的现象,彼此并无联系。

Г. В. Лейбниц 认为物质是由无数单子组成的,这些单子被更高级的单子(绝对、上帝)所支配,而高级单子保证了运动和发展的世界的和谐。Г. В. Лейбниц 认识世界的理论首先是理性、智力,而不是感觉。正如感觉论者 Дж. Локк 所证明的那样,对于 Г. В. Лейбниц 来说,空间是一种相对的、取决位于其间的物体的,并由这些物体间秩序所确定的现象。①

现代哲学是这样描述空间特征的：自然结构的每一层级都是由某些物体构成的，这些物体具有这样或那样的宽度，它们的总和称为空间。由于具有宽度（线性特征、范围特征、异质特征），这些物体彼此是按某种顺序排列的。这种相互关系，就如"左—右"、"上—下"、"高—低"等，因此，被称为空间性相互关系。空间就是表示物质客体并存。

第二节　语言学领域空间范畴研究

俄罗斯社会科学院词典《Словарь русского языка》中对空间范畴的阐释如下：

①无限的维度（在所有方向、测量尺度方面）；
②可以容纳的地点；
③大片的地球表面。②

О. Н. Селиверстова 还从语言学角度界定了"空间"的概念。她认为："语言中所说的'空间'可以解释为物体所在的位置或者指物体的动作或事件。"③ Е. С. Кубрякова 从认知角度来描述"空间"，她认为在观察现象时，应考虑到"机械反应"，在处理问题时应注意同人的智力、想象力、直觉、文化因素有关的"语言心理反应"。有学者认为："在规模上最大，对于感知、理解世界和一切人类活动最重要，对人类最为关键的是像空间一样的整体性，即能容

---

① В. Н. Топоров. Пространство и текст // Текст: семантика и структура. М., 1983, с. 228.

② Словарь русского языка. М.: Прогресс, 1959. Т. 3, с. 709.

③ О. Н. Селиверстова. Контрастивная синтаксическая семантика / Опыт описания. М.: Наука, 1990, с. 10.

纳人类的地方。人所认识的周围世界,即人类目力所及的东西。空间是所有物质所在的环境,是一切现象发生之所。"①

E. C. Кубрякова 注意到人与其所在的背景是相互对应、相互依存的关系,二者不可分割。即在空间中,一系列物体作为空间要素进入空间中,这些物体具有某些物理属性:轮廓、体积或大小、颜色、形状等等。② 空间中的物体都有明确的位置,这些位置就是物体所占据的空间部分,并且只为它们拥有和使用。比如地点:平面、表面、点(地图上)、印迹(比如,他在我生活中占据很大位置)、处所(大厅中的位置)等等。但她同时也承认:"推论并不来源于所推导的物体,而是来自物体所引发的感觉印象。"③实际上她强调的是空间不仅仅指现实的物理空间,同时也应包括人们内在的心理空间。与此相类似,Т. В. Матвеева 也指出:"语篇空间是一种语篇范畴,是所有现实客体不可分割的属性,因此它的特征由本身不具有空间性质的客体(例如概念、思想等)来描述。"④她认为语篇空间语义的二重性表现在,一方面它同列入总体空间世界图景的现实世界片段的反映相联系;另一方面语篇是在具有空间特征的、作为物质客体的虚拟空间展开的。她的论述符合人们对空间的理解和认知事物的客观规律,反映了语篇空间的二重性,即语篇空间既是具体的,也是抽象的。前者体现的是具体的语篇空间,本书中特指文学作品空间,该空间是作者创作的产物,它是从美学角

---

① E. C. Кубрякова. Язык пространства и пространство языка: к постановке проблемы / Изв. РАН. Серия лит. и яз.,1997. Т. 56. №3., с. 26.

② E. C. Кубрякова. Язык пространства и пространство языка: к постановке проблемы / Изв. РАН. Серия лит. и яз.,1997. Т. 56. №3., с. 27.

③ E. C. Кубрякова. Язык пространства и пространство языка: к постановке проблемы / Изв. РАН. Серия лит. и яз.,1997. Т. 56. №3., с. 28.

④ Т. В. Матвеева. Текстовая категория // Стилистический энциклопедический словарь русского языка / Под ред. М. Н. Кожиной. М.: Флинта; Наука, 2003, с. 539.

度来反映现实物理空间特征的;后者则指的是诗学转换空间——它是从美学角度体现同物理空间概念普遍预设不相符合的空间,它是以非现实方式建构的心理空间。

E. C. Яковлева 注意到空间中物体的作用,赋予它们以特殊的意义。她指出:"俄语语言学中的空间图景并不针对任何一个具体的几何物理原型。空间并不是一个物体的简单贮藏所,而恰恰相反,空间是由物体组成的,在此意义上空间相对于物体而言是第二性的。"①

中国汉语学界对空间范畴的研究主要集中在三个方面:首先是空间关系和意义的各种形式构造的研究;其次是空间认知、隐喻研究;最后是空间文化研究。不过研究主要集中在句子层面,很少涉及语篇。

在文学语篇中,除了空间这一术语外,还可以划分出主人公的外在世界、内心世界和现实空间、非现实空间等术语。现实空间和非现实空间也构成了数量众多的世界类型。"客体"(объект)这一概念还区分为交际活动参与者(第一人称和第二人称),第一人称是主体,第二人称和第三人称是客体(对象)。在术语学中,客体泛指一切物质或研究对象,本书特指事件或者情景参与者。在分析文学语篇过程中还界定了观察者(наблюдатель)这一术语。观察者描述空间中的地位、观察者的"个体测量基点",这一基点与时空计量基点是重合的。时空计量基点通常具有矢量属性、方向性,原因在于观察者和说话人可以在空间移动。

---

① E. C. Яковлева. Фрагменты русской языковой картины мира: Пространство. Время. Восприятие. М.: Гнозис, 1994, с. 20-21.

第三节　文学作品空间范畴

鉴于语篇空间可能是现实世界的相似反映或现实世界的主观映射,有学者将其划分为客观性语篇空间和主观性语篇空间两大类,分别用来描述概念空间(逻辑抽象层面的客观空间的变体)和文学作品空间(主观空间的变体)。其中特别集中研究了文学作品空间。它是如何确定的呢? Н. А. Николина 认为:"这是语篇事件的空间结构,它同作品时间结构密不可分,是语篇空间形象体系。"①基于语篇被区分为外部的和内部的观点,Н. А. Николина 对空间作了清晰而广泛的解读。第一种观点视语篇为一定的空间结构,读者对其进行理解;第二种观点为内部视角,即将语篇本身作为带有自足性质的封闭的内部世界,对它的空间特征加以研究。

И. Р. Чернухина 将文学作品空间界定为作者创作的产物,它是在散文语篇或诗歌语篇中通过审美方式在语言上体现出来的物理层面和哲学层面的空间。② Н. А. Николина 指出现实空间的属性是:"延伸性,连续性,三维性;形式,位置,距离,不同体系间的界限,所有这些属性在语篇中都获得了表现。"③同时很显然这里讲的是作者的文学作品世界,它是根据作者的意图创作出来的。至于语篇空间的种类,除了上述客观性语篇空间和主观性语篇空间之外,А. Ф. Папина 还将其划分为现实文学作品空间和非现实文学作品空间,后者又可划分出星空间、地狱空间、魔幻和幻想空

---

① Е. И. Николина. Филологический анализ текста: Учеб. пособие для студ. высш. пед. учеб. Заведений. М.: Издательский центр «Академия», 2003, с. 145.

② И. Я. Чернухина. Общие особенности поэтического текста. Воронеж: Изд-во. ВГУ, 1987, с. 9.

③ Там же, 2003, с. 145.

间、冥国世界、神话作品空间等。①

И. Р. Чернухина 则从"抽象—具体"角度出发提供了另一种分类法。她将空间分为四类,分别是:

①具体的文学作品空间——作者创作的产物,从美学角度反映现实物理空间的特征;

②诗学转换空间——从美学角度体现同物理空间概念普遍预设不相符合的空间,它是以非现实方式建构的置换空间;

③总括性文学作品空间——从美学角度再现空间细节,它是抽象思想发展的起点;

④抽象文学作品空间——从美学角度反映从物理空间中归纳出来的概念,譬如更广阔空间中的延伸性、方向性、局部性等。②

语篇空间同语篇时间一样,都是基于不同范畴并处于彼此密切联系之中的,尽管对它们的解读存在一定的交叉现象,譬如 А. Ф. Папина 的非现实文学作品空间和 И. Р. Чернухина 的诗学转换空间。文学作品空间和文学作品时间紧密联系,反映了两种存在形式。为了表达它们之间的关系,М. М. Бахтин 引进了时空体的概念(хронотоп)。研究者将其视为形式—内容范畴来加以研究,这一概念对分析语篇体裁实质和人的形象都具有极为重要的意义。为厘清文学语篇时间和空间的相互联系,М. М. Бахтин 写道:"时间在这里(语篇中)被压缩而变得更加紧凑和清晰可见;而空间则集聚、深入到时间、情节、历史的运动中。时间的特质在空间中呈现,空间因时间而获得解读。"③对于时空体范畴而言重要的是计量基点,同语篇时间计量基点及主观性范畴本身一起构成

---

① А. Ф. Папина. Текст: его единицы и глобальные категории: Учебник для студентов-журналистов и филологов. М.: Едиториал УРСС, 2002, с. 223 – 265.

② Там же, 1987, с. 18.

③ М. М. Бахтин. Вопросы литературы и эстетики. М., 1975, с. 235.

了语篇的空间定位:«я — здесь — сейчас»(以人类为中心的语篇时空体起始点)或其他变体:«я — там — тогда», «он — там — тогда».①

3. Я. Тураева 则认为,文学作品空间是"美学现实理想世界的存在形式、情节存在形式,所描述现象的时空连续统,它区别于现实的时空连续统。这种时空形式只存在于文学语篇中,它并不是物质世界的组成部分。物质世界只存在于现实时间中,而作为现实形象模式,时空形式只在文学作品中被创作出来"②。因此,文学作品空间是现实形象模式,由说话人构建,是他选择的结果,这种形象模式还受作者某种意图制约,受作品体裁、所描述事件的时间、文学语篇的写作时间甚至作者情绪的制约。文学作品空间范畴同时间范畴一样,也分为两种类型:

①文学作品中的现实空间(реальное художественное пространство);

②文学作品中的非现实空间(ирреальное художественное пространство)。

现实文学作品空间非常合乎情理,但是带有某种臆造成分来描述存在着的(或曾经存在的)现实世界。如同时间范畴一样,研究者(И. Р. Гальперин, З. Я. Тураева)倾向于将空间范畴区分为:

①客观世界。此时说话人(或讲述人、"作者形象")以第三人称形式或者"非在场身份"来描述这一空间(非在场身份是 M. M. Бахтин 所用的术语);

②主观世界。由叙述人以第一人称形式描述,包括形象的空间测量。

---

① Т. В. Матвеева. Текстовая категория // Стилистический энциклопедический словарь русского языка / Под ред. М. Н. Кожиной. М.: Флинта: Наука, 2003, с. 540.

② З. Я. Тураева. Лингвистика текста. М.: Просвещение, 1986, с. 20.

非现实空间主要描述不存在的世界(只存在于作者想象中的世界):星世界、地狱世界、魔幻世界、幻想世界、冥国等,下面我们分别加以研究。

第四节　语篇空间范畴及其实现手段

语篇空间范畴与时间范畴紧密相连。其中既包括作为现实世界反映的客观空间,也包括其他类型的语篇空间:概念空间、心理空间和社会空间(它们不具备空间属性,仅具有空间特征)。此外还存在文学作品空间,它包含某些变体(叙事性小说时空体,神话诗学空间)。语篇内还涵盖现实空间,因为语篇是一种物质现象。空间体系的出发点是言语主体使用的某个点«здесь»(此地),它与时间基点«сейчас»(此时)结合在一起,形成语篇内基本时空体的起始点:«я — здесь — сейчас»。语言中方位场的基本单位是空间——空间指示手段,它包括:

①语义内涵盖客体某部分对整个客体的抽象关系的词汇,例如:внутренность(内部)、поверхность(表面)、верх(上面)、низ(下面)、сторона(方面);

②范畴词汇单位:место(地点)、пространство(空间);

③语义上同方位相连的其他词汇:находиться(位于)、широкий(广阔的)、далеко(遥远);表示空间意义的前置词:под(在……下面)、над(在……上面)、около(在……附近);地名学和地理术语。其中包括带有方位语义因子的词汇,特别是具体的实物词汇,带有方位联想意义的词汇:некоторые(某些);人名等。

空间范畴本身是多义的,其中包括各种语义场单位。因此,按表意性划分空间场通常包括:

①空间界限——界限,边界(试比较城郊),边缘,界线;

②有限空间——道路,公路,广场;
③空间中的状态——躺,坐,立;
④空间中状态的方位——左边,右边,附近,与……并排,距离较远;
⑤位置变化——下落,上升,起立;
⑥方向——向……外走;
⑦距离——长度,距离远,并排;
⑧空间位置——侧面,上面,下面,中心,右侧,左侧。

方位同时间一样分为静态和动态两类,动词语义对二者的区分具有重要意义。在表现静态空间画面时运用存在性动词和静态空间方位动词,而在表达动态方位时则运用位移动词。例如:

① Телевизор работает, часы спешат, за окном идёт дождь, волны плещут——存在性动词;

② Он болеет, дети растут, он курит трубку, по вечерам читает газету——静态动词;

③ Он бежит сломя голову, дети выходят на террасу——位移动词。

简单句中状态扩展词和具有相关语义的从句是表达空间确定性和空间联系性的语法性质的语言手段。在分析空间范畴时,В. В. Гак 和 О. В. Мякшева 认为通过各种语法手段实现空间概念具有重要意义,其中包括:述谓同前置词、副词空间指示词的组合;带地点从句的复句等。俄语中的方位场构成了一个复杂的系统。空间关系的形式特征是句法词汇单位,因为意义模式是由该模式本身的意义同其所占据的词素意义相互作用的结果。

现实世界中的空间关系是通过不同层级的语言手段——空间词汇、带有方位意义的独特词法形式和句法结构——折射到语言世界图景中的。文学语篇空间范畴要比时间范畴更加明确。事发现场的地理名称及对其的描述往往以非常现实的方式呈现于读者面前。但是具体的空间同具体时间一样都是相对的,事实内容信息首先是通过空间范畴获得的。个体在空间中是具体的,但在时间中却并非如此,即一个人可以在不同时间出现在同一个地点,但不可能在同一时间出现于不同空间中,因此时空存在非对称性。我们感官感知的三维空间可以是多维的,它会随着线性(或非线性)叙述的事件而被压缩或扩展,因此空间常常具有相对性,有时还会同一定的地点联系起来。

空间范畴将语篇同处于统一的时间层面的情景展开加以对比。现实时间是整体性的、连续不断的。同概念空间不同,文学作品空间几乎从来不是抽象的,它总是具有一定的框架或相对的中心指向物(这个中心或是全篇的主体,或是作品的主人公,而这一框架是由空间确定的)。文学作品空间是没有限制的。客观无限的空间是可见的,最小的客观空间可以扩展为辽阔的自然景观,任何空间都既可以是开放性的,也可以是封闭性的。

三种客观空间(点状空间、矢量空间、量化空间)中对文学作品而言最不具现实意义的是量化空间,即空间组成、规模、现象。这些属性是作为个别方位指数而在语篇片段中加以使用的。客观空间和文学作品空间的关键性概念——是主体(作者和人物)的视角。

如果作者所处地点同人物地点重合,那么会有以下四种情况:①作者的视角会转换为人物视角;②作者追随人物;③作者视角随描述场域中主体的运动而发生变化;④作者视角带有一般性特点("鸟瞰视角")。

语篇空间模式化有两种途径:"再现(描写)空间并指明所再现的空间,二者的结合就能构成语篇全景,这种全景是具体的。"[①]

[①] И. Я. Чернухина. Элементы организации художественного текста. Воронеж: Издво. ВГУ, 1984, с. 46–50.

语篇空间范畴可形成为某种物象性所划分的传统主题。文学作品总体空间也是具体的,因为它是描写性的,而非确定性的。空间存在可以成为文学形象的根据,例如,В. Астафьев 的短篇小说《Окно》:

Ничто не наводит на меня пространственную печаль, ничто не повергает в такое чувство беспомощности, как одиноко светящееся окно в покинутой деревушке, да и в скоплении современных домов. (В. Астафьев «Окно»)

除了具体性以外,文学作品空间还具有文学形象的特质或者成为整个语篇直接意义的表达手段。文学语篇空间表达手段随作品主题而变化。例如,在"城市"类短篇小说中地点称谓的是人类居住的地方:во дворе(院子里),сквозь двери(穿过房门),в квартире(室内),второй этаж(二楼),восьмая комната(八室),поднимался домом по лестнице(上楼回家),прислонившись к перилам(俯向楼梯)。相应地,在"乡村"类小说中空间语义词汇群也会发生变化。通过细节化处理,运用描述、加入叙述片段等手段使我们与描写对象(宏大的场面)更加接近。从一般平面转向宏大平面、从不确定的空间转向具体确定的空间会指明语篇内容结构片段的界线,推动主题展开。

如前所述,在文学作品中微型语篇常常并不明确指出事件发生的时间和地点。文学作品中事件时空参数往往带有独特性——它们仅存在于作者所构建的文学世界框架之内。然而,在文学作品世界内,读者在任何语篇片段中都能够清楚地指出所叙述事件的时间和地点。如果微型语篇内时空参数残缺,则可以通过语境加以补全。例如:

Лес молчал. Лишь **чуть-чуть золотые листья березы**, купаясь **в блесках солнца**. Притихли молодые дубки рядом с величавым исполином-дубом. **Бесшумно трепетали оставшиеся на** осине серебрянно-серенькие листья.

Выстрел!

Лес встрепенулся. Ответил недовольным, обиженным эхом. Казалось, береза, забравшаяся на границу дубняка и осинника, испугалась, вздрогнула. Дубы ахнули как богатыри. Осина, что рядом, **торопливо посыпала листьями**. (Г. Троепольский «Выстрел в лесу»)

该语篇发生的时间并未直接指明,仅给出事发地点——树林:白桦、白杨树、橡树。然而语篇时间可以通过相应的谓语动词、形容词(名词、副词)定语而轻易地得以复原。情节显然发生在秋天——金色的晚秋,以下词语指明了时间:золотые листья березы (金色的白桦树叶),оставшиеся на осине(白杨树的枯叶),торопливо посыпала листьями(骤然落满了树叶);时间可能已近黄昏:в блесках солнца, притихли, бесшумно трепетали, чуть-чуть。从而得出结论:森林要进入冬眠期;树叶脱落,枪声打破了森林的寂静。通过动词词形变化表达的时间范畴具有关系性质,即表达动作发生时间同言语时刻之间的关系。相反,时间状语和地点状语(здесь, там, теперь 等类型的代词性副词除外)具有称名性质,用来指称所述事件的时间或地点,即动作发生时的客观时间和地点。

从语篇结构的观点来看,区分时间和地点的独立语义片段和组合语义状语极为重要。独立语义片段无需依赖前语篇,它具有绝对意义,可用来指称事件发生的准确日期或确切地点。组合语义状语具有关系意义,它可用来指代有关计量基点的时间或地点(即时间计量基点和空间计量基点),不然无法理解所述信息之间的关系。

一、文学作品中的现实空间范畴

客观地描述某种空间片段的物质世界常常表现为地球现实图景。此时,空间可能是面向各个方向的开放视域。对此 Е. С. Яковлева 指出:"这可能是向任意方向延伸的维度。人的目光可以穿越该空间,可以对它进行全景式扫描。"①开放空间描述的一般是草原、海洋、山脉等。这一空间具有如下特征:

(1)线性位移(линейное перемещение)

这类空间往往同旅途中人的形象结合在一起,我们将这种空间移动称为线性位移。这可以是前后运动、上下运动,也可以是左右运动。

(2)开放类线性空间范畴(категория открытого линейного пространства)

开放类线性空间范畴的语法形成手段通常为方向动词或地点指示动词。应当指出,俄语中此类动词超过 400 个,它们也被称为方位动词,例如 идти、бежать、лететь、плыть、мчаться、находиться、быть 等。

在形成空间关系的过程中起重要作用的是地点副词或表示动作方向的副词,比如:здесь、там、вверху、внизу、вперед、назад 等。这些词在派生前置词时常常变形,例如:идет впереди(向前走)——副词;впереди отряда(在队伍前面)——二次能产性前置词。然而这些词是来自副词的二次前置词,它们保留了空间指向的意义,许多一次前置词也承担这样的作用。它们标志着指向概念的运动,比如 поехать в Москву;空间内的反向位移:ехать из Москвы;沿着物体表面的运动:со стола;朝向表面的运动:на

---

① Е. С. Яковлева. Фрагменты русской языковой картины мира: Пространство. Время. Восприятие. М.: Гнозис, 1994, с.26.

стол；物体之间的运动：между кустами；表示方位：находиться в лесу；等等。

(3) 开放空间中主体和概念的运动

公开空间进行线性位移的主体和客体自由地与方位动词组合在一起，形成各种联合形式，形成了动词的多义性、转义。例如：

И с этими словами Прекрасный царь обезьян подпрыгнул, уселся на облако и в одно мгновение очутился по ту сторону водного пространство. (У Чэнэнь «Путешествие на запад»)

(说着，美猴王急纵筋斗云，霎时间过了二百里水面。)

从上例可以看出，同一个方位动词可以与完全不同的客体组合：具体的，抽象的，同世界联系在一起的（内心世界和外在世界），同自然世界、动物世界、物质世界相连的，等等。

每一个动词在指明空间位移的同时，还指出运动强烈程度。例如：идет, летит, мчится, скачет, плывет, катится, тащится, бредет 等。试比较：

«А, товарищи! не куды пошло! » — сказали все, остановились на миг, подняли свои нагайки, свистнули — и татарские их кони, отделившись от земли, распластавшись в воздухе, как змеи, перелетели через пропасть и бултыхнули прямо в Днестр. В тени елизаветинских боскетов...

И козаки, прилегши несколько к коням, пропали в траве. Уже и черных шапок нельзя было видеть; одна только быстрая молния сжимаемой травы показывала бег их. (Н. Гоголь «Тарас Бульба»)

(哥萨克人在马群不远处卧倒，消失在草丛中。已经看不见黑色的帽子，只有被压倒的草叶、骤起的闪电表明他们正在奔跑。)

物体在空间的线性运动常常是"前后运动"，这种运动同时间范畴联系在一起。在描述这种运动时作者要考虑时间顺序。在语篇中按顺序叙述所遇到的物体，无论其跑动着还是游动着，这些物体根据位移速度迅速或缓慢地出现在观察者或作品主人公的视野中，而且随着向前运动的进行而不断为其他物体所代替。我们通过 М. Булгаков 的小说《Мастер и Маргарита》中主人公 Рюхин 乘坐卡车旅行的描写来说明这种线性运动：

  Через несколько минут грузовик уносил Рюхина в Москву. Вот и лес отвалился, остался где-то сзади, и река ушла куда-то в сторону, навстречу грузовику сыпалась разная разность: какие-то заборы с караульными будками и штабеля дров, высоченные столбы и какие-то мачты, а на мачтах нанизанные катушки, груды щебня, земля, исполосованная каналами, — словом, чувствовалось, что вот-вот она, Москва, тут же, вон за поворотом, и сейчас навалится и охватит. (М. Булгаков «Мастер и Маргарита»）

  （几分钟后，卡车载着留欣驶向莫斯科。树林朝身后飞去，河水往旁边闪让，各种各样的事物纷纷向卡车扑面而来：带岗亭的围墙和劈柴垛、高高的柱子和塔架、串在塔架上的线圈、成堆的碎石、沟渠纵横的土地……总之，你感到莫斯科就在眼前了，它就在转弯处那边，马上就会扑过来，将你一把揽入怀中。）

  运动动词 уносить 指明前进方向：уносил в Москву（驶向莫斯科），强调主人公所遇到的物体变幻迅速：лес отвалился, остался где-то сзади, река ушла куда-то в сторону; 在空间指示词 навстречу 之后是一系列带不定标志 какие-то 的概念，因为 Рюхин 坐在卡车上根本来不及细看这些事物。运动动词在语篇中同线性标志相连，例如：сзади, впереди, навстречу, мимо, в сторону 等。不确定范畴的手段，例如：где-то, куда-то, какие-то 等，这类手段的运用强化了飞速运动时物体一闪而过的印象。作者是在动态中展现快速运动,因此作家选用的所有动词都是情节动词,这些动词可以将时空范畴的重要属性整合为一种修辞格——时空体(хронотоп)。根据 М. М. Бахтин 的界定,时空体是"在文学中被艺术地加以掌握的时间和空间的本质性的相互联系"。

И. С. Тургенев 的短篇小说《Льгов》中的主人公泛舟旅行,因此作者强调运动的缓慢速度,进入说话人视域的客体(这是线性主观远景)同水域相连,泾渭分明,因此作者进行了详细的描述:

Мы **плыли** довольно **медленно**. **Старик** с трудом **выдёргивал** из вязкой тины свой длинный **шест**, весь перепутанный зелёными **нитями подводных трав**; сплошные, **круглые листья болотных лилий** тоже **мешал ходу** нашей лодки. (И. Тургенев «Льгов»)

运动的慢速度不要求使用不定范畴词汇,作者使用的非情节动词对描述而言极具表现力,内涵丰富:плыли,выдергивал,мешали 等。它们表示老人动作的整个过程或多次性。慢速度描写的线性空间常常用来描述骑马奔驰,路况差、恶劣的天气、疲惫的马匹常常是令人不悦的——所有这一切使 А. Чехов 作品主人公的心情极坏,时间在流逝,而道路却一直不见尽头······

为了传达自己的人物在旅途中遭受的痛苦,А. П. Чехов 使用表示长时间未完成动作的非情节动词,在这些句子中每句都使用同一动词。例如:

...**ехали** на вскрытие (судебный следователь и доктор). **Ехали** они осенью по просёлочной дороге. Темнота была страшная, лил неистовый дождь. (А. Чехов «Вечное движение»)

为了强调无边的黑暗,作者排除了任何一种道路方向的参照物和一切光源的出现:

Ни луны, ни звезд... Ни контуров, ни силуэтов, ни одной маломальски светлой точки... Все утонуло в сплошном, непроницаемом мраке. Глядишь, глядишь и ничего не видишь, точно тебе **глаза выкололи**... Дождь **жарит** как из ведра... Грязь страшная... По проселочной дороге **плетется** пара почтовых. (А. Чехов «Темной ночью»)

上文中"глаза выкололи"、"жарит как из ведра"都起到烘托黑暗气氛的作用,加强伸手不见五指的漆黑感觉。"плетется"是强调时间长度的动词,以此动作的持续长度使这种词汇手段得以具体化。

不仅如此,А. Чехов 也善于营造从山顶乘雪橇疾驰而下所引起的喜悦氛围。此时作者选择大量雪橇运动的动词和体现空气流动、风速的动词。雪橇在雪地上滑行如此迅疾,以至其上的乘客无暇观看途中的景物:

Санки летят, как пуля. Рассекаемый воздух бьет в лицо, ревет, свистит в ушах, рвет, щиплет от злости, хочет сорвать с плеч голову... Окружающие, предметы сливаются в одну длинную, стремительно бегущую полосу. (А. Чехов «Шуточка»)

通过选择方位动词,使用它们的直义和转义,它们的同义词、"迂说法"或其他种类的重复可以同具体和抽象事物的称谓结合,用来描述各种空间线性运动。使用不定范畴词汇指称道路两旁的事物,无论乘坐雪橇者发现抑或未发现物体的剪影,此时都起重要作用。语言大师们运用这些词汇和一系列其他手段有助于对读者产生深刻的影响,引起他们产生快速运动或缓慢运动的感觉。

除了线性远景,还存在其他类型远景。作家和诗人借助于这些远景可以建构各种空间结构。这些结构通常分为水平空间结构和垂直空间结构。一般认为,描绘时间序列是诗人的领域,而空间则是画家的天下。但是诗人看到的是画家在二维空间创作的图景,而画家看到的是诗人在三维空间建构的图景。如果观察者既是画家同时又是诗人的话,比如 М. Лермонтов,那么他的画作就带有诗人的气质,而带有诗意的风景才是真正的艺术精品。М. Лермонтов 常常将视为艺术空间三位一体重要组成部分的"人—时间—空间"引入自己的作品中。

Тот, кому случалось, как мне, бродить по горам пустынным, и долго-долго всматриваться в их причудливые образы, и жадно глотать животворящий воздух, разлитый в их ущельях, тот, конечно, поймет мое желание передать, рассказать, нарисовать эти волшебные картины. (М. Лермонтов «Герой нашего времени»)

在小说中 М. Лермонтов 这样描述对高加索自然风景的感受:如果有谁像"我"这样,曾经游荡于人迹罕至的大山之中,久久观赏它们万般离奇的景色,贪婪地吞吸着弥漫于大山之中的、使人精神振作的清新空气,他自然就会体谅到"我"想转达、叙说、描绘这些奇异画面的愿望。在讲述高加索美妙图画的同时,М. Лермонтов 也意识到要描绘远处山脊的远景,描绘鲜花盛开的山谷的全景。作家用一双诗人和画家的眼睛,以优美的语言、生花的妙笔勾勒出了绵延群山的壮丽景色。在群山静穆的观照中,山中飞跃的生命构成了艺术的二元。因此在描写文学语篇横向空间和纵向空间时,我们要经常借鉴 М. Лермонтов 等经典作家的著作,从中体味文学语篇中的空间变幻。我们研究一下文学空间的几种远景。

横向空间关系:на горизонте(地平线上),вдали — вблизи(由远及近),рядом(并排),здесь(此地)。假定有两种描述文学空间的基本方法:显性方法和隐性方法,两种方法分别适用于描述公开空间和封闭空间,而无论是哪种描述方法,即无论是描述横向水平空间抑或是立体同心圆空间,空间中心是叙述者。中心还可能是人的交际环境(房子、窗户、寺庙等),用第三人称描述会显得比较客观。例如:

Тяжелые холодные тучи лежали **на вершинах окрестных**

гор: лишь изредка умиравший ветер шумел **вершинами тополей, окружающих ресторацию**: у **окон** ее толпился **народ**. (М. Лермонтов «Герой нашего времени»)

在这一话语片段中可以分三个层面,三个空间远景同心圆:

① 第一个圆将所有空间限制到水平面上,它用词语«вершины окрестных гор»(附近山峰)来表示;

② 第二个圆借助于指向杨树的指示词接近所描述的对象,接近圆心;

③ 第三个圆表示圆心,那里有人和叙述者:у окон ресторации。

公开空间的这种远景是水平的、圆形的,观察角度从四面向圆心变窄、聚拢。

我们举一个描述环形远景的例子,风景大师 И. Тургенев 在自己的作品中描绘了从四方向圆心变窄的图景:

Дубовые кусты разрослись **по скатам оврага**; около родника зеленеет короткая бархатная травка: солнечные лучи почти никогда не касаются его (родника) **холодной, серебристой влаги**.

① 包括所有可见空间的最大的第一个圆:по скатам оврага;

② 距圆心很近,用前置词«около»表示的空间——第二个圆;

③ 冰凉的、泛着银色水光的泉水是叙述者视线所关注的中心——第三个圆。

第二类环形远景的特点是观察者对自然图景的观察角度由圆心逐渐向上过渡到封闭圆周。此时,观察者和叙述者首先确定圆心,然后将视角扩展到圆周,例如:

И кресты — и далекие окна

И вершины зубчатого леса

Все дышит размером

Весны.（А. Бл.）

А. Блок 用图示法描绘的春天景色是艺术空间——第二种类型的环形远景：

① 圆心——十字架，即教堂——19 世纪任何一幅俄罗斯风景画的最高点。

② 第二个圆——远方的窗户，即教堂，周围是台阶、广场，民居相距较远。

③ 第三个圆——环绕城市图景的一切——锯齿状森林的顶部。

空间符号间的距离：十字架—窗户—锯齿状森林的顶部可能都是有所指的。诗人借助于破折号使读者感受到景物这个距离间的空气，这个破折号在话语中将句子的同等成分分开（用来指称客体）。

И. Тургенев 描绘的风景特写画是类似的环形远景：

① 圆心—— ключ этот биет;

② 第二个圆—— из расселины берега;

③ 第三个圆—— превратившийся в небольшой, но глубокий овраг.

因而，在构成主观空间或客观空间的第二种环形远景中，景物逐次分布在距离圆心由近及远的位置上，圆心是观察者或者说话人（叙述者）。

二、客观交叉远景和主观交叉远景

语言大师所运用的交叉远景（перекрестная перспектива）包括叙述中指明世界的所有方面或某一方面的指示语，指明地理参数或几何参数的指示语：на севере（在北方）——на юге（在南方）——на востоке（在东方）——на западе（在西方），направо（向右）——налево（向左），впереди（在前面）——сзади（在后面），с одной стороны（一方面）——с другой（另一方面），за ним（在他后面）——передо мной（在我前面），等等。我们比较一下 М. Ю. Лермонтов 的作品：

Налево чернело глубокое ущелье; **за ним и впереди нас** темно-синие вершины гор, изрытые морщинами, покрытые слоями снега, рисовались на бледном небосклоне, еще сохранявшем последний отблеск зари. (М. Лермонтов «Герой нашего времени»)

（左边深邃的峡谷里黑魆魆的；峡谷的对面和我们的前方，千沟万壑纵横交错，常年积雪层层覆盖着的深蓝色山巅，呈现在苍白的穹窿上，上面尚留有最后一抹晚霞的反光）。

这里 Налево 和 за ним и впереди нас 是标明地理参数的指示语。我们再来看一下 А. Чехов 的作品：

Направо от огорода, тихо пошептывая и изредка вздрагивая от невзначай налетавшего ветра, темнела ольховая роща, **налево** тянулось необозримое поле. **Там**, где глаз не мог отличить в потёмках поле от неба, ярко мерцал огонёк. (А. Чехов «Агафья»)

世界的方位可能是作者在叙述中提到的地方或者为固有的地理名称所代替。

М. Лермонтов 在这段叙述中将交叉远景同循环时间结合在一起。为了描述自然界的美景，诗人运用了计时艺术手法，选择基点的最高处，从北望可见群山；运用随昼夜时间变化的色调来描绘耸立的连绵山脉，其最高峰为 Казбек（卡兹别克山），它还是交叉远景的指向标，标志着对交叉远景极目远眺的结束。

计时交叉远景将时空熔为一炉，然而语言大师们还可以通过在描述该风景和交叉远景时加入其他成分的方法使描述的画面复杂化。我们来观察一下 М. Лермонтов 的作品：

Поздно вечером, т. е. часов в одиннадцать, **я пошел гулять по липовой аллее** бульвара. **Город** спал, только в некоторых окнах мелькали огни. **С тех сторон** чернели **гребни утесов**, отрасли Машука, на вершине которого лежало зловещее облачко, **месяц** подымался **на востоке**; вдали серебряной бахромой сверкали снеговые горы.（М. Лермонтов «Герой нашего времени»）

该篇作品中的交叉远景通过下列指示标表示：三个方向即北方、南方和西方，而远景呈现在东方，这样就标记了世界的所有四个方向。

环形远景由圆心向四周（外围界限）扩展：

① 第一圈：я пошел гулять по липовой аллее（我来到林荫道上的椴树下散步）；

② 第二圈：город, в некоторых окнах（城市，几家窗户闪烁着灯火）；

③ 第三圈：гребни утесов, отрасли Машука（玛舒克山的巅峰之上）；

④ 第四圈：вдали серебряной бахромой сверкали снеговые горы（雪山像白银制作的流苏一样，在远处闪闪发光）。

循环时间通过一系列手段来加以标注：指出时间——"大约十一点光景"，从说话人角度对这一时间进行界定——"黄昏已深"；对高加索地区来说，十一点意味着晚间，因为那里晚得早，作者通过指明东方明月高升来强调夜晚时刻，其中月亮也是循环词语。

我们将远景分为三类：交叉远景、环形空间远景（круговая пространственная перспектива）和循环远景（цикличная перспектива）。在 М. Лермонтов 的作品中它们构成了一幅统一的、具有鲜明表现力的画卷：漆黑的偶尔闪烁着火光的夜空、徐徐升起的明月、被辉映着刺眼雪光的山峰环绕的城市。同叙述人一起置身于这座暗示着有某种不同寻常的事件发生的城里，读者深深地体味到一种惶遽、不安的心绪。一团不祥的乌云笼罩在 Машука 山的巅峰之上。

必须指出，М. Лермонтов 基于交叉远景形式的空间描述方法也用在他早期的作品中，17 岁时他创造了被其称为"莫斯科全景法"的激情描写法。他将自己的观察视点选在伊万雷帝钟楼的最上层，从那里可以俯瞰莫斯科全城的景色。我们来考察一下缩写本的 М. Ю. Лермонтов 的作品。

Какое блаженство разом обнять душою всю суетную жизнь, все мелкие заботы человечества, смотреть на мир — с высоты！

На север перед нами, в самом отдалении, на краю синего небосклона, немного правее Нетровского замка, чернеет романическая Марьина роща, и перед нею лежит слой пестрых кровель...

Ближе к центру города здания принимают вид более стройный, более европейский; проглядывают богатые колоннады, широкие дворы, обнесенные чугунными решетками, бесчисленные главы церквей, шпицы колоколен с ржавыми крестами и пестрыми раскрашенным карнизами.

Еще ближе, на широкой площади, возвышается Петровский театр, произведение новейшего искусства...

На восток картина еще богаче и разнообразнее: за самой стеной... немного левее этой башни являются бесчисленные куполы церкви Василия Блаженного...

Вправо от Василия Блаженного, под крутым скатом, течет мелкая, широкая, грязная Москва-река, изнемогающая под множеством тяжких судов...

На левом берегу реки, глядясь в ее гладкие воды, белеет воспитательный дом...

Далее, к востоку, на трех холмах... пестреют широкие массы домов всех возможных величин и цветов...

К югу, под горой, у самой подошвы стены кремлевской, против Тайницких ворот, протекает река, и за нею широкая долина... простирается до самой Поклонной горы, откуда Наполеон кинул первый взгляд на гибельный для него Кремль...

На западе, за длинной башней... возвышаются арки Каменного моста... Далее моста, **по правую сторону реки**, отделяются на небосклоне зубчатые силуэты Алексеевского монастыря... **по левую**... блещут верхи Донского монастыря. А там, **за ним**, одеты голубым туманом, восходящим от студёных воли реки, начинаются Воробьевы горы...

В центре — Кремль, который, окружаясь зубчатыми стенами, красуясь золотыми главами соборов, возлежит на высокой горе, как державный венец на челе грозного владыки.

年轻的骠骑兵团士官生 М. Ю. Лермонтов 眺望莫斯科城全貌。他在那个特定时间点去俯瞰全城，并在自己的叙述中对观察方向作了标注：

① 从各个方向：на север, на восток, к югу, на западе, в центре 观察 Кремль。

② 梦幻般描绘了 Кремль 的宏伟图景。М. Лермонтов 将交叉远景同全景描述结合起来对城市景物进行叙述，整个过程是遵循由上至下的顺序次第展开的。全城的景色如同一幅生动的画卷，М. Лермонтов 作品中每个扇形艺术空间都是基于现实进行描述的，他划分出教堂、修道院等最重要的建筑，展现了 Воробьевы，

莫斯科河等景物。М. Лермонтов 运用带有"现场报道"意义的动词刻画了莫斯科的生动画面。许多动词形式还是可以表示活灵活现特点的现在时,从色彩上对景物进行了描述:чернеет Марьина роща, белеет воспитательный дом, блещут верхи Донского монастыря, пестреют широкие массы домов。显然,М. Лермонтов 对莫斯科城所作的全景式描述并不是地图式的(地毯搜索式的),而是一幅宏大的静态写生画,因而具有"现场报道"意义的动词创设了读者同作者同时在场的效果。他们一同出现在作者用天才般的如花妙笔描绘出来的现实主义的、浮雕式的莫斯科生动的画面中。

因此,交叉远景同其他类型远景和全景一样,作为一种描绘手段,可以帮助语言大师对客体进行标记、排列、配置它们(客体)在开放空间和封闭空间的位置,划分它们的中心,确定前景、次级景观和背景,判断观察者和说话人在所描述的世界画面中的位置等。交叉远景特点是水平的,它同全景式描述相结合,达到了作者对客体进行标记的效果和观察视点的垂直指向作用,即从上至下或由远及近。

三、扇形远景

在描述水平或交叉远景时作者基于自己的创作意图,给予特殊关注的不是一切空间,而仅仅是部分空间。他有意选取事件发生的某个片段、扇面以及说话人或空间观察者所见的场面,我们将这种方式描绘的远景称为扇形远景(секторная перспектива)。下面我们在文学语篇中考察它的结构:

Случилось мне быть у этого самого Савки в один из хороших майских вечера... **Лежа, я не мог видеть** реки. **Я видел только** верхушки лозняка; теснившегося **на этом берегу**, да извилистый, словно обгрызенный, край противоположного берега. Далеко за берегом, на темном бугре... жались друг к другу избы деревни, где жил мой Савка. За бугром догорала вечерняя заря. (А. Чехов «Агафья»)

作者通过特意划分出一个空间扇面作用于读者的头脑来证明:«Лежа, я не мог видеть реки. Я видел только...» (躺着我无法看见河流,我只看见……)

作者列举讲述人所见的一切都是非常现实的,可以很容易获得解释,甚至可以推测到他是躺在被茂密的柳树丛遮蔽的低矮的河岸边,但他也看到了一片高高的河岸,如同上面遍布着房屋的山丘。

М. Ю. Лермонтов 如此准确地划分出所描述的空间扇面的地理位置,同时辅以大段有关客体位置和距离的叙述:

Верстах в трех от Кисловодска, в ущелье, где протекает Подкумок, есть **скала**, называемая «**Кольцом**»; это **ворота**, образованные природой; они подымаются на высоком холме, и **заходящее солнце сквозь них бросает на мир свой последний, пламенный взор**. (М. Лермонтов «Герой нашего времени»)

这个复杂句法整体描述了叙述人视野所及的空间片段,这个片段有准确的地理指向标志物,这对于了解高加索的读者来说尤为重要: Верстах в трех от Кисловодска, в ущелье, где протекает Подкумок (距离基斯洛沃茨克三俄里的地方,在波德库莫克河流经的一座峡谷里)。作者似乎将所描述的扇面纳入更广阔的空间,令读者产生了一种绝对完整空间的错觉:有一处称作"戒指"的山岩,这是大自然形成的一道门户,两扇大门耸立在高高的山峦上。这里是上面群峰耸峙、下面河水湍急的峡谷。作者将读者的注意力引向环形峭壁,引向对说话人来说至关重要的扇面,但完整的错觉并未消失。读者感觉到自己置身于空间的中心,而这部分被光线所照亮。然而读者看到的不仅是眼前的空间和环形峭壁,他还感到在他视野之外的背后的开放空间,这从《заходящее солнце сквозь них бросает на мир свой последний, пламенный взор》(西沉的太阳,透过两扇庞大门板的间隙,把自己最后一线火热的目光撒向人间)一句话中可以明显地感受出来。

因此,扇形描写法不是为狭窄、紧缩的空间所独有,而是从整个图景中撷取意义更加深远的重大视景。

四、封闭水平空间——交叉空间或立体空间的描写

Е. С. Кубрякова 给出了封闭空间(也包括开放空间)的更具普遍意义的定义。她写道:"空间——这是万物存在的环境,事情发生之地,其间遍布客体和人的空明之境。空间——是具有范围和维度属性的客观现实。"①

描述过程中的封闭水平空间(замкнутое горизонтальное пространство)是从所描述客体内部的白描(概述)展开的: дом(屋子), театр(剧院), бальный зал(舞厅), прохожая(过道), комната(房间), мужицкая изба(农舍), сакля(山民所住的平房)等。任何封闭空间都有中心,观察者或作品主人公常处于其中,一般从中心观察周遭境况,周围是人们和"物质世界"。在中心,即上面以及桌子上或下面,可能是光源的位置,构成每个封闭空间"物质世界"的客体服从于作者的意图,他们的行为活动、心理状态均受作者意图支配。作者将自己的主人公置于不同的环境中,置于千奇百怪的境遇中。

А. С. Пушкин 的诗体小说《Евгений Онегин》中的主人公——Евгений Онегин 准备在自己办公室举行舞会:

Все **украшало кабинет**, Философа в осьмнадцать лет. Ян-

---

① Е. С. Кубрякова. // Е. С. Кубрякова, В. З. Демьянков, Ю. Г. Панкрац. Краткий словарь когнитивный терминов. М., 1997, с. 26.

тарь на трубках Цареграда, Фарфор и бронза **на столе**. И, чувств изнеженных отрада. Духи в граненом хрустале; Гребенки, пилочки стальные. Прямые ножницы, кривые, И щетки тридцати родов. И для ногтей, и для зубов. (А. Пушкин «Евгений Онегин»)

对 Онегин 办公室内豪华陈设的详尽罗列和铺陈构成了一定的系统:这些物件或位于桌上,或环绕其间,在这里桌子就起到了空间中心的作用。所有描述都带有静态特征:作家仅使用了一个静态动词«украшало»,运用了辐射全篇的"详细铺陈"的手法,对封闭空间中家居物件的详细描述常常表现为句子主要成分和次要成分的平行排列或一系列称名结构。在描述舞场时,А. С. Пушкин 将关注的焦点集中在舞者身上,因此对舞会的描述是动态的。舞会中心是一对对舞者,是人群。作家借助拟声动词传达他们的动作、活动,常常不仅描述其动作,还模拟其声音,如军人的击掌声、马刺撞击发出的铿锵声,马祖尔人跳舞时的声音尤其响亮。我们发现,А. С. Пушкин 描述动态事件时,不光使用动词还使用动名词:

Вошел (Евгений). Полна народу **зала**; Музыка уж **греметь устала**; **Толпа мазуркой занята**; Кругом и шум и теснота; **Бренчат кавалергарда шпоры**; Летают ножки милых дам. (А. Пушкин «Евгений Онегин»)

在描述 Онегин 所在的剧院时,А. С. Пушкин 使用隐喻(转喻)和换喻传递剧院中临近人群的动作:партер(池座),кресла(圈椅),ложи(包厢)等:

Театр уж полон; Ложи блещут; Партер и кресла, все кипит; В райке нетерпеливо плещут, И, взвившись, занавес шумит. (А. Пушкин «Евгений Онегин»)

所有在场者的注意力都集中在舞池中(舞台上),因此舞池就成为这一系列封闭空间的中心。

在散文语言中，М. Ю. Лермонтов 对封闭空间的描述更加全面。例如，在《Герой нашего времени》中对山民平房内部空间是这样描述的：

> Сакля была прилеплена одним боком к скале; три скользкие мокрые ступени вели к ее двери... Тут открылась картина довольно занимательная: широкая сакля, которой крыша опиралась на два закопченные столба, **была полна народа. Посередине трещал огонек**, разложенный на земле, и **дым... расстилался** вокруг такой густой пеленою, что я долго не мог осмотреться; у **огня сидели** две **старухи**, множество детей и один худощавый грузин. (М. Лермонтов《Герой нашего времени》)

平房的中心是光源和热源——地上生的火，火堆周围是平房中的人们。在这里栖身的是流浪的军官 Максим Максимыч。房子里住的是两个老太太、许多孩子和一个瘦骨嶙峋的格鲁吉亚人。小说并未交代室内任何一件家具，因为火光很弱，而且里面浓烟笼罩。房子正中央的地上，一小堆火正噼噼啪啪作响。从房顶窟窿里灌进来的风，把正朝外冒的烟又顶了回来，在四周结成了浓重的烟幕，使人久久看不清周围的东西。描写石屋室内空间的手法是静态描写，用的是表示动作、过程的动词，包括非完结动词和非情节动词：крыша опиралась, огонек трещал, дым расстилался, старухи сидели 等。情节并未结束，事件仍在继续展开。但是语言大师对石屋内部陈设的描述运用的是电影拍摄的写实手法，那一刻平房内所有的客体和人似乎都被定格在一帧独特的画面上。

И. С. Тургенев 的短篇小说《Бирюк》中讲述者眼中守林人小屋的室内空间描写就是这种带有某种动态成分的静态描写：

> **Изба лесника** состояла **из одной комнаты**, закоптелой, низкой и пустой, без полатей и перегородок. Изорванный **тулуп**

висел на стене, на лавке лежало одноствольное ружье, в углу валялась груда трянок; два больших **горшка** стояли возле печи. **Лучина горела на столе**, печально вспыхивая и погасая. На самой середине избы **висела** люлька, привязанная к концу длинного шеста. Девочка погасила фонарь, присела на крошечную скамейку и начала правой рукой качать люльку, левой поправлять лучину. (И. Тургенев «Бирюк»).

进入小屋的人的视线第一下就落在了室内陈设的一切：тулуп висел на стене, на лавке лежало одноствольное ружье, в углу — груда тряпок, у печи — два горшка. 只是稍后观察者才更加仔细地注视小屋的中心，并且详细地进行了描述：лучина на столе, возле — висящая люлька и девочка рядом с ней. 室内所有空间都布满了证明守林人贫困状况的器物并激发了讲述人的某种反应：сердце во мне заныло, не весело войти ночью в мужицкую хату. 作者在对小屋空间进行描述时运用了主观环形远景。

上文描述的画面是静态的，因为动词 состояла, висел, валялась, стояли, горела, висела 等属于未完成体非情节动词。只是姑娘的动作是情节丰富的、完成性的。试图在系统中展示内部空间的努力促使 А. П. Чехов 运用类似舞台指示（情景说明）的手法来描述空间，表达物体在舞台上的位置。因此 А. П. Чехов 使用称名句，句中的完全动词嵌入省略结构中。例如：

Передняя. В углу ломберный столик. На столике лист серой казенной бумаги, чернильница с пером и песочница. Из угла в угол шагает швейцар, алчущий и жаждущий. (Лист);

Купе первого класса. На диване, обитом малиновым бархатом, полулежит хорошенькая дамочка. (А. Чехов «Загадочная натура»)

此时作者引入的是扇形远景。А. П. Чехов 旨在创造封闭内部空间的物体形象，为此他使用了动词形式——"现场报道"。这种形式也经常用于情景说明中，表示主人公在某一部分封闭空间中的活动。试比较 А. П. Чехов 带有环形远景的语篇：

Стол, освещаемый висящей лампой, пестрит цифрами, ореховой скорлупой, бумажками и стеклышками... **Посреди стола** белеет блюдечко с пятью копеечными монетами. Возле блюдечка недоеденное яблоко, ножницы и тарелка, в которую приказано класть ореховую скорлупу. (А. Чехов «Детвора»)

Столик, стол, освещаемый висящей лампой —— А. П. Чехов 作品中室内空间的中心。作者用即时现在时形式或省略时（完全没有动词这样一种方式）来表达所描述的静态效果：Возле блюдечка недоеденное яблоко.

А. П. Чехов 较他的前辈作家，如 А. С. Пушкин 等，更多地运用其他艺术手法，但是他的同时代作家发现在如何更加精炼、简约和富于表现力地创作自己作品这一点上同 А. П. Чехов 不谋而合。Л. Н. Толстой 指出，"А. П. Чехов 是散文作家中的 А. С. Пушкин"，"我认为，А. П. Чехов 真诚地、天才地创造出了对全世界来说都是全新的描写形式，类似的手法我在其他作家的作品中从未见到"。К. С. Станиславский 认为："他（А. П. Чехов）如同 А. С. Пушкин 一样写得简约、朴素，如同 И. С. Тургенев 一样写得富有诗意和柔情，如同 Л. Н. Толстой 一样写得严肃而真实，不管怎么说，他的写作带有明显的、独一无二的 Чехов 式的风格。"

这样，描写封闭空间的体系就唱响了"黄金时代"挽歌，这一体系也成为 20 世纪作家、散文家和诗人写作的风向标：封闭空间可能是主观的，也可能是客观的。在环形远景、交叉远景、扇形远景体系中，描写带有空间中心和光源标志的封闭空间，使用无动词句结构：称名句和省略句。

五、垂直指向空间:上—自上而下—下

垂直指向空间(вертикальная ориентированность пространства)常常是对自然现象进行的全景式描述。在进行全景描述时观察者的视角往往置于观察对象的上方,观察一般从鸟类飞翔的高度或高山的顶峰、桥的顶端开始。试比较 М. Ю. Лермонтов 对科伊沙乌尔谷地所作的全景式描述:

И точно, такую **панораму** вряд ли где еще удастся мне видеть: **под нами** лежала Койшаурская долина, пересекаемая Арагвой и другой речкой, как двумя серебряными нитями; голубоватый туман скользил по ней... (М. Лермонтов «Герой нашего времени»)

空间全景呈现的标志是用强化副词或带前置词的名词来表达指向物,例如:под нами, внизу, вдали 等。所指的客体位于下方,人皆可一目了然,因为同观察者处于同一水平面上。例如:

Холм, на котором я находился, спускался вдруг почти отвесным обрывом... и прямо **подо мною**, в углу, образованном тем обрывом и равниной, возле реки, которая в этом месте стояла неподвижным, темным зеркалом, **под самой кручью холма** горели и дымились друг подле дружки **два огонька**. Вокруг них копошились люди, колебались тени... (И. Тургенев «Бежин луг»)

继 Ю. М. Лотман 之后 Е. С. Яковлева 也注意到,在空间关系中远眺视角同从上方俯瞰是同义的(或相反的),这说明文学作品空间同任何其他模式化系统一样是具有一定结构的。[①] 因此,从

[①] Е. С. Яковлева. Фрагменты русской языковой картины мира: Пространство. Время. Восприятие. М.: Гнозис, 1994, с. 18.

上面或从远处观察到的两种空间,我们都将之视为全景式描写。从远处观察空间时观察基点向后移了,从远处展现在观察者面前的广阔全景中,距离他的观测位置由近及远地分布着各种观察对象:

  Когда очнулся Тарас Бульба от удара и глянул на Днестр, уже козаки были на челнах и гребли веслами; пули сыпались на них сверху, но не доставали. И вспыхнули радостные очи у старого атамана.

  Немалая река Днестр, и много на ней заводьев, речных густых камышей, отмелей и глубокодонных мест; блестит речное зеркало, оглашенное звонким ячаньем лебедей, и гордый гоголь быстро несется по нем, и много куликов, краснозобых курухтанов и всяких иных птиц в тростниках и на прибрежьях. Козаки живо плыли на узких двухрульных челнах, дружно гребли веслами, осторожно минули отмели, всполашивая подымавшихся птиц, и говорили про своего атамана. (Н. Гоголь «Тарас Бульба»)

  在 Н. Гоголь 的小说《Тарас Бульба》中 Тарас Бульба 垂死时极其痛苦,他从昏眩中清醒过来,望见了 Днестр,继而给出对 Днестр 的描写,作者是这样通过所谓的"鸟瞰"视角来描述的:"Днестр 这条不小的河流,在它上面有很多河湾,有很多茂密的芦苇,有很多浅滩和深洼;河的镜面熠熠闪光,它充盈着天鹅清脆的哀鸣,骄傲的鹊鸦在它上面飞速地游去,在芦丛中,河滩上有很多只鹬(很多红嗉子的流苏鹬)和各种各样的其他鸟类。哥萨克们迅捷地驾着狭窄的双舵船,一面齐心协力地划着桨,小心地避开浅滩,惊起一群群展翅的水鸟,一面谈论着自居的联队长。"从河湾到河上的芦苇、浅滩,随后是各类水鸟,最后描写人,视距不断延伸,在我们面前展现了一幅宏大的画面。这一描写显然是由某个无个性的视点出发进行的,这一视点的特点是具有非常广阔的视野。在这种类型的文学语篇中可以使用特别的句法手段和图示手段:在所列举事物的同等成分前的总括性语词后使用冒号、分号等。例如上文«Немалая река Днестр, и много на ней заводьев, речных густых камышей, отмелей и глубокодонных мест; и гордый гоголь быстро несется по нем, и много куликов, краснозобых курухтанов и всяких иных птиц в тростниках и на прибрежьях»这句话中 Немалая река Днестр 是总括性词语,它统领着后面所列的各种事物。

这样,作者可以利用各种投影描写客观现实空间和主观空间。说话人同主人公一起从不同观测角度观测这一空间,因此使用各种远景的所有形式化手段,经过这种手段处理过的文学描写就能创造出多维性和立体化的效果,令读者产生亲临事发现场的感受。说话人、观察者可以非常容易地实现空间的移转换位:他(作者)在作品中通过运用这一手段,就可以将所描述的某一片段置于其文学语篇所选取的开放或封闭空间的遍布客体的整体画面之中。

第五节　主观概念空间

一、现实空间范畴

说话人的概念世界同他关于某一情景的感觉、形象的观念是联系在一起的,而这一世界同客观现实世界并不总是等值的,而且这一现实世界常常服务于所要描写的对象本身。М. М. Бахтин 将这种世界观称为"美学客体"。与不取决于叙述者情绪而通常采用第三人称形式的客观描述不同,主观形象常常与叙述者状态、内心世界、生活状态、转瞬即逝的情绪进行对比。

对文学作品空间进行主观描写的转化标志是在叙述中加入第一人称的人称代词(人称代词的数和格形式不限),以及物主代词 мой,наш 等。例如:Синело **предо мной** пространство.（М. Лермонтов）

所描绘画面给人的主观印象的特点通常是展现说话人的知识储备。说话人在短篇小说中因自身受教育程度、生活方式的制约而只能使用某些词语,比如高雅词语、书面的诗歌词语、教会斯拉夫语,也可以用古典作品中的语言、大量的评价性词语、隐喻等。然而在叙述人描述自然画面时,他的话语可以使用俚俗词语、名言警句。М. Ю. Лермонтов 有意将自己作品中属于不同社交圈的三个叙述人对立起来,作者将他们的叙述统一于小说《Герой нашего времени》中。我们试引用 Печорин 的日记中有关描述开放空间的语句,其中综合运用了交叉远景描写和全景描写:

Вид с трех сторон у меня чудесный. На запад пятиглавый Бешту синеет, как «последняя туча рассеянной бури»; на север поднимается Машук, как мохнатая персидская шапка, и закрывает всю эту часть небосклона; на восток смотреть веселее: **внизу передо мною** пестреет чистенький, новенький городок, шумят целебные ключи, шумит разноязычная толпа, — а там, дальше, амфитеатром громоздятся горы все синее и туманнее, а на краю горизонта тянется серебряная цепь снеговых вершин, начинаясь Казбеком и оканчиваясь двуглавым Эльбрусом...
（М. Лермонтов《Герой нашего времени》）

这是描述开放景色的一页日记,为我们展现了一幅借助于与全景形象结合在一起的交叉远景。М. Ю. Лермонтов 并不担心人们对其感伤主义的指责,因为日记是写给自己看的。他大量使用转喻,包括修饰语、比喻等。通过带有异域风情的比喻«мохнатая персидская шапка»（活像一顶毛茸茸的波斯帽）表现出了东方人的语言特色。文中所引用的 A. C. Пушкин 的诗句和评价语则充分说明了 Печорин 的博学多闻、学识出众。

主要叙述人——旅行的军官(这一人物显然与"作者形象"重合)。作者在对他的描述中普遍使用了欧洲有教养阶层的人士所特有的词汇——转喻。例如:

Я смотрел в окно, ... а дальше синелись зубчатой стеною горы, из-за них выглядывал Казбек в своей кардинальской шапке.

第三个叙述人——Максим Максимыч 是一名上尉,一位久经沙场的勇士,除非必要,否则他极少描述自然景色。他像军人一般准确地概括地形地貌特征。在叙述中他使用在他们军人圈子中人们所特有的语言,例如 бытовизмы(日常生活描写),диалектные средства(方言手段)等。例如,在小说《Бела》中借 Максим Максимыч 之口,我们可以看到对要塞的全景描述:

Крепость **наша** стояла на высоком месте, и **вид был с вала прекрасный**: с одной стороны широкая поляна, изрытая несколькими **балками** (оврагами — примеч. Лермонтова), оканчивалась лесом. (М. Лермонтов «Герой нашего времени»)

转述 Максим Максимыч 的话时,М. Ю. Лермонтов 不得不加入注释,因为«балка»一词显然不为知识界所熟悉,只有高加索人才能够听得懂。

在叙述对所描述的画面的主观关系时,讲述人常常加入感官、感情式评价语:все эти снеги горели румяным блеском так весело, так ярко, что, кажется, тут бы и остаться жить навеки, я с ними мысленно прощался: мне стало их жалко, 等等。

此时所有三个共相:人—时间—空间和谐统一,互为佐证。夏季的美丽山景对人及其内心产生特殊的影响:«тут бы остаться жить навеки»,自然美景使人心旷神怡:«Я не помню утра более голубого и свежего!»因此，И. А. Зайцева 指出："自然对人的生理产生的影响是一种客观的现实，人的意识反映这种影响，但是每一个这样的时刻的反应都不知是由风景的客观性质引起的，还是因为个体心情的主观特征所致。"①

因此，文学语篇中的空间就呈现为现实空间。这种现实空间，按照作者的构思，可以是客观空间，即以第三人称任意远景、全景及其组合来加以描述。现实空间也可以是主观空间，即说话人以第一人称形式来构建主人公的外在世界情感图景及周围环境，然后转入其内心世界的塑造——互现手法。作者也可按自己的愿望回顾过去，让思想驰骋、翱翔于城市与乡村，沉浸于自己的所爱之中——超现手法。

二、非现实空间范畴

语篇中的两个文学作品空间可能呈现为两个彼此对立的世界：上面讲了现实世界，而非现实世界的特征是破坏了时空范畴的基本属性。作者可以将现实空间和非现实空间（ирреальное пространство）运用于同一部作品中，但作者可能在不同作品中有意将两种空间对立起来，使这两者服从于作者的创作意图和作品的体裁。

现实世界和非现实世界中分布在其空间内的主体和客体不同；同时间范畴的相互关系各异；空间内的地理指向物和几何指向物不同，或现实空间内上述两种指向标志的意义变化不同。现实世界的特点是稳定，事件按习惯节奏和逻辑发生。作者构建的非现实世界在描述非现实现象，描绘的所有画面诡异离奇，令人匪夷所思，空间的所有客体都具有不稳定性。所描述的非现实空间可

---

① И. А. Зайцева. Особенности художественного психологизма в романе. М. Ю. Лермонтова «Герой нашего времени» // НДВШ ФН. 1982. №2., с. 57 – 58.

能是宇宙(星际)空间、地狱空间、魔幻空间、幻想空间、神话空间、冥国世界,这些世界的时间前文已经叙述过,这里不再赘述。

(一)星际空间和地狱空间

"星的"这一术语来源于(源自)拉丁文——astralis。这个词的希腊语词根是"星星"之意。инфернальный 译自拉丁语(infernalis),意为"地狱的"。两种宇宙空间彼此对立,都属于地外空间,内部分布着地外客体。

吴承恩在自己的作品中描述了这两个世界和两个空间,并将二者同地球图景联系起来。他这样概括自己所描述的世界:

> И увидел Царь обезьян во сне, что к нему приблизились два духа с бумагой в руках... Подняв голову и оглядевшись, он увидел на стене железную вывеску: Преисподняя... Освободившись от веревок, Сунь Укун, широко шагая, направился в крепость, размахивая своим посохом.
>
> Когда он вошел во дворец, его глазам представилась картина, о которой поистине можно было сказать: кто посещал впервые мир небесный, тот попадал и во дворец чудесный. Где радуга на стенах трепетала, и алые лучи свои сплетала. Где сотни струй эфирных в сочетанье, отбрасывали алое сиянье. (У Чэнэнь «Путешествие на запад»)

在这里作者描述了冥国地府阴森恐怖的场景,而稍后又为读者呈现了天宫神奇壮丽、奢华富贵之象。两相对比,更加鲜明地反衬出天地之别。而处于天宫与冥府之间的空间便是人类世界。星际空间是大气层和漂浮其间的云团。巍峨的宫殿,它们悬浮于蒸腾的云雾之上,毗邻"蓝色的天空"。在"无法涉足的遥远之地",在天堂里,灵魂获得了永久的安息,生命得以无限延续,这里是上帝居住之所。

吴承恩描写的"蓝色太空"人烟稠密。太空居民同人类相似,他们具备人的情感而又超越人类的智力、体力。因而,他们凌驾于整个世间万物之上,掌控着宇宙的运行与走势。"天宫"极尽富丽堂皇。人是不可能出现在"星世界"中的。只有具备了像 Царь обезьян(猴王)这样法力的神灵才有机会登上"蓝色太空"、"凌霄宝殿",见识长着金色翅膀的天王、神将。

Ф. М. Достоевский 在长篇小说《Братья Карамазовы》中描述了地狱世界的类似特点。同 Иван Карамазов 交谈的鬼公开向他承认:

Ведь я страдаю от фантастического, а потому и люблю ваш земной реализм. **Тут у вас все очерчено, тут формула, тут геометрия, а у нас все какие-то неопределенные уравнения.**(Ф. Достоевский《Братья Карамазовы》)

诗歌语言中的非现实世界同一定的颜色变化紧密相连。描述星世界这一空间及其客体一般要借助三种基本颜色:蓝色(包括浅蓝、蔚蓝、碧绿)、黄色(包括金色、橙黄色、棕红色)、红色(包括紫红、紫色、鲜红)。例如,М. Ю. Лермонтов 描绘了"蓝色太空"、"眼前的空间泛着青光"、"蔚蓝的高空"、"金色的维也纳人"、天使的"金色翅膀",蓝色、蔚蓝色、浅蓝色、金黄色构成星世界象征系统,这些象征空间带有高远、伟大、深邃的意义。19 世纪末这一象征意义在 В. Соловьев,А. Блок,М. Цветаева 和其他象征派诗人的作品中得到承认。А. Белый 的早期诗集命名为《Золото в лазури》(《蔚蓝色的金子》):

> Все тот же раскинулся свод
> Над нами лазурно-безмирный,
> И тот же на сердце растет
> Восторг одиночества пирный.(А. Бел.)

星际空间的客体 А. Блок 并未选择金色,而是除了使用蔚蓝色、蓝色以外,还选取了红色及其相近色调:

① Небо открылся клочок

　В этой бездонной лазури.

② Купол стремится в **лазурную высь**.

　Синие окна **румянцем** зажглись.

③ Над рощей— **красный** диск луны.

④ Погасло небо осеннее

　И **розовый** небосклон.

　　这样,文学作品中的星世界、宏观世界就闪耀着神话的色彩,永恒、无边、寂静、寒冷、荒芜。只有在超空间中,在"神圣的仙境",在创世主之所才会有"永恒的幸福"、"欢乐"。

　　地狱世界则无边无际、深不可测、恐怖、黑暗、凄凉、悲伤,是充满恶和黑暗的空间,充满着地狱之声、电闪雷鸣、风声、雨声,那是恶魔之域。

(二)魔幻空间与想象空间

　　除了星世界和地狱世界之外,俄罗斯作家和诗人创作的文学作品还塑造了其他的非现实空间。魔幻空间和想象空间通常与现实相连,因此在描述此类空间时作者塑造了情境的符号对象(所指习惯的自然图景)。然而在魔幻想象空间中它们获得了某种新的、臆造出来的、可以引起各种变化的属性。В. Н. Телия 引用 Э. Касирер 的话写道:"人不仅生活在宇宙中,他还生活在象征的世界里。语言、神话、艺术、宗教是这个宇宙的一部分,它们的性质各异,共同构建了象征之网络和人类经验的特殊系统。"①

　　这种人类经验的复杂系统在人的遗传记忆中保留了语言多神教的痕迹,保留了人类屈服于自然、恶魔力量,保留了对神灵顶礼膜拜的痕迹,记录了人及周围环境的剧变,对超自然力量的笃信。

---

① В. Н. Телия. Коннотативный аспект семантики номинативных единиц. М.: Наука, 1986, с. 105.

所有这些都促成了具有独特时空属性的象征神话空间、魔幻宇宙空间的形成。基本的魔幻和想象空间包括:

(1) 房屋、树林、水、天体、光线,它们状态、外观变化过程中所发生的急遽转化。例如,我们在读 Н. В. Гоголь 的《Майская ночь》时,作者最先描述了这种空间:

Величественно и мрачно чернел кленовый лес, стоящий лицом к месяцу... Какие-то странное, упоительное сияние примешалось к блеску мусяца... С изумлением глядел он (Левко) в неподвижные воды пруда: старинный господский дом, опрокинувшись вниз, виден был в нем чисто и в каком-то ясном величин. **Вместо мрачных ставней глядел веселые стеклянные окна и двери.** Сквозь чистые стекла мелькала позолота. (Н. Гоголь «Майская ночь»)

(月光下的槭树林黑黝黝一片,雄浑而又阴郁。似乎有一种奇怪的醉人的光芒和月色融在一起,是列夫柯过去从未见过的。他惊讶地注视着静止不动的池水。地主老爷的古旧宅舍倒映在水面,清晰可见,而且透着某种雄伟气魄。本来是昏暗的护窗板,却变成了悦目的玻璃窗门。透过洁净的玻璃,闪烁着镀金的光芒。)

(2) 有可能开放空间之某个客体迅速消失,或出现无法为当时情境解释的新客体。例如在 М. Булгаков 的《Мастер и Маргарита》中我们看到了这样的画面:

Тут он (Пилат) оглянулся, окинул взором видимый ему мир и удивился происшедшей перемене. Пропал отягощенный розами куст, пропали кипарисы, окаймляющие верхнюю террасу, и гранатовое дерево, и белая статуя в зелени, да и сама зелень. **Поплыла** вместо этого всего какая-то багровая гуща, в ней **закачались водоросли** и двинулись куда-то. (М. Булгаков «Мастер и Маргарита»)

（3）在魔幻、幻想类作品中指出了空间界限急速扩展、膨胀或压缩、聚拢，封闭空间客体完全被替换的可能性。例如在«Мастер и Маргарита»中的魔幻舞会的舞台上，莫斯科市一所有三个房间的住宅经历了一系列神奇的变化：出现了游泳池、热带雨林、无数柱廊、巨大的台阶。Коровьев 认为这是再简单不过的了。舞会结束之后，房间马上恢复到了住宅空间最初的样子：

Колонны распались, угасли огни, все съёжилось, не стало никаких фонтанов, тюльпанов и камелий. А просто было, что было.

К. Бульчев 在幻想作品«Шум за стеной»中将莫斯科市一栋住宅变为大海，将封闭空间的界限无限扩大化。此时，住宅变化是没有理据的：

Он пошел первым к двери в комнату, из-за которой доносился шум... распахнул дверь, и шум сразу усилился, и оттуда, из-за двери, пахнуло свежим тёплым воздухом, влагой и запахом морской соли.

Никакой комнаты за дверью не было. Был берег моря, опускающийся полого навстречу мягким волнам прибоя, было закатное алое небо и солнце, окруженное фиолетовыми с оранжевыми краями облаками, были какие-то высокие деревья вдали, где берег изгибался дугой, и полоса песка вдоль воды казалась почти белой. (К. Бульчев «Шум за стеной»)

这样，封闭空间就转换为开放空间。

（4）幻想魔幻空间中还可能出现人物突然重新配置的情况，人物可能出人意料地出现在国家或世界的某一角落。他在经历时空跨越时可能完全处于另类测量基点之中。К. Бульчев 小说的主人公将俄罗斯的国界完全打乱：

И тогда спальня завертелась вокруг стены, и он, теряя сознание, подумал: 《Я умираю》. Но он не умер. Открыв слегка глаза, он увидел себя сидящим на чем-то каменном. Вокруг него что-то шумело. Когда он открыл, как следует, глаза, он увидел, что шумит море, ... волна покачивается у самых его ног, и что, короче говоря, он сидит на самом конце мола, и что под ним голубое сверкающее море, а сзади — красивый город на горах.（К. Бульчев 《Ялта》）

作品中所描述的主人公被重新配置到空间的任一角落是幻想类作品的典型特征。

著名的现实主义作家、俄罗斯黄金时代的代表人物之一 И. С. Тургенев 在 19 世纪 60 年代创作了几部作品,将自己的读者带入幻想的非现实世界。批评家猛烈地抨击了 И. С. Тургенев 的小说《Призраки》、《Довольно》等,他们奚落作家才思枯竭、江郎才尽。对此作家本人是这样解释这一现象的:"大雾场景,我的处境沉重、黑暗。"但是,显然创作这些小说并未证明作家创作技巧的高超复杂,而只能说明作者想象力丰富,一方面 И. С. Тургенев 继承了 М. Н. Загоскин, Н. А. Полевой, М. П. Погодин, В. Ф. Одоевский, А. С. Пушкин, Н. В. Гоголь 等作家开创的浪漫主义小说的俄罗斯悲剧传统;另一方面他也为 19 世纪末俄罗斯文学全新流派——现代派的出现奠定了基础。例如,象征主义流派中的象征主义、神秘主义后来演化为一个完整系统。

在幻想小说《Призраки》中 И. С. Тургенев 构建的非现实空间同现实空间交织在一起。因为两个世界的中心分别是两个人物:用第一人称叙述的讲述人——我;Эллис——以妇女形象出现的幽灵。幽灵从宇宙中飞来,因此,小说中的地球与宇宙相连,宇宙在 И. С. Тургенев 笔下变为"太空领域"的星空。叙述者(讲述人)居住在现实世界:住在有仆人和狗的屋子里,屋子建在树林中,主人公在那打猎。地球在白天是现实的,而到了晚上,按小说中的说法,他发现在树林周围有奇怪的幽灵。在那他遇到了Эллис。主人公同Эллис一起在地球上飞行,幻想空间是作者在线性远景中展示出来的。在几分钟之内可以到达全球(世界)任一地方,几天之内他就游遍了俄罗斯、意大利、法国、德国。他可以穿越古今,例如他看见了恺撒、Степан Разин 和 18 世纪装腔作势的阔太太,还有戴着假发、涂脂抹粉的男舞伴。在一次飞行时,他看到了作品中描写的不寻常的、可怕的事:摇摆不定的、腐臭的、可怕的一群人,即主人公看见了宇宙中死神赖以藏身的地方。主人公的飞行、移动都被作者描述为线性远景,有时会在地球上空停留。此时 И. С. Тургенев 运用了线性远景。

(5)从空中描述静态中的城市是全景式的描述:

Я взглянул **вниз**. Мы уже опять успели подняться на довольно значительную вышину. Мы пролетали над неизвестным мне **уездным городом**, расположенном на скате широкого холма. Церкви высились среди темной массы деревянных крыш, фруктовых садов, длинный мост чернел на изгибе реки. (И. Тургенев «Призраки»)

① 全景描绘了讲述人飞行中自上而下俯视的树林:

Чудно было **видеть** лес **сверху**, его щетинистую спину, освещенную луной. Он казался каким-то огромным, заснувшим зверем и сопровождал нас широким, непрерывным шорохом, похожим на невнятное ворчанье. (там же)

② 飞行,即方向为向前运动的线性远景可能为带某种强度进行描述,例如,作家可以表现飞速运动:

Темная равнина, кое-где пересеченная беловатыми чертами дорог, **быстро бежала под нами**, и только **назади**, на небосклоне, как зарево огромного пожара, било кверху широкое отражение бесчисленных огней мировой столицы. (там же)

可能为跨越时空的飞行，远距离、长时间，似乎被"压缩"为某一刻，某一瞬间：

— Ну, куда-нибудь, куда можно, только подальше.

— Закрой глаза и не дыши, — сказала Эллис, — и мы помчались с быстротой вихря...

— Теперь можешь открыть глаза, — сказала Эллис. (там же)

飞机和宇宙飞船直到20世纪才得以问世，而И. Тургенев在此篇小说中准确测定飞行开始的时刻，如同飞机起飞一样，飞行本身及主人公有能力迅速在空间移位，抵达某一地点，从高处进行观察。

作者借助想象力能够展示宇宙空间中的几级飞行。如近地飞行，此时人们像是苍蝇一样，但可以分辨出来。在这级飞行中讲述者可以观察到彼得堡和县城的全景。主人公的飞行可能达到鹤飞行的高度：

— Это запоздалые журавли летят к вам, на север, — сказала Эллис, — хочешь к ним присоединишься?

— Да, да, подними меня к ним.

Мы взвились и в один миг очутились рядом с пролетавшей старицей. (там же)

高度非常高，以致大地似乎变成了遥远的地图。讲述人和Эллис一起飞到宇宙空间（高度），此时地球变成了一幅模糊的、难辨景物和色彩的图画。作家虽未飞上过天空（因为飞机在他去世后才发明出来，而宇宙飞船只是在20世纪才出现），但他全凭想象力、非凡的创造力预言了20世纪人们才能实现飞行。

描述非现实世界、魔幻世界的作家引进了异常的、梦幻的人物，这些人物或位于地球上，或位于宇宙空间。作者给予了它们新的称名：普通名词和专有名词。例如：Черномор — А. С. Пушкин, Эллис — И. С. Тургенев, Аэлита — А. Толстой, Воланд — Булгаков 的幻想主人公等等。Кир Бульчев 的假想主人公常常是银河系不同星球的居民，它们有的与人类似——护卫队长——女主人公，星球上住着奇怪的生物，入侵的阿姆里亚克人等。这些人物出现在 Кир Бульчев 的一部最新力作《Агент КФ》中。

(6)幻想作品主人公具有跨越封闭空间界限、穿越固态物体、使环境坚固的惊人能力。

① 穿越墙壁，我们读 М. Булгаков 的作品：

— Абадонна, — негромко позвал Воланд, и тут из стены появилась фигура какого-то худого человека в тёмных очках. (М. Булкаков «Мастер и Маргарита»)

② 穿越镜子：

И привидение, пройдя в отверстие трельяжа, беспрепятственно вступило на веранду;

Тут Степа повернулся от аппарата и в зеркале, помещавшемся в передней... отчетливо увидел какого-то странного субъекта — длинного, как жердь, и в пенсне;

Степа в тревоге поглубже заглянул в переднюю, и вторично его качнуло, ибо в зеркале прошел здоровенный черный кот и также пропал;

Прямо из зеркала трюмо вышел маленький, но необыкновенно широкоплечий, человек в котелке на голове. (М. Булгаков «Мастер и Маргарита»)

这里 Степа 从仪器中拐入置于前室的镜子中，他清晰地看到了一个奇异之物——一个细高的，戴着夹鼻眼镜的人。Степа 惊恐地跑入前室，又一次摇晃使他看见镜中跑过一只健壮的黑猫，随即又消失了。从镜子中走出一个矮小，但肩膀非常宽的人，头上顶着一个饭盒。

19 世纪和 20 世纪伟大作家精心创作的宇宙空间(星际世界、地狱世界、魔幻幻想空间)及其人物就是这样的。必须指出,创作(描述)非现实空间的作者有意选择一定的词汇和语法手段来描绘:

(1)奇异世界及发生在该世界的事件。通常,此类事件的特点是转换迅速,因此,谓语动词的修饰作用是阶段性的,它可以指明事件开始或结束的时间,标志行动(动作)阶段的此类动词常常带有下列前缀:воз-, раз-, про-, по-, из-, 等等。

(2)与习惯的顺序不同,不定范畴手段还在描述非现实世界方面承担重要功能,表达事件过程的不可预知性。

(3)此类文学语篇中另一重要的词汇－语法现象是记录偏离规范的形容词和副词。①

(4)因此,возникли, появился, съёжился, распался, исчезли, пропали, не стало 等类型的完成体动词(最后动作及其结果)就成为梦想魔幻空间的标志、象征。这种空间还因下列原因形成:

① 评价性形容词和副词:нелепый, жутких размеров, странный, неожиданный, невиданный, необыкновенно, удивительно, великолепно, тотчас, в мгновение, в тот же миг 等。

② 不定代词和不定副词:как-то, что-то, кто-то, какой-то, никакой, откуда-то, куда-то, где-то 等。正因为使用这类符号而为描述这样的空间创造了条件:不寻常的、与现实生活条件迥异的事件,发生了光怪陆离的、最不可思议的变化。空间易位、消失,重新配置空间中的主体、客体(指事件参与者)及情境(空间)。

---

① Н. Д. Арутюнова. Язык и мир человека. 2-е изд. М.: Языки русской культуры, 1999, с.821.

（三）冥国世界

与魔幻世界、幻想世界近似的是一种特殊的文学作品空间。Кэрролл Льюис 称之为"冥国世界"（зазеркалье）。А. Ахматова 使用"反物质世界"这一术语，它与现实世界是并行的关系。这一空间充满了奇异的生物、奇怪的声音、影子、过着阴暗生活的幽灵，有时是过着现实生活的人，他们恐吓现实世界的人们，使其感到恐惧。这两个世界的界限是黑暗的窗户、玻璃、镜子、烟、雾、树林等。我们可以仔细端详魔术三棱镜的边缘，从中可以窥测到过去。幽灵可以自己向窗内偷窥，并在墙上或玻璃上显出影像来。譬如：

Лицо его, отражающееся в зеркале, было слегка огорченным. Видимо, ему очень не нравилась идея с установкой в гостинице этого сантехнического чуда.

Не оборачиваясь, я кивнул вампиру. То, что кровососы не отражаются в зеркалах, — это такая же ложь, как и полная непереносимость солнечного света и страх перед чесноком, серебром, осиной. Напротив, в зеркалах они отражаются, даже когда отводят человеку глаза. (С. Лукьяненко «Последний дозор»)

俄罗斯科幻作家 С. Лукьяненко 的代表作《Последний дозор》为我们展现了典型的冥国世界，其中的奇异生物就是吸血鬼，他的影像映现于镜子里。镜子构成了现实世界同冥国世界（小说中称为黄昏界）的界限标志。吸血鬼游走于现实与虚幻之间。

Ю. М. Лотман 描述了非现实世界界限的作用："空间的最重要的拓扑特征是界限。界限将所有语篇空间分为两个互不交叉的次空间。界限的基本属性是不可交叉性。界限如何切分语篇是语篇的重要特征之一……而将空间划分为两部分的界限是无法穿透的。每个次空间的内部结构各不相同。"①

两种反物质世界界限的作用在我们描述时间范畴时已展示出来。因为界限、"障碍"在划分世界的同时，也划分了时空。时间界限交叉也就意味着空间界限交叉。正如 Нортон Андрэ 在《Зеркало Мерлина》一书中写道：Затем окно — во время или пространство — исчезло（然后通向时间或空间的窗户消失了）。

然而界限也许不能划分时间，而只能划分空间，界限还可以划分两个世界中的人，异常的、奇怪的、无法识别的生物。其中人（抒情主人公、"作者形象"）能够感受到恐惧。某个幽灵，"他"和女主人公被界限隔开（界限可以是墙、阁楼的窗户），但是伴随着敲门声、水花迸溅声、走过台阶的咯吱声引起了无助的单身女人长时间的恐惧和彷徨。她大声呼喊：

  Лучше бы на площади зеленой,

  На помост некрашеный плилечь.

  И под клики радости и стоны,

  Красной кровью до конца истечь.（А. Ахматова）

我们想起，这首诗写于1921年的悲剧性事件之后，Ю. М. Лотман 指出："在塑造语篇人物周围的景物之后，产生了空间关系系统。空间关系即作为表达语篇其他空间关系的语言的托巴斯式结构。与此相连的是语篇文学作品独特的模式化作用。"②这样，女主人公所讲述的冥国世界的骇人生物可以被她特殊的心理状态所唤醒。

非现实世界可以同抒情主人公保持一定的距离，通过远景他

---

① Ю. М. Лотман. Структура художественного текста. М.: Искусство, 1970, с. 278.

② Ю. М. Лотман. Структура художественного текста. М.: Искусство, 1970, с. 280.

可以从远处看到非现实的人物,也可以激起说话人自相矛盾的情感:①恐惧;②等待可以驱赶恐惧的人的到来。请看下例:

Некий Лю И, провалившийся на государственных экзаменах, встречает у дороги девушку, которая пасет овец. Девушка была красива, но очень печальна и «одета как служанка». Лю И пожалел ее и вызвался ей помочь. Выяснилось, что девушка младшая дочь Дракона, владыки озера Дунтинху, девушка неудачно вышла замуж за второго сына духа реки Цзин, а бараны, которых она пасет, на деле раскаты грома, у них был «свирепый взгляд и смертельная поступь», странная «манера пить и жевать... но шерсть и рожки не отличались от тех, что у обычных овец».

Девушка просит Лю И отнести записку ее отцу Дракону, который живет в одном из самых больших озер Китая. Попасть в озеро довольно просто — нужно найти апельсиновое дерево, известное местным жителям, «снять свой пояс, привязать его к дереву. А затем три раза постучать по дереву; за тем, кто ответит, можно следовать без всяких колебаний».

Лю И все исполнил и попал в подводное царство, которое ничем не отличается от царства земного.

Там есть дворец Божественной пустоты, где живет отец девушки, причем все действия совершаются естественно и правдоподобно, не вызывая удивления ни у смертного, ни у духов тем более.

В итоге Лю И женится на дочери Дракона, становится бессмертным и говорит своему двоюродному брату, у которого сломалась карьера и которому он дает 50 пилюль, каждая из которых может продлить жизнь на год:

«Когда эти годы истекут, переселяйся ко мне жить. В мире людей незачем долго жить, это приносит только горе». (Ван Пицзян «Танская новелла»)

上面的引文出自唐人小说《柳毅传》，小说叙述了一个叫柳毅的书生科举落第，返乡途中偶遇牧羊女，该女实为洞庭龙君之女，嫁与泾川河精为妻。龙女请柳毅代为传书与龙君。因为龙君同凡人空间各异，只有找到一棵大橘树，"解去丝带，束以他物。然后叩树三发，当有应者"。柳毅不负所托，最后与龙女结为夫妻，成为仙人。龙女实际就是等待主人公柳毅来相救的非现实世界的精怪。与中国神话小说不同的是，在俄罗斯神话中异类是同人类生活在同一空间之内的。而在中国小说中，神仙鬼怪则与人类处于不同的空间，该空间同人类社会是平行存在的。这一空间绝非人人皆可进入，但它是现实存在的。这里的空间结构非常有趣。小说最后发出叙述者的感叹，以此来证实所述故事的真实性。

现实世界与非现实世界的界限是浓雾、烟尘、密林，在北方或南方的密林中可能会出现神秘生物：地精、半人马、法俄诺斯、狐狸等。例如：

Вот раз едет этот Айлып на своем коне по открытому месту и видит — лисичка бежит.

...

Еланки кончились, пошел густой-прегустой лес. Только это Айлыпа не остановило. Слез он с коня да за лисичкой пешком, а удачи все нет. Тут она, близко, а стрелу пустить не может. Отступиться тоже неохота. Ну, как — этакий охотник, а лису забить не сумел! Так-то и зашел Айлып вовсе в неведомое место. И лисички не стало. Искал, искал — нет.

В это время лисичка у самого камня тявкнула, ткнулась носом в землю, поднялась старушонкой сухонькой, да и говорит:

Эх, Айлып, Айлып, пустые слова говоришь! Силой да удачей похваляешься. А не мог вот в меня стрелу пустить. (П. Бажов «Золотой волос»)

  在 П. Бажов 的小说«Золотой волос»中，主人公 Айлып 在打猎途中见到一只狐狸，想用弓箭射杀它，但狐狸钻进大森林不见了。这只狐狸生活在同神秘莫测的幻象联系在一起的另类世界里，阴暗的大森林成为可以藏匿鬼怪的空间。狐狸后来又变成一个干瘪的老太婆。
  通过上面两例中俄作家创作的奇幻作品我们发现，中国小说中精怪与俄罗斯文学中异物的区别在于，它们身上的魔法会不会消失。俄罗斯幻想作品中的青蛙公主、地精等都会重新恢复为人，他们并非同人类永远并行的异类。而中国神话作品中仙怪往往居住在各自独特的地域空间，中间有森严的界限，不容越雷池一步。这一点在«Путешествие на запад»中表现得最为突出：

Вдруг Эрлан встряхнулся что было силы и, пустив в ход все свое волшебство, превратился в великана, став выше на десять чжанов... Однако Великий Мудрец тоже пустил в ход волшебство и в один миг превратился в точно такого же великана, как Эрлан...

Эрлан округлил свои глаза, огляделся и увидел, что Великий Мудрец превратился в воробья и сидит на ветке. Тогда он отбросил свое волшебное копье и самострел, встряхнулся и, превратившись в коршуна, расправил крылья и ринулся на воробья. Тут Великий Мудрец мигом обернулся большим бакланом и взлетел в небо. Но Эрлан, расправив крылья, тут же превратился в огромного морского журавля и ринулся в погоню за своим противником. Однако Великий Мудрец устремился вниз и, превратившись в рыбу, нырнул в поток. (У Чэнэнь «Путешествие на запад»)

　　这一段可以说是写尽了猴王和二郎神之间腾挪变化的无边法力,充满了作家的奇思妙想,令人产生无穷的阅读乐趣,读来令人手难释卷,必欲读完而后快。我们徜徉于作者建构的神奇世界之中,乐而忘返。这段文字充分展现了中国神话小说的精髓和无尽的魅力。二人从天上打到地下,从空中战到水中。但无论是变为伟岸的山神还是水波中游荡的小鱼儿,最后一定会还原本相,而不可能变为人类,进入人类世界。虽然他们具有人的外貌与性格,但始终程度不同地保留有超人的灵异。

　　因此,神秘的神话生物可以出现在作家用讽喻式语言描述的浓雾弥漫的黑夜或闪烁着现实世界光彩的白日中。"生活中的谎言变成文学作品中的真情实景。"① 这样,冥国世界就构成了文学作品空间的形式之一。19 世纪和 20 世纪有许多作家都创作过这一空间。从 Т. А. Гофман 和 Н. В. Гоголь 起,许多作家和诗人都力图使读者相信存在各种神秘的反物质世界,他们创作了与人类生活在一个平行世界,但中间隔着某种界限的鬼怪精灵的形象。

　　这些界限是:浓雾、烟尘、镜子、窗户、窗框、树林等。这些生物通过异常的声音在人类背后窥探,利用自己神秘生活的标志来恐吓人。有时人(抒情主人公)窥测到精灵们,看到了半人马、法俄诺斯、那伊阿得斯的法力,害怕发怒的巨人、妖怪。

　　有时人能够穿越界限、"障碍"进入反物质世界,并同其中的居民进行交流。例如,Льюиса Кэрролла 的《Алиса游仙界》中的Алиса,А. Погорельский 的《黑母鸡》中的 Алеша 等都是如此。此外 Андрэ Нортон、К. Бульчев、К. Бальмонт、А. Белый 等人的作品也描述了大量的反物质世界。Ю. М. Лотман 因此写道:"人物跨越语义场就构成了语篇中的事件。语篇情节禁止所有人物越界。

---

① Ю. М. Лотман. О поэтах и поэзии. СПб.: Искусство — СПБ, 1999, с. 84.

但却塑造了一个或一组人不受该界限限制,行动者能够进入反物质世界。"①

反物质世界、冥国世界也可能紧邻现实世界。翻译了 Гоф-ман 的神话故事«Золотой горшок»之后,В. Соловьев 断定作者观察到幻想成分和现实成分间存在着固定的内部联系,其中幻想形象并不是来自其他世界的异形,而是现实世界的另一面,那里也居住、生活着人类。然而冥国世界、反物质世界具有自己的时空参数,它们的计算方法使科学家能够确定第四维。这有助于发明克隆人、动物、物体的特殊仪器。关于这点 М. Лейстер 在作品《第四维探秘》中已经提到。我们发现,作者预言了人类直到 20 世纪末才作出的发明。

美国哲学家 Д. У. Форрестер 写道:"作家和诗人们都是根据自身的同心圆思维在自己的作品和所有想象作品中创造冥国时空的。"说到这种已成为人脑及其思维本质的复杂系统的运行规律时,Д. У. Форрестер 写道:"从日常生活经验中,每个人都知道因果同时空紧密相连。在简单的系统中错误或困难会被立即发现,原因不会引起歧义,并且可以马上找到结果。但如果是复杂的系统,那么所有这些观念都会被迷惑人的、虚假的结论所颠覆。结果,因果既不与时间也不同空间产生联系。"②这样,美国普遍模式方面的专家 Д. У. Форрестер 就发现了包括人脑在内的所有复杂系统的行为性质,其原因在于不符合理性思维和生活经验的各种反常推断和结论。作家的大脑都具有类似的"同心圆思维",他们能够自由地将现实世界同非现实世界、幻想世界结合起来。

---

① Ю. М. Лотман. Структура художественного текста.:Искусство,1970,с. 291.

② Э. Араб-Оглы. Прок от будущего или вместо предисловия // Настоящее в будущем. М.: Прогресс, 1984, с. 17.

(四) 神话文学作品空间

神话文学作品空间也是非现实的空间,描述神话空间的基本条件是空间被各种界限划分为 Ю. М. Лотман 所说的"次空间"(подпространство)。次空间可以在上下轴上形成与"天"、"地"、"人"相对的"三项垂直结构"。[①] 神话空间可以在横轴上形成。Ю. М. Лотман 指出:"比如,神话空间清楚地分为'房子'和'树林'。它们之间的界限泾渭分明——林间空地,有时候是一条河(跟蛇妖搏斗往往是在'桥上'进行)。林中人物无法进入房子,他们被固定在一定的空间中。恐怖事件和神奇事件也只能发生在树林中。"[②]

神话空间的叙述部分一般设在神话开篇:"在某个王国、在某国或在遥远之国。"这一国家的位置并未指明,距离叙述人的计量基点非常遥远,可以用古老的计算方法加以计算:遥远的,第一个数字"3"应乘以"9"或"10",所得的数听众不能从字面上去理解,因为神话的特点是与现实不符,是假定的语言。然而听众却对神话中的一切信以为真:神话的时空、人物、情节。Ю. М. Лотман 写道:"欣赏魔幻神话的听众没有人去指责叙述人讲得与现实不符,没有人去追究蛇妖、老妖婆是否是现实生活中的人物。"[③] 计算神话国度距离的古老方法使叙述人可以故意模糊、拉长这一距离,增大数字评价的程度,指明其距今的距离极为遥远。譬如:

Давно, очень уже давно, когда не только нас, но и наших дедов и прадедов не было еще на свете, стоял на морском бере-

---

[①] Ю. М. Лотман/ Структура художественного текста. М.:Искусство,1970,с.267.

[②] Ю. М. Лотман/ Структура художественного текста. М.:Искусство,1970,с.278.

[③] Ю. М. Лотман/ Структура художественного текста. М.:Искусство,1970,с.282.

гу богатый и торговый славянский город Винета; а в этом городе жил богатый купец Уседом, корабли которого, нагруженные дорогими товарами, плавали по далеким морям. (К. Ушинский «Слепая лошадь»)

很久很久以前，那时不仅世界上还没有我们，而且也还没有我们的祖父辈和曾祖父辈，海边有个富裕的斯拉夫商业城市——威涅塔城。这座城里有个叫杨样有的富商，他家的大船经常载着贵重的货物，航行到遥远的海洋里去。

为了说明距今年代久远，作者加入了既没有我们的祖父辈，也没有我们的曾祖父辈的描述，海边的位置也预示距离我们的旷远，年代的幽深。神话中最有代表性的是人类世界。神话中的人类世界的特点是：

（1）神话故事讲述的那一刻叙述人和听众是处于现在时，存在于现实世界中。

（2）遥远的国度就是神话故事中的人类世界：从前有一位国王，他有三个儿子（或女儿），这已经是非现实世界的人物了。在 В. Я. Пропп 的《神话形态学》中归纳了神话人物的几种作用：主人公——相助者——反派人物（老妖婆、蛇妖等）。试看下例：

Вдруг на середину потока со страшным шумом выскочил дракон. Рассекая воду и вздымая волны, он ринулся прямо к берегу. Сунь Укун поспешно положил свою ношу и, стащив Сюаньцзана с коня, отбежал с ним назад. Дракон, видя, что ему не догнать их, проглотил коня вместе с седлом и сбруей и тотчас же исчез в волнах.

...

Очень скоро бодисатва в сопровождении духа-хранителя прибыла в Шэпань-шань.

...

Бодисатва подошла к дракону, удалила жемчужину мудрости из-под его подбородка, затем взяла ивовую ветвь, окропила дракона свежей росой, дунула на него своим волшебным дыханием и крикнула: «Изменись!». В тот же миг дракон превратился в коня, которого недавно проглотил. (У Чэнэнь «Путешествие на запад»)

在吴承恩的长篇神话小说《путешествие на запад》中主人公——唐僧师徒二人在鹰愁涧遇到磨难，所乘马匹被小白龙吃掉，后来获得了金头揭谛和观音菩萨的帮助，战胜了小白龙。其中无论是孙悟空，还是小白龙、金头揭谛和观音菩萨都来自人类神话世界。这个世界也是非现实的魔幻世界。

我们再来看一个有关数字"3"的原型意义的例子：

Глядит, — а из того водяного окошка старушонка вышла. Ростом не больше трех четвертей. Платьишко на ней синее, платок на голове синий и сама вся синехонька, да такая тощая, что вот подует ветерок — и разнесет старушонку.

. . .

Отвернулся да носом-то как раз в **три перышки** и ткнулся. Тут на Илью почихота нашла. Чихал-чихал, кровь носом пошла, а все конца краю нет. Только чует — голове-то много легче стало. Подхватил тут Илья шапку и на ноги поднялся. Видит-стоит старушонка на том же месте, от злости трясется. Руки у нее до ног Илье дотянулись, а выше-то от земли поднять их не может. (П. Бажов «Синюшкин колодец»)

苏联作家 П. Бажов 在这篇神话作品中讲述了主人公 Илья 为谋生选择去淘金区做工，途中路经作者预设的地点——Зюзельско 沼地，在那里遇到一个从水潭里冒出来的、有着蓝色皮肤的矮老太婆。这个老太婆的头巾是蓝色的，衣服是蓝色的，连肤色都是蓝色的。她用透明的手指来抓 Илья。可是当她的手指接触到 Илья 随身携带的奶奶临终留给他的纪念品——三根羽毛时，却令她浑身乏力，无法抓到 Илья。在这里水潭就成了魔幻空间与人类世界的界限标志，它将人、妖分隔开来。在这个神话中事件与带魔力的数字"3"相连——三根羽毛。在象征符号世界中数字"3"是含义最丰富的一个数字——基督教中的三位一体就是将圣父、圣子、圣灵三者连为一体的原型数字。

在古希腊人的观念中存在三个空间：住所——天、地、地下王国；地下王国三大法官；三个公园；决定人命运的经纬线等。① 因此数字"3"象征循环的终结，象征三个神灵的形象。通常在描述神话故事中的各种事件时采用这一数字。

人类世界、神话事件参与者的世界同神话中一系列王国是彼此对立的。这些王国一般是神仙世界、恶老头、老妖婆、严寒老人、七兄弟、七个会说话的小山羊居住的世界、幽冥世界、宇宙世界等。神话文学作品空间的特征是：

（1）神话故事主人公所在的空间与神仙居所是被一定的界限隔开的，如同任何非现实空间一样，这些界限是住有仙人的密林、林边空地或者某些标志：路边的石头、河流、刻有字迹的柱子、桥、井等。

（2）神仙居住的世界在神话中可以被移置到更遥远的空间，例如：水下、井中、海里。在那里，善良的姑娘会遇到有魔法的老人，他赐给姑娘钱财。善良的小伙子应该前往海底王国去拜见海王，以便完成某项使命。

（3）神话事件常常发生在宇宙空间，在那里，主人公同太阳、月亮、星星交谈。

（4）神话中主人公可能同故去的父母、亲人见面，而会面地点

---

① Н. Жюльен. Словарь символов. УРАЛ LTD, 1999, с. 431.

可能被叙述人设置在天上。

(5)主人公可能以会说话的动物形象出现在人世间。

(6)神话空间可能完全没有指向标志,例如:"去哪——自己都不知道","去黑树林、深水河","去悬崖峭壁"等。

炉子具备说话的属性,可以帮助主人公驱邪避害,即承担相助者(或破坏者)的作用。如果主人公没有完成必要的约定,炉子会惩罚懒汉、粗鲁无礼的人和骗子。俄罗斯神话中的炉子形象同形态学、多神教和仪式有一定的渊源。它是一种神圣的象征,同火、温暖、灰烬等联系在一起,即不仅是善的象征,有时也与恶、悲愤及某些神秘之物相连。①

在神话的魔幻空间中,主人公可能出现在老妖婆居住的鸡足小木屋前。小木屋外观独特,魔力无边——它会按咒语行事,如:"面向我,背向树林站起来"。走进小木屋内,主人公会发现俄式炉子被老妖婆当火炕用,可以给她取暖,烹制不寻常的食物。按Ю. М. Лотман 的分类,在这个封闭空间内炉子就承担起了"固定人物"的作用。② 但是在开放的空间内,当主人公移动时,炉子可以作交通工具使用,例如:Емеля, сидя на печи, едет на ней к царю. (Емеля 乘坐炉子去见国王。)

其他可以改变神话空间形象的"固定"器物是家居用品。例如,主人公丢弃的手巾或者变成波浪滔滔的大河,或者变成燃烧着的火,从而阻挡住追捕者的道路。神话中梳子变成密不透风的树林,被遗弃的、变为巍峨高山的石子就起着这样的作用。空间的类似变化也和时刻相连,因为一切变化都是在瞬间发生的。神话中

---

① Т. В. Зуева. Русь — Россия — русские сказки / Литература в школе, 1993, №4., с. 21.

② Ю. М. Лотман. Структура художественного текста. М.: Искусство, 1970, с. 291.

的器物具备如下功能:

(1)神话中固定的器物还可能获得非凡的功能。例如,炉子、苹果树与主人公对话并为女主人公烹制馅饼。

(2)"固定的"器物可能是用于空中飞行的交通工具:飞毯、飞毛腿靴子、老妖婆的研钵和扫帚。大雁、天鹅也会成为老妖婆的飞行工具。

(3)神话故事中各种具有魔力的器物可能帮助迅速飞行。在А. С. Пушкин 的童话诗《Аленький цветочек》中怪物给主人公戴上魔戒后,黑面人的大胡子便成为飞行的魔力工具。Гвидон 公爵头上的白天鹅进行了某种仪式:一下子喷他一脸水,他就变成了蚊子、雄蜂等。这样,主人公可以一下子跨越遥远的距离,从而解决了《здесь-там》(这里—那里)两个范畴之间的冲突。

这样,神话文学空间如同文学作品时间一样,有助于形成非现实的神话世界图景。神话生活形式打破了现实世界的一切禁锢,反映了俄罗斯人民许多世纪以来的道德观和理想。通过斯拉夫人意识中产生的各种方法解决生活、自然和社会中存在的各种冲突。

第六节　文学语篇空间范畴的特征

通过对以上叙述的文学语篇空间范畴进行总结,我们可以发现科学中也包括语言科学对这一范畴定义的多样性。从不同维度对文学作品空间这一总体性范畴进行考察,可以发现其不同的特征。文学作品空间这一总体性范畴的特征是:

(1)这一范畴同时间范畴相连,常常杂糅为所谓的"时空体"。

(2)文学语篇中的空间范畴同时间范畴一样代表的是现实空间和非现实空间两种形式的空间:这种划分方式主要基于说话人的主观、客观形式。

(3)文学语篇中的现实空间和非现实空间可能是立体开放空间(也可能是无限空间)形式:«вверх-вниз»(上—下),例如,三位一体形式:天—地(人)—地下王国。开放空间可以水平建构,通过环形远景、交叉远景、扇形远景形式描绘人所生活的环境。立体开放空间(上下或前后)通常以全景形式进行描写。

(4)主观文学空间与客观文学空间相对应,用以说明叙述人的内心世界和外部的尘世。

(5)非现实空间的特点是形成了各种空间彼此间的界限。这些空间界限包括:"上—下,这里—那里,树林—房子,自己—他人,生物—非生物,人—兽,人—神、怪等。"除了主人公以外,还存在所有人物的界限。

(6)文学空间中的所有次空间与确定范畴和不定范畴及感官评价相连。

Н. Д. Арутюнова 指出:"各种文学体裁的形成是由于选取了在一定程度上违反了生活标准的领域的结果。英雄史诗、历史长诗、骑士小说、传奇文学、侦探小说、噱头小说、幻想作品、神话等都是这样形成的。"[①]

随着新世纪的到来,语言学各个分支学科的研究对象越来越呈现交叉化、精细化的特点,针对同一个语言现象可以作不同视角的分析,这已成为语言学研究的普遍模式。语篇空间范畴的提出,为我们研究语篇语言学,特别是利用语篇范畴分析文学语篇提供了一个全新的思路。最后,我们用 Ю. М. Лотман 的话作结束语:"语篇空间结构是宇宙结构模式,语篇内部成分的内部组合体系

---

① Н. Д. Арутюнова. Язык и мир человека. 2-е изд. М.: Языки русской культуры, 1999, с. 88.

是空间模式化语言。"①

本章小结

语篇空间是一种内涵丰富的语篇基始性范畴,是所有现实客体不可分割的属性,因此它的特征由本身不具有空间性质的客体(例如概念、思想等)来描述。考虑到客观现实或其主观映射的类似性从而划分出客观空间和主观空间。文学作品空间概念的提出具有重大意义,文学作品空间作为现实形象模式,由说话人构建,是他选择的结果,这种形象模式还受作者某种意图制约,受作品体裁、所描述事件的时间、文学语篇的写作时间甚至作者情绪的制约。文学作品空间作为作者创作的产物,它是在散文语篇或诗歌语篇中通过审美方式在语言上体现出来的物理层面和哲学层面的空间。时间范畴同空间范畴结合成特殊的复合范畴——时空体,它是作为内容形式范畴加以确立的。总体上而言,时空体是篇内主题在时空层面展开的一种手段。语篇空间范畴是一个包含大量有趣知识的重要且复杂的范畴,自古以来就引起了人类对它的重视和探索,吸引了无数探究者热切而专注的目光,今后对它的研究会更加深邃、精微。

---

① Ю. М. Лотман. Структура художественного текста. М.: Искусство, 1970, с. 266.

第五章　小说中折射的其他语篇范畴

第一节　交际活动参与者

交际活动参与者(участники коммуникативного акта)是指语篇主体,主要使用第一人称形式,比如:я, мы, мой, наш 等,即代词我、我们、我的、我们的。А. А. Потебня 院士是这样界定"主体"这一概念的:我们把需要认识的、发挥作用的事物称为主体,这类事物首先是指自己、我们中的我,然后是比作我们中的我的东西。①

因此语篇主体是指以不同面目出现的说话人,比如:作者形象、作者自身、抒情主人公、讲故事的人、叙述者、出场人物。语篇中的人物人称一般以第一人称叙述。交际活动参与者还包括以第二人称形式表达的语篇客体(объект текста),比如:ты, вы, твой, ваш(你、你们、你的、你们的)等。它是指语篇中的人物人称,其功能主要是用来指称受话人、读者、听众。以人称代词、物主代词形式出现在语篇中的交际活动参与者可以采用直接格和间接格,也可以不采用,但他们受整个复杂整体述谓和语境的支配和约束。

---

① А. А. Потебня. Из записок по русской грамматике. Т. Ⅲ. М.: Просвещение, 1968, с. 7.

情景客体(объект ситуации)属于事件、过程和情景参与者,并非是交际活动参与者。它们主要指文学作品空间和所描述的情景中必不可少的生物和非生物、现实、现象等,它们属于情景中的元素。Е. С. Кубрякова 这样来描述这种客体:"这种客体与'地点'概念相连,用来指称客体所占据的部分空间并且该客体要受到空间的限制。"Е. С. Кубрякова 强调思想客体或思想对象可以是花香、人说话的声音、音乐的和弦声、风声等。她写道:"我们认为,当我们描述世界及其客体时,我们实际上是在描述我们的感觉、描述我们对世界的感受。"①

对于 Е. С. Яковлева 来说空间图景则是另一样的。她认为:"空间并非一个简单的客体容器,而恰恰相反,它是由客体构筑而成的,在此意义上空间对物体而言是第二性的。"②说话人的内心世界和外在世界中的情景客体可以用具体名词和抽象名词、代词来描述,也可以用代词性名词、形容词、形动词的名词化形式来表达。语篇中这种客体的形式化特征是人称指示代词和物主代词的第三人称形式,它们等同于名词,比如:он, оно, она, они, его, ее, их(他、它、她、他们、他的、她的、他们的)等。例如:

— О, **вы** угадали опять, — подхватил белокурый молодой человек, — ведь действительно почти ошибаюсь, то-есть почти что не родственница; до того даже, что **я**, право, нисколько и не удивился тогда, что мне туда не ответили. Я так и ждал. (Ф. Достоевский «Идиот»)

Вы 和 **я** 分别表示抒情主人公与受话人(交际活动参与者):

---

① Е. С. Кубрякова. Язык пространства и пространство языка (К постановке проблемы) // Изд. АН. Серия литер. И яз. М., 1997, Т. 56. с. 27—28.

② Е. С. Яковлева. Фрагменты русской языковой картины мира: Пространство. Время. Восприятие. М.: Гнозис, 1994, с. 20 – 21.

① Над жалкой **жизнию своей**.（А. Бл.）情景参与者，主体。

② Усталый конь быстрее скачет **к цели**. 未参与言语活动者。

③ В чужом селе мерцают **огоньки**.（А. Бл.）情景参与者，客体。

一、交际活动参与者——"作者形象"

在语篇连续叙述流中作者的身份体现为作者形象，但这一形象也可能同作者毫无关系。例如，Л. Н. Толстой 的《高加索的俘虏》中的作者形象就是一个士兵。我们不能把说话人当成作者形象，作者形象是独特的美学异化，它不同于具体的作者本人。作者形象是作者有意创设的，这一形象如同戏剧中演员的角色一样。

作者形象是由 В. В. Виноградов 提出的，且已成为其文学话语理论的核心概念。他提出了对"作者形象"（образ автора）这一术语的现代性理解。在自己的著作《诗学和修辞》中 В. В. Виноградов 强调 М. В. Ломоносов 和 И. М. Карамзин 并未将作家同"作者形象"区别开来。И. М. Карамзин 在《作者需要什么》一文中提出"作者形象"是指敏感的、合乎道德标准的人的形象。И. М. Карамзин 写道："如果不是从具有道德的人心中吐露的话，真理便死亡了。"按照 К. Батюшкова 的思想，作家是奉命"按照自己描述的那样去生活"①。不道德的、行为不端的人无权叙写富有道德的事物和现象，比如：爱情、责任、神圣的东西、良心等。И. М. Карамзин 认为："语言是一切有良知的人的财富。"②

---

① В. В. Виноградов. Избранные произведения. О языке художественной прозы. М.: Наука, 1980, с. 103.

② Русские писатели о языке: Хрестоматия / Под ред. А. М. Докусова. Л., 1954, с. 72.

第五章　小说中折射的其他语篇范畴

但是 А. С. Пушкин 已经开始有意识地区分"作家"、"作者形象"、"抒情主人公"、"故事讲述人"这几个概念。例如，他在《别尔金小说集》里对几个"作者形象"进行了区分。首先，它们有别于《Евгений Онегин》或《Капитанская дочка》中的"作者形象"。它们在所选主题、事件发生时间等方面都不同，因而受作家的视野、文化水平、叙述手法制约的"作者形象"所使用的语言也不一样。

《Евгений Онегин》中的抒情插笔同"作者形象"一样，里面常常有 А. С. Пушкин 自己的影子。他指出，运用引喻手法叙述自己的生平事实。例如：

Но вреден север для меня（但是北方对我有害）——暗指南方，常常会具有讽刺效果。А. С. Пушкин 这样称呼自己朋友：Зизи, души моей кристалл. 其中 Зизи ——指代我晶莹的心灵。他还提到了自己的思想兴趣和文学爱好：Певцу Гюльнары подражая...

В. В. Виноградов 也谈到了作者"面目"的区别，称其中的一个为"作者的文学面孔"，另一个是不针对读者的"作者形象"。《Евгении Онегин》中的"作者形象"（如同其他作品一样）经常伴随主人公一起出现，同他一同欢乐、忧愁。有时主观的"作者形象"同客观的人物编排交织在一起，或者相互交叉，或者完全不相干。例如，词汇、形象体系、人物语调进入作者话语。或者，人物沉默无语，而只有作者的声音在评述。Ленский 被杀那一幕似乎就是按两条主线进行创作的，同时出现了独特的双声部。当主人公死去的时刻我们听到了作者悲伤的叙述，与此同时，作者运用浪漫主义富于旋律的形象，使抒情诗人 Ленский 的声音仿佛逐渐沉寂：

Дохнула буря, цвет прекрасный. Увял на утренней заре. Потух огонь на алтаре!

然后 Ленский 的声音湮没了，只有作者冷峻的声音在诉说着,这声音是如此生动。但是作者同时用另一种现实的手法叙述诗人的死：

Все в нем и тихо и темно, Замолкло навсегда оно. Закрыты ставни, окна мелом. Забелены. Хозяйки нет. А где, бог весть. Пропал и след. (А. Пушкин «Евгений Онегин»)

作者不露痕迹地承担了对读者进行解读的说话人的角色,似乎站在公正的角度描述事件。然后,按照 М. М. Бахтин 的观点又遁入了读者视野之外的空间。借助形象讽喻名词构成的第三人称形式隐藏了第一人称说话人。И. Р. Гальперин 在谈到有关文学作品多声部幻想时认为,作者的声音有时是从人物合唱中分离出来,有时又同它们融合在一起,作者有时自说自话,有时与读者对话,有时又强势地加入到多声部中。① "作者形象"借助于某些代码特征可以很容易地在语篇中找到。例如, К. Паустовский 写道：

Черное море заунывно шумело по ночам. Шумело оно и днем, но тогда его не было так хорошо слышно. Под шум моря **было легче писать.**

(黑海在黑夜中不可理喻地喧嚣着。海在白天也喧嚣着,但是白天没有夜晚听得这么清晰。此时海的喧嚣描写起来更加容易。)这里"作者形象"通过指明形象的活动而为读者所共知。

短篇小说、神话故事中"作者形象"的代码特征就是代词第一人称的主观形式"我"或者作者自称的"我们"。В. В. Виноградов 在评论短篇小说、神话故事时写道："作者笔下的'我'不是名词,而是代词。因此,使用代词可以隐藏作者自身的意图。作家在文

---

① И. Р. Гальперин. Текст как объект лингвистического исследования. М.：Наука,1981, с.65.

学假面舞会上可以是自由的,可以在一部作品中变换修辞面具。"①

作者赋予人物以情感,这已成为语篇内存在的客观现实,而作者体验到并描绘出来的情感就构成了作品中的主观刻画。在完整语篇中客观表情意义(人物层面)和主观情态表情意义(作者意识层面)的总和就构成了语篇表情内容的内核。作者形象和人物形象并不是语篇中的同等概念。作者与他所描述的现实世界牢固地联系在一起,这其中也包括主人公的世界。М. М. Бахтин 非常形象地表述了这种联系:"作者是完成性整体、主人公整体、作品整体的紧张而积极的体现者……主人公的意识、情感、愿望如同一个圆,其间包含了作者对主人公的意识和他本身的意识。这个整体的活的体现者就是作者,他与作为生活事件的未完结整体之体现者的主人公是相对立而存在的。"②

作者形象是将语言艺术种种修辞手段整合、统一、包容在一起的中心、焦点和粘合剂。作者形象是一种个性化语言结构,它深入到文学作品的机理之中。它是作品的主导力量,起着统领全篇、统筹全局的作用。В. А. Кухаренко 认为:"作者形象是从作者生平现实中剥离出来的、往往是理想化的一种现象。"③不论作品采取何种叙述方式,作者形象都显性或隐性地蕴含其中(或以第一人称,或以叙述者口吻)。В. В. Виноградов 认为作者形象的主要标志是"作者关系"。这种关系可以直白地表达,但更多地还是隐含于语篇内在结构中,潜藏于语篇"深层结构和风格之中"。作者形象、作者个性是借助于作者与主题的关系呈现出来的。让我们看

---

① В. В. Виноградов. Избранные произведения. О языке художественной прозы. М.: Наука, 1980, с. 53.

② М. М. Бахтин. Проблема речевых жанров // М. М. Бахтин. Эстетика словесного творчества. М., 1979, с. 14–15.

③ В. А. Кухаренко. Интерпретация текста. М., 1988, с. 12.

下面这个例子：

> В квартире стояла звенящая тишина. **Я** валялась на диване и читала старый-престарый, невесть как попавший к нам "Космополитен". Наконец это занятие мне надоело, и рука щелкнула пультом. Вмиг черный экран стал голубым. (Д. Донцова «Урожай ядовитых ягодок»)

上文的主人公"我"懒散地躺在沙发上看电视，但这个"我"并不等同于作者本人，而只不过是作者用以叙述语篇的一种手段——"作者形象"而已。读者可以形成自己的"作者形象"，读完同一位作家的不同作品时，在读者的头脑中会形成完全不同的"作者形象"。我们已经说过，А. С. Пушкин 作品中的"作者形象"是随着作者在每部作品中的意图、主题、创作动机等而发生变化的。

我们想象一下 Н. В. Гоголь 的作品 «Вечера на хуторе близ Диканьки»、«Миргород» 和 «Мертвые души» 中的"作者形象"。在 «Вечера на хуторе близ Диканьки» 中作者呈现给我们的是一个讲故事的人的形象——年老的养蜂人 Рудой Панька，而在我们的头脑中出现了一个年轻的、狡黠的、开朗的、富有浪漫气息的人，他使我们走进了乌克兰的传说和音乐世界。而在 «Мертвые души» 中作者形象——一个好讽刺人的、优秀的、有时又很忧郁的上流社会的人，他熟悉俄罗斯社会各阶层，对 19 世纪俄罗斯现实的特点也了如指掌。因此，对于 19 世纪的读者来说"作者形象"同作家形象并不重合。现代俄罗斯作家 Татьяна Толстая 在谈到这一点时说道："作家作为个人同自己作品中的作者并无任何共同之处。作者可以是一个浪漫的、面色苍白的年轻人，而作家则是一个谢顶的、呼吸困难的胖子。"在读者阅读完一位作家的不同作品之后会在自己的头脑中形成新的作家形象，此时读者心中作家的年龄、外貌、内心世界会发生变化，读者对作家的总体评价也会相应改变。

因此，处于语篇结构中心的"作者形象"便成为作家力图在这部作品中呈现给读者的整体形象，同时也是读者在这部作品中看到的作者的整体形象。谈到作品结构中作者的地位时，В. Я. Лакшин 写道:"我们在任何一部作品中都会感到作者是一个创作人,像一位躲在幕后无法看到的、指导拍摄影片并将之呈献给我们的导演；他偶尔会在影片拍摄结束之际、在后记或尾声时走上前台向观众鞠躬致意。"①

二、作者形象的表现手段

在文学作品中作者形象的表现手段多样。作者通过作者形象力图表达自己的个性,也希望借此得以最大限度地接近人物和叙述者。作者形象以最公开的形式表达作者的观点。如果作者本身对其所塑造人物的思想和行为进行评价,那就会形成他的形象观。这种形象不仅存在于作品的结构和情节之中,而且也存在于作品的语言之中。如果作者将自己的角色转托给事件直接参与者或见证人(为此目的要引入叙述人),那就更加难以确定作者的立场。叙述人可以以第一、第二或第三人称进行叙述。作者的观点可以同叙述者的观点完全一致(单向叙述),但也可能不相吻合(多向叙述)。在文学作品中这两条叙述主线可以互相补充。

作者形象首先是在叙述方式上体现出来。不论是作者、人物还是叙述者,他们都可以对所叙述的内容持不同的立场,而只需要一个"我"就可以将与作者相近的或相左的观点统一起来。作者选择什么样的思想叙述方式是前瞻性叙述的体现。小说中可以划分出两种前瞻性叙述:(1)无限前瞻性叙述;(2)有限前瞻性叙述。许多作品将二者通过各种手段合二为一。我们可以列举出常规叙述的作品和超常规叙述的作品。前瞻性叙述包括两种方式:客观

---

① В. Я. Лакшин. Судьбы: от Пушкина до Блока. М., Искусство, 1990, с.29.

性叙述和主观讲述。每一种叙述方式都可以分为下列几种叙述手段：

第一种：叙述者是作品中"看不见的"讲述人，他以第三人称形式而无限接近作者和主要剧情，他并不参与艺术活动，而仅仅是如影随形地追逐着它（例如，А. П. Чехов 大多数的小说就是如此）。

第二种：叙述者是"拟人化的"叙述者，是小说中的一个出场人物，可以将他视为"叙述者——事件参与者"，活动"内部的"评判者（譬如，А. С. Пушкин 的《驿站长》、《射击》）。

第三种：叙述者是混合型叙述者，他有时是出场人物，有时是小说主人公，有时又变成了叙述者。此类叙述者经常采用单数第一人称形式进行叙述，В. Драгунский 的短篇小说即属此种类型。

因此，文学作品的作者确定叙述方式、观察视角并据此展开思想和创作美学整体结构形象。第一人称叙述一般是具体叙述，绝大多数叙述者是人，但也有可能是其他生物（如马、猫、狗等）或非生物（譬如 А. Н. Толстой 的小说《Гобелен Марии Антуанетты》就是以双面挂毯的口吻叙述的）。在诗歌中非生物叙述主体（лицо неодушивленного предмета）更加广泛，例如 Тютчев 作品中的叶子，Волошин 诗歌中的镜子，Анненский 作品中雕像的碎片等。

一部分第一人称叙述的作品是回忆体或书信体回忆，譬如 Ф. Достоевский 的小说《Бедные люди》中 Варенька Доброселова 的信件。回忆借助于固定的符号——помню，как теперь вижу，бывало 等来加以传递。在第一人称叙述中还可能有这样一种情况，即在总结经常发生的活动时，会出现第二人称代词组织的片段，它像是一种以第一人称代词进行叙述的变体。譬如：

Набегавшись досыта, сидишь, бывало, за чайным столом, на своем высоком кресллице; уже поздно, давно выпил свою чашку молока с сахаром, сон смыкает глаза, но не тронешься с места, сидишь и слушаешь.（Л. Толстой «Детство»）

在第一人称叙述中，叙述者（讲述人、出场人物）可以取代"我"的位置，以第三人称出现。作者形象是整部作品的核心，它反映主人公错综复杂的命运和情感纠葛，再现他们的话语、行为，给读者带来美学感悟。作者形象居于语篇所有范畴（包括独立语义片段、时空连续统）的中心地位，它可以确定全篇的结构组织形式。

文学语篇是读者与作者之间独特的交流媒介、沟通桥梁。这种交流的特殊之处在于读者可以在当今时代欣赏到久远年代的作者所创作的作品，惊异于过去的问题竟可以为今人所熟悉、所理解。在分析、研究文学作品时研究者总是试图弄清作者想向后人或同时代人传达什么。我们常常在科学文献中读到这种观点，即认为文学作品不外是直接反映作者所塑造的具体人物的世界观和审美趣味。但这样一来我们就会产生疑问：如何理解书中是女性视角叙述，而封面却是男人的名字？

实际上参与审美交际活动的除了传统上的三方（作者、语篇、读者）以外，还有一方，那就是作品作者（литературный автор）。① 他同作品创作者的区别在于后者创作并出版了这部作品，并且作者本人有自己独立于作品之外的生活，而前者则没有。常常会出现这种情况，作者本人经过一段时间之后已不再赞同自己在作品中的思想和表达方法，但此时作品却已不再属于他了。读者可能也不晓得作者已改变了观点，他们还是习惯上认为作品表达的就是一个具体的人的立场。但是语文学家 В. В. Виноградов 认为同一个作者在不同作品中可以有不同的政治观和审美观。即使在文学作品（特别是抒情诗中）中作者所描述和呈现给世人的是周围

---

① Н. М. Шнаский, Ш. А. Махмудов. Филологический анализ художественного текста. СПб.：Специальная Литература, 1999, с. 39.

世界或可能世界，正如我们习惯说的那样，诗人是以其直接的主观感受来创作诗作的，但是事实往往并非如此。

В. В. Виноградов 基于自己在语文学领域多年的探索详细地分析了作者形象范畴。从事艺术创作的生活中的作者随着他个性的发展而不断完善自己的世界观和对现实的认知。但是在具体的作品中读者看到的却只是那个他们接受为作者的人（更确切地说就是作者形象）。一般读者往往分辨不出作品作者和那位赋予具体的人以这样或那样思想和审美观点的现实生活中的作者。仔细研究语篇使我们发现，以 Рудый Панько 名义进行叙述的《Миргород》与《Тарас Бульба》或《Мертвые души》的作者完全不相像。如果说在《Миргород》中我们接触到的是一个粗俗无知的人的话，那么在《Тарас Бульба》中作者则完全呈现为一个乌克兰民族斗争的歌者形象。研究者认为在《Мертвые души》中，作者一方面展现了俄罗斯生活污浊的一面，另一方面也融入了自己的感动、同情和怜悯，认为其所描述的景象并非全然都是负面的。我们尝试做一番分析：

У нас, мои любезные читатели, **не во гнев будь сказано** (вы, может быть, и рассердитесь, что пасичник говорит вам **запросто, как будто какому-нибудь свату или куму**), — у нас, на хуторах, водится издавна: как только окончатся работы в поле, **мужик** залезет отдыхать на всю зиму на печь и наш брат припрячет своих пчел в темный погреб, когда ни журавлей на небе, ни груш на дереве не увидите более, — тогда, только вечер, уже наверно где-нибудь в конце улицы брезжит огонек, смех и песни слышатся **издалеча, бренчит балалайка**, а подчас и скрыпка, говор, шум... Это у нас **вечерницы!** (Н. Гоголь «Мертвые души»)

扩展长句显示此人极其雄辩，而 не во гнев будь сказано, запросто, как будто какому-нибудь свату или куму, издалеча, бренчит 这些表达方式使我们相信这些话出自村民之口。除了我们熟知的俗语之外，叙述者还运用了较为生僻的词语 вечерницы。这个词被设计为黑体，就是要突出它的与众不同，提示人们该词不常用而又令人费解。下面我们来看一下《Тарас Бульба》中的另一种叙述模式：

А поворотись-ка, сын! Экой ты смешной какой! Что это на вас за поповские подрясники? И эдак все ходят в академии?

Такими словами встретил старый Бульба двух сыновей своих, учившихся в киевской бурсе и приехавших домой к отцу.

Сыновья его только что слезли с коней. Это были два дюжие молодца, еще смотревшие исподлобья, как недавно выпущенные семинаристы. Крепкие, здоровые лица их были покрыты первым пухом волос, которого еще не касалась бритва. Они были очень смущены таким приемом отца и стояли неподвижно, потупив глаза в землю. (Н. Гоголь «Тарас Бульба»)

Бульба 用这番话迎接在基辅神学校上学、现在回家来见父亲的两个儿子。他的儿子刚翻身下马。这是两个体魄强壮的年轻人，他们同那些才出校门不久的神学校的学生一样，见人还有些害羞。他们结实健康的脸上，覆盖着一层还未用剃刀碰过的初生的柔毛。父亲的这种接待方式使他们很尴尬，他们眼睛看着地面，一动不动地站着。

在这一片段中表现的是一个有教养的、掌握了标准语的人的语言特点：富含形动词短尾的静词谓语（учившихся, приехавших, смотревшие, выпущенные），扩展句，但这并未产生语言不可操控之感，信息反而传达得具体、准确。如此，作者便看到他周围世界的一切表现并产生了与读者分享自己的思想、感情和印象的想法。这一系列合理的情感历程可以在心理上激起读者从审美角度,即美的角度对现实产生的共鸣。有时我们甚至不清楚为什么要设置那些类似"美丽/丑陋、喜欢/厌恶"之类表达某种情感体验的词汇。即使是普通词语,如果我们熟练掌握该种语言,也能够评判出美与丑来。而作者恰恰具备了观察和传达周围世界的能力,具备了从美学角度表达自己同周围世界的关系的才能。作者是根据艺术的规律来反映外部世界的,而语言则是作者所选择的表达这种反映的手段和工具。现实生活中这一问题表现为具体的事件。在作者的叙述中这些事件都抽象地呈现出来,但都严格遵循生活的规律,就如同 Ф. М. Достоевский 在描写有关 Родион Раскольников 的命运时所做的那样。作者不仅要表现人物的外在行为,还要传达他的内心思想和情感,而这一切必须借助于语言方能实现。作者通过文学艺术手段向读者传达那些他希望展现并且能够把握的生活画卷。而这第二点则取决于作者的素养、受教育程度、他的心理特点和审美发展的独特性。有的作者获得了浪漫主义作家的名声,有的被称为现实主义作家,散文作家对生活的反应较之诗人和戏剧家截然不同。每位语言大师都与众不同,这就使得我们有必要考察一下该作者的作品是否为对现实的准确反映。根据逻辑规则比较一下我们就会轻松发现这些作品的区别所在。

无论是何种类型的语篇,作者形象都将主导其所有的结构要素(主题、思想、组织、语言手段的遴选和作用的发挥)。В. В. Виноградов 针对美学领域所提出的作者形象概念对语篇理论而言是非常具有现实意义的。这一概念的意义在于研究者是将作者形象作为文学语篇的综合基础、作为"作品实质"的集中体现来加以研究的。[1] 语篇理论的现实性是同作者特有的价值尺度和信息储备体系以及作为任何语篇创作推动力的目的和动机等因素联系在

---

[1] В. В. Виноградов. О теории художественной речи. М.: Л., 1971, с. 118.

一起的。作者形象如同将文学作品所有结构属性聚拢的集合。

当然,文学语篇中的作者形象同其他交际领域的作者形象会有不同,但其基本因素是不会改变的。改变的不过是它的方式和手段而已。大家知道,在文学领域作者主观叙述的言语形式(直接引语、间接引语、非纯直接引语)和结构形式是不同的。В. В. Виноградов 认为作者形象在深层结构和语体中会被遮蔽,作者选择各种典型的叙述者绝非偶然,作者及其观察视角是通过各种形式表现出来的。选择叙述者是作者形象的表现手段之一。譬如,我们来回忆一下«Евгений Онегин»的开篇,作者是作为一个人物、主人公的友人形象出现的:

Онегин, добрый мой приятель, родился на берегах Невы...

Н. В. Гоголь 在小说集«Миргород»的第一部«Старосветские помещики»中选择的叙述者(讲述人)类型使得作者可以公开地直接表达其对主人公的态度:

Я до сих пор не могу позабыть двух старичков прошедшего века, которых — увы! — теперь уже нет, но душа моя полна еще до сих пор жалости, и чувства мои странно сжимаются, когда воображу себе, что приеду со временем опять на их прежнее, ныне опустелое жилище и увижу кучу развалившихся хат, заглохший пруд, заросший ров на том месте, где стоял низенький дом, и ничего более. Грустно! Мне заранее грустно!
(Н. Гоголь «Старосветские помещики»)

(我至今不能忘怀两位过去时代的老人。唉!他们已经不在了,直到现在我的内心仍充满着怜惜之情。我想象有一天重新来到他们当年住过、而今已废弃的住宅前,见到的是这样一片景象:倾圮的农舍、荒芜的池塘和杂草丛生的水沟,此外已一无所有,而这里正是原来那幢低矮的小房子存在的地方,想到这里我的心就异样地抽紧了。真令人忧伤！我已预感到了这种忧伤！）

作者对于主人公温和、细腻的情感，感人至深的友情并没有妨碍他客观地展现他们精神生活的局限与贫乏，批评他们囿于简单的衣食丰足的生存状态。作者描写睡觉和吃饭的主线非常明显。试比较：

Девичья была набита молодыми и немолодыми девушками в полосатых исподницах, которым иногда Пульхерия Ивановна давала шить какие-нибудь безделушки и заставляла чистить ягоды, но которые большею частию бегали на кухню и спали. Пульхерия Ивановна почитала необходимостию держать их в доме и строго смотрела за их нравственностью. Но, к чрезвычайному ее удивлению, не проходило нескольких месяцев, чтобы у которой-нибудь из ее девушек стан не делался гораздо полнее обыкновенного; тем более это казалось удивительно, что в доме почти никого не было из холостых людей, выключая разве только комнатного мальчика, который ходил в сером полуфраке, с босыми ногами, и если не ел, то уж верно спал. (Н. Гоголь «Старосветские помещики»)

（女仆室里住满了好几个穿条纹布衣裙的年轻的和不太年轻的姑娘，普利赫里娅·伊万诺夫娜有时让她们躲进厨房睡觉。普利赫里娅·伊万诺夫娜认为有必要让这些女仆足不出户，以便严格监督她们的操行。然而使她深感震惊的是，不出数月，女仆中准会有人肚子远比平时隆起，而尤为奇怪的是在这幢房子里，除了一个吃了睡、睡了吃的穿灰号衣光着脚板的小男仆外，几乎没有一个单身男子。）

主人公的所有意念和兴趣都集中在吃上面。由此令我们看到了旧式地主那灰蒙蒙、死气沉沉的生活图景，旨在揭示他们生存意义的失落。

第五章 小说中折射的其他语篇范畴

Всей этой дряни наваривалось, насоливалось, насушивалось такое множество, что, вероятно, она потопила бы наконец весь двор, потому что Пульхерия Ивановна всегда сверх расчисленного на потребление любила приготовлять еще на запас, если бы большая половина этого не съедалась дворовыми девками, которые, забираясь в кладовую, так ужасно там объедались, что целый день стонали и жаловались на животы свои. (Н. Гоголь «Старосветские помещики»)

（因为普利赫里娅·伊万诺夫娜喜欢超出需要计算应储备的物品，所以这些杂七杂八的东西煮了、腌了和晒了那么多，如果不是女仆们吃掉了其中大部分的话，它们最终会把整个院子给淹没掉；那些常常躲在储藏室里狼吞虎咽一番的女仆们，到头来也整天捧着肚子哼哼。）

作者想告诉读者的是："两个老头非常喜好口腹之欲"，他详细地描述了一家子吃早饭、中饭和晚饭的场景以及所吃的各色菜肴。这是一种故事叙事中的"反讽"手法，这种带有讥讽嘲弄色彩的写作手段再现了旧式地主那单调无味、低级庸俗的生活，这种牧歌式的庄园生活竟落后如斯地步，起着振聋发聩的警示作用，以致让当时文坛上保守反动的批评家们甚为恼火。总之，反映 Н. В. Гоголь 道德立场的作者形象在《Старосветские помещики》中不仅通过叙述者的讲述，而且借助于作品的言语组织结构表现出来。在第一部中，尽管作者对主人公持有明显的同情，但 Н. В. Гоголь 还是借助于吃饭睡觉这种贯通性主线表现了旧式地主这种寄生性生活的局限性和落后性。小说第二部讲述了 Пульхерия Ивановна 和 Афанасий Иванович 之死，贯串了同动人的爱情联系在一起的基调。在谈到这部小说的文学意义和作者的作用时，Г. А. Гуковский 说道："因而关于理想和爱情的诗学理想就成为辛辣的讽刺，催人泪下的爱情故事战胜了死亡，在心灵扭曲扼杀人性的画面中无情地表现出来,其中 Н. В. Гоголь 在开篇即为我们勾勒出这种非人的屈辱生存画面,继而展示了潜藏于他们灵魂深处的高尚的诗境。"①

但是作者形象并不等同于真实的作者个性,虽然二者之间联系紧密。在作者形象背后则是作者个性及专属于该作者本人的词汇、语法和语用习惯。与此同时作者形象还是作家展现其高超的语言驾驭能力的表现形式之一。"从总体而言,为了达到叙事的客观性和展现现实的原生态,作者应将自身从作者形象中分离出来,与文中的"我"决绝,隐忍自身对人物、情节的好恶爱憎……"②

正如我们指出的那样,美学领域中只有一种表达真正作者个性的作者形象形式——文学形式。从科学文献作者形象的不同表现形式中我们可以列举出下列叙述者类别:客观叙述者(第三人称),个人叙述者(第一人称),非具体叙述者——在全篇中公然以个人身份表述的言语主体(他具有鲜明的个人特征,包括不规范性和自发性等)。我们以客观叙述者身份讲述主人公,譬如,И. А. Гончаров 的著名小说«Обломов»的片段:

В Гороховой улице, в одном из больших домов, народонаселение которого стало бы на целый уездный город, лежал утром в постели, на своей квартире, Илья Ильич Обломов.

Это был человек лет тридцати двух-трех от роду, среднего роста, приятной наружности, с темно-серыми глазами, но с отсутствием всякой определенной идеи, всякой сосредоточенности в чертах лица. Мысль гуляла вольной птицей по лицу, порхала в глазах, садилась на полуотворенные губы, пряталась в

---

① Г. А. Гуковский. Изучение литературного произведения в школе:Тула: Автограф., 2000, с. 165.

② А. М. Левидов. Автор образ читатель. 2-е изд., доп. Л., 1983, с. 147.

складках лба, потом совсем пропадала, и тогда во всем лице теплился ровный свет беспечности. С лица беспечность переходила в позы всего тела, даже в складки шлафрока...(И. Гончаров «Обломов»)

但是，接下来客观叙述就让位于主观叙述了。在描写体现主人公生活方式时，作者不禁发出惊叹：

Как шел домашний костюм Обломова к покойным чертам лица его и к изнеженному телу! На нем был халат из персидской материи, настоящий восточный халат, без малейшего намека на Европу, без кистей, без бархата, без талии, весьма поместительный, так что и Обломов мог дважды завернуться в него...(там же)

此时运用非纯直接引语非常有效，这种手段可以兼容叙述者和主人公的声音：

Халат имел в глазах Обломова тьму неоцененных достоинств: он мягок, гибок; тело не чувствует его на себе; он, как послушный раб, покоряется самомалейшему движению тела...(там же)

非纯直接引语可以糅合作者的声音和人物的声音，在小说中运用得非常广泛。这种手段可以拉近主人公与读者的距离。我们试看下例：

Дело в том, что Обломов накануне получил из деревни, от своего старосты, письмо неприятного содержания. Известно, о каких неприятностях может писать староста: неурожай, недоимки, уменьшение дохода и т. п. Хотя староста и в прошлом, и в третьем году писал к своему барину точно такие же письма, но и это последнее письмо подействовало так же сильно, как всякий неприятный сюрприз.

Легко ли? Поедстояло думать о средствах к принятию каких-нибудь мер. Впрочем, надо отдать справедливость заботливости Ильи Ильича о своих делах. Он по первому неприятному письму старосты, полученному несколько лет назад, уже стал создавать в уме план разных перемен и улучшений в порядке управления своим имением... (там же)

叙述者从主人公视角加以评论，揭示了 Обломов 的本质，间接地予以评价（试比较，文中提到 Обломов 几年前就计划做点什么，但结果却什么事也没做）。如此，Обломов 的本质在小说中就得以多方面的呈现，其中包括借助于叙述者形象。总之，在承认作者形象在构篇过程中起到关键作用的同时，还要考虑到这种情况在教学活动中的体现。在教学过程中应引导学生认识到作者个性在构篇中的意义，使他们理解作者是通过语篇向世人表达他的世界观的。正因为如此，作者意图、作者构思才成为语篇的构成要素，它决定着所有其他要素。

在语篇构拟过程中还会体现出作者在词汇运用、对世界的知识水平、评价体系以及个性化的联想等方面的独特性，所有这些都体现在语篇体系和读者对语篇的解读之中。语篇是否能获得认可取决于作者的语言驾驭能力、语篇独特的世界观，还取决于基于接受规范和言语交际规则的对读者的指向性。

作者形象这一概念是在揭示和划分其他更加具体的概念（言语作者、叙述主体）时提出来的。作者形象是它们的"上级单位"。言语作者——叙述主体——作者形象这些层级的划分有助于加深我们对所求解的概念（作者形象）的实质的理解。对该序列的第一个概念——言语作者（言语的实际创作者）不可避免地会引起多种解读。很显然，每部语篇、文学作品都是由具体的个体创作的。报纸上的任何特写、小品文、科技文都同文学作品一样是由某人完成的或是同他人合作完成的。然而真正的作者（言语作者）

在动笔写作时都会有一定的目的或任务：或是自己设定任务，或是受命于他人(譬如报社记者)。从开始创作的那一刻起，作者就在生活材料(人们头脑中业已形成的思想观念和内容等)的重压之下去寻求、探索合适的表达形式，即材料组织形式。如何写作？展示自己鲜明的个性抑或隐藏个性？譬如写作社论的记者要尽量不暴露自己的个性，给读者造成一种该社论是出自报社编辑部意见的印象，选择相应的言语形式以求达到客观性的目的。科技文献的作者常常采用自谦——"我们"的形式以隐藏个性(我们认为、我们提出等等)，此举是为避免指明所叙述的内容与自身的联系，经常运用无人称句形式组织材料。因此，从作者角度讲，构建语篇时要加强思想观点叙述的客观性。第三类学者并不隐藏自我，他致力于寻找自己意见的反对者。

作者形象是文学语篇的基本范畴，作者和人物常常占据文学作品的中心位置，这也是人类中心论的反映。这一点也为解读基于人本主义思想的文学语篇提供了一个思路和途径。

三、接受者形象

接受者范畴也极为重要。接受者承担着语篇的解读功能。В. В. Виноградов 写道："文学作品并不是作为确定的内容体系呈现给读者的，它实际是某种图示和迷团，它有赖于读者在具体语义层面加以补充和读解。"[1] 在语篇生成过程中正是接受者的交际性因素决定了作者选择何种交际策略和技巧，其中包括语言手段的遴选和组织。

交际策略可以理解为"说话人为达到交际目的而提前设定的并得以在交际过程中实现的系列化理论手段。"而交际技巧则是

---

[1] В. В. Виноградов. О теории художественной речи. М.: Л., 1971, с.9.

"说话人在实际交际过程中所采取的系列化实践手段"①。如果我们考察一下 Т. М. Дридзе 关于交际策略的说法是指一种专用方案的层级的观点,那么交际技巧实际上同为达到某种交际目的而完成的某种步骤相关联。上述观点都要求选择和组织语言手段。

考虑到接受者的各种参数(年龄、性别、受教育水平、职业背景等),我们可以对语篇中同一内容的表达形式加以变通。鉴于接受者在言语交际过程中的因素,在学生言语修养课程中应包括言语熟巧和技能的培养。譬如,Грайс 的语用交际理论认为:"质准则"(说真话)、"数量准则"(言语交际中所提供的信息量不多不少)、"关联准则"(话语切题)、"方式准则"(清楚明了,井然有序)始终与接受者因素联系在一起。

四、抒情主人公

抒情主人公形象(образ лирического героя)是与"作者形象"相近而且经常交叉的一个概念。这一概念对文学语篇,尤其是诗歌语篇极为重要。如果说"作者形象"常常可以脱离读者的视域的话,那么在所谓的"非在场"空间中,抒情主人公通常是作为主要的出场人物而出现的。语篇中抒情主人公往往是以人称代词第一人称的直接格或间接格形式出现,例如:я, мы, мне, нам 等。物主代词也可以承担这一功能,而在没有代词的情况下,则用第一人称动词加以指明。例如:

Я дохожу до холодильника, открываю дверцу, достаю банку «спрайта», открываю. Напиток холодит горло. Это почти ритуал — глубина всегда сушит слизистую. С банкой в руке я выхожу на балкон, в теплый летний вечер. (С. Лукьяненко «Лаби-

---

① Е. В. Клюев. Речевая коммуникация: Учеб. пособие для университетов и вузов. М.: 1998, с. 11.

ринт отражений»)

Куда же **приехали**-то?

То-есть, где остановлюсь?... Да не **знаю** еще, право... так...

Не **решились** еще?

И оба слушателя снова захохотали. (Ф. Достоевский «Идиот»)

В реальном мире **моя комнатка** такая же, как и в виртуальном пространстве. Только за окном не летний вечер Диптауна — дождливая питерская осень. (С. Лукьяненко «Лабиринт отражений»)

抒情主人公的心理世界通常由人称动词陈述式形式的谓语来表达，例如：

Зачем ему дискета, отчего **он отправлял** меня к этой Ларисе? Вполне объяснимо, скорей всего информация связана с его работой, что-то со страхованием. Небось таинственная Лариса — сотрудник «Верико». Почему **он нес** дискету в потайном кармане? Скорей всего... (Д. Донцова «Урожай ядовитых ягодок»)

抒情主人公的情感状态一般以无人称动词或谓语副词来表现（状态范畴词），经常带有代词 мне，例如：

Мне стало смешно, и я рассказала Наташке все подробности телефонного разговора. Подруга пришла в полное негодование:

— Гони его отсюда, **нужен нам** тут ее сынишка, наверно, такой же высокомерный тип, как мамулька. (Д. Донцова «За всеми зайцами»)

抒情主人公的体验可以通过能够表达意愿情态的动词假定式

来体现,例如:

— Надо. **Я бы с удовольствием** лучше водопровод **пошел** рыть, траншеи: выложился раз, зато потом без горя — и вода, и отопление.

— С одной стороны, конечно, хорошо — водопровод, с другой — беда: **ты ба** тогда совсем **заспался**. Ну, хватит, поехали. (В. Шукшин «Волки»)

Павел Николаевич ощущал слабость и **хотел бы** сесть. Но скамьи казались грязными и еще надо было просить подвинуться какую-то бабу в платке с сальным мешком на полу между ног. (А. Солженицын «Раковый корпус»)

要表达抒情主人公的状态、情绪也可使用能够传递说话人对现实态度的独立不定式形式,特别是这种形式可以传达:在语篇中作家可以将"作者形象"、"抒情主人公形象"以及所有的人都用代词"我们"来加以表达,例如:

Наша квартира состоит из двух, и теоретически **мы** можем закрыть дверь, которая ведет из общей гостиной на нашу половину, и остаться с Олегом вдвоем. Но практически такого не делали ни разу. (Д. Донцова «Урожай ядовитых ягодок»)

五、交际活动参与者——交谈者——受话人

在不同体裁文学作品中与作者(或抒情主人公)形象并列的是听众、受话人、读者形象(образ слушателя, оппонента-адресата, читателя),而作者在自己头脑中要时刻牢记这些形象。受众常常是指读者,往往用第二人称形式(ты, вы, твой, ваш)表示。

时空将读者(听众)同说话人分开,例如,今天我们可以阅读(或收听、收看)上个世纪的作品。听众理解和接受作者思想的理想途径是口头言语(口语):对话、听课、听诗歌和文学作品朗诵

等。但这里有一个受众的知识储备、眼界和自身修养的问题,作者常常将读者引入自己设定的对话中,假定他(读者)是一个能够识破作者所有暗示的谋士(谋略家)。作者在自己小说的结尾写道:

«Кто б ни был **ты**, **о мой читатель**. Друг, недруг, я хочу с тобой. Расстаться нынче как приятель. »

作者可能将自己的作品直接寄给具体的读者,期待从他们那里获得理解和接受。Н. А. Некрасов 就非常重视自己的读者——农民朋友,请求他们阅读长诗《农民的孩子》,请求他们的宽容:

Почитай-ка, не прославиться-Угодить тебе хочу. Буду рад, коли понравится, не поправится— смолчу.

六、交际活动中其他的受话人和听众形象

除了读者形象,代词(ты, вы, твой, ваш)还可以指代任何其他物象,包括参与交际活动的动物客体和非动物客体。这些代词在基本句中用来对比与之有意义关联的称谓,其中第二人称代词(ты, вы, твой, ваш)在基本句和语句中承担"传递信息"的功能,而在语篇和复杂句法整体中形成客体链系列:ты — тебе — с тобою — твой 等。在称谓中被称为先行受话人,因此我们要在共同联系中对其进行考察。

由基本句或复杂句法整体构成的语法或语调的特殊形式,用名词或相当于名词的第一格形式表示,它可以是扩展句,也可以是非扩展句。口语中常伴随呼格形式、号召或代词语调,书面语中借助感叹号、破折号或逗号表示。例如:

Мамулечка, — заорала радостная Маня, — представляешь, какая с нами штука приключилась! Пошли мы в «Галери Ла-файет», чтобы купальник купить, таскаемся по отделу женского белья, и вдруг радио объявляет, что иностранный турист, паспорт которого содержит цифры 25678, получит подарок от универмага. (Д. Донцова «За всеми зайцами»)

有时在语句中称谓可以同准感叹词连用,用标点符号隔开:

Ну ты, козел! — понесся над пляжем ликующий Машкин голос.

Ладно, — вздохнула Оксана, — детей нашли, пошли устраиваться. (Д. Донцова «За всеми зайцами»)

或者不隔开:

Да это же Дима, просто он купил себе шляпу, а разговаривает с нашим соседом. (Д. Донцова «За всеми зайцами»)

有时基本句中没有 ты, вы,称谓也可作主语:

Упадай **порфира** с плеч! (В. Брюсов)

我们发现了作为表达意义感情语言成分的称谓的特殊作用。М. В. Лермонтов 称之为"庄严的、强有力"的修辞格。他指出该辞格语义功能多样,认为借助于称谓可以表达建议、证实、允诺、威胁、讥讽、安慰、期望、告别、惋惜、吩咐、禁止、恳求、哀悼、抱怨、影响、解释、祝愿等。因而,称谓是用于诗歌语言中的强有力的辞格。

在总结诗歌语言中说话人和受话人交际特点时 И. И. Ковтунова 列举了"强势对话特征"和"弱势对话特征",它们常常是内心对话,内心独白或自我交际。И. И. Ковтунова 写道:"强势对话特征是必须要有对话方应答语的一种对话特征。这是一种吩咐和提问。而弱势对话特征则不要求对话方的某种反应。这是第二人称和宣谕。针对对话方的描述传达要求对方给予关注和理解,但并非一定要作出应答。"[1]然而研究者认为:"在对(诗歌)语篇中的受话人进行提问时,他不能作出回答。如果说话人自身不去寻求答案,则提问将不会获得应答。"[2]在诗歌语言中提问和回答是

---

[1] И. И. Ковтунова. Поэтический синтаксис. М.: Наука, 1986, с. 61.
[2] И. И. Ковтунова. Поэтический синтаксис. М.: Наука, 1986, с. 173.

分开的。

我们必须关注内心对话，内心独白或自我交际这样的术语，下面会谈到这些术语。这是同宣谕联系在一起的，使用第一、第二人称的修辞格。内心对话是针对对话方的一种言语形式，但对话方就是说话者本人：Зима. Что делать **нам** в деревне？（Пушк.）；Лети, литургия моя！（А. Бел.）О. С. Ахманова 认为，内心独白是针对自身的言语，并不期待获得应答。该语言修辞手段是用传达事件造成的影响来代替对实际发生的事件的描述。该术语的同义语是"非纯直接引语"①。Т. Г. Винокур 则认为："任何独白言语的片段都是对话性的，即包含说话人力图提高受话人（即说话人自身）参与对话积极性的指数②，例如：Не спи, не спи, художник, Не предавайся сну.（Паст.）И. И. Ковтунова 将这种内心对话或者内心独白称之为自我交际。"③

第二节 事件范畴

某些学者将事件（событие）归为对语篇结构和内容而言意义重大的语篇整体性范畴是有其道理的，对该现象不同界面的研究我们可以从 Т. М. Николаева, В. З. Демьянков, Н. Д. Арутюнова, И. Я. Чернухина, А. Ф. Папина 等人的著作中略窥一二。У. Л. Чейф 根据对这一过程不同阶段的描写归纳了事件在内容形成中的作用。有学者通过片段切分（把事件划分为内容组块）来研

---

① О. С. Ахманова. Словарь лингвистических терминов. М.：Сов. энцикл.，1966, с. 132.
② Лингвистический энциклопедический словарь. М.：Сов. энцикл.，1990, с. 310.
③ И. И. Ковтунова. Поэтический синтаксис. М.：Наука, 1986, с. 62.

究这一过程的初始阶段。在切分时大的片段被较小的片段组合所取代,而在切分过程中片段实质上被构成事件(或情景)的结构——作为交际参与者的说话人选择的话语所替代。① 按照他的设想,论断构造应包括:1)片段中所包含的事件或情景的因素划分;2)对这些因素在该事件或情景框架内加以解读。

怎样理解事件语篇范畴呢? 这一范畴是同一定时空中对主体和客体的不同动作的描写联系在一起的。А. Ф. Папина 指出:"事件范畴是指发生的人或事,可以是过去发生的,也可以是现在或将来发生的。事件类型是同情景、过程、片段、情况相关联的。"②

研究者将事件视为一种构篇范畴,它体现基本陈述——语篇述位的交际前景。③ Н. Д. Арутюнова 和 А. Ф. Папина 将纯事件、过程、事实、状态涵纳于这一范畴中。研究者归纳出事件范畴的表现手段为事件述谓,它表示情节进程、阶段和其他特征,过程型述谓,表示静态或动态过程。Н. Д. Арутюнова 指出事件和事实的区别在于"事实基于知识世界,即真伪坐标系中的逻辑空间,事件则是针对现实时空中发生的事情过程"④。事件可以是真实的,也可以是臆造的。学者将后者称之为文学事件。И. Я. Чернухина 将文学事件视为"作者创作的产物,它是人们社会生活和个人生活事实在言语上体现的审美手段,它还是散文和诗歌语篇中自然存

---

① У. Л. Чейф. Память и вербализация прошлого опыта. // Текст: аспекты изучения семантики, прагматики и поэтики: Сборник статей. М.: Эдиториал УРСС, 2001, с. 16.

② А. Ф. Папина. Текст: его единицы и глобальные категории.: Учебник для студентов — журналистов и филологов. М.: Эдиториал УРСС, 2002, с. 135.

③ А. Ф. Папина. Текст: его единицы и глобальные категории.: Учебник для студентов — журналистов и филологов. М.: Эдиториал УРСС, 2002, с. 135.

④ Н. Д. Арутюнова. Типы языковых значений. Оценка. Событие. Факт. М.: 1988, с. 168.

在的事实"①。

一、事件范畴的特征

构成语篇结构和思想内容的重要总体性范畴之一是事件范畴,该范畴可以描述时空中主客体的各种活动。事件范畴的构成手段是由人称动词或无人称动词、静词或动词合成谓语表示的述谓结构构成的,此外形动词和副动词也作为表达的一部分进入述谓结构中,但不作谓语。在语篇、复杂句法整体中述谓构成了序列链或同时完成的事件,它们是语法或内容连接链。述谓在连接链中可以伴随强化副词(或副词词组),主要是在时间轴上起评价、估量、分配动作的作用,此类副词主要有:сначала, теперь, потом, снова, долго, всю ночь, слегка 等。例如:

Солнце уже давно **встало**, когда Рудин **подошел** к пруду; но **невеселое было** утро. Сплошные тучи молочного цвета **покрывали** все небо; ветер быстро **гнал** их, **свистя** и **вивизгивая**. (И. Тургенев «Рудин»)

事件范畴的特点是将每个动作都置于同言语时刻相关联的一定时间中,因此,事件范畴词汇首先是回答何时的问题。这类问题语义上还具有引入性质和数量、体评价的意义,主要回答怎样、多久、多快、多长时间的问题。谓语动词在回答问题时常与强化词连用,此时可能指明动作的界限(开始、结束)、完成与否、动作的阶段性(某一阶段)、是否为一次性动作及动作的结果等。作者将事实范畴引入现实世界和虚幻世界,可能世界或虚拟世界,这使他可以在语篇中构拟数种(不同的)时空类别。

文学作品(或任何其他语篇)中用来反映(体现)一系列动作

---

① И. Я. Чернухина. Общие особенности поэтического текста. Воронеж: Изд-во. ВГУ., 1987, с. 10.

性范畴的是事件,因此,我们用这一术语称谓所有交际前景中表达基本信息的该构篇总体性范畴——语篇述位。继 Н. Д. Арутюнова 之后,我们将准事件、过程、状态这些概念纳入这一范畴。

事件范畴表示某人或某物身上发生的事情,可以指过去、现在甚至将来发生之事。事件类型同"情境"、"事故"、"事情"、"片段"、"情况"这些概念联系在一起。体范畴"准事件"的特点是如 Н. Д. Арутюнова 所说的"从事件流中分离出来的部分"。该范畴是由一系列同过程、状态相近,而同事实相对的活动所组成的。Н. Д. Арутюнова 援引 З. Вендлер 的话,将事件称为最简单成分(同对象和事实一同进入本体世界的成分),即将语言、言语同现实、生活联系起来的符号。她写道:"事件是类术语(包含过程、活动、条件、情景、变化、情况这样一些概念),可以用完全称名手段加以表达。"

二、事件型述谓

完全称名和直义述谓表达准事件。它们构成:
1)完成体过去时人称动词和无人称动词;
2)一般将来时、历史现在时;
3)静词和动词合成谓语;
4)形动词和副动词。

事件型述谓的功能是表示动作、活动的动态性,记录活动的某一阶段,确定动作发生的时间界线,指明动作的非一致性(多次性、重复性),动作的结果。类似的谓语所表示的活动长度与时间跨度相连。这种现象是古俄语的遗迹,它的形式是分析式的,例如,这种形式被称为久远过去时。这种分析形式随着时间流逝而消失,只剩下民间故事的固定模式:жил-был царь。然而久远过去时仍见于现代俄语中,但表现形式已完全不一样了。

拉丁语中"faktum"意为"已完成的"、"做完的",因此,任何事实都是基于过去已完成的事件。Н. Д. Арутюнова 在其专著《述谓的语义类型》一书中写道:"事实一词系指其存在已得到客观证明的现象、事件。"Н. Д. Арутюнова 认为"事实"这一概念既体现于判断、意见、推理、报道这样一些词汇的综合意义中,也体现于与这些词汇有关联的说明从属句的具体意义中。① 而按她的观点,"事实"与"事件"并非同义。她写道:"事实不可能是观察的对象,我们可以说事件的见证人,但不能说事实的见证人。即使说了解事实真相,也只是经验的结果,事实本身无法见到。""事实指向世界,即真伪坐标系所架构的逻辑空间,而事件则指向现实时空中发生之事的过程。"②

继 3. Вендлер 之后,Н. Д. Арутюнова 强调"事实"这一概念的特点是不完全称名性。③ 3. Вендлер 将精神外壳称为"涵纳式动词"。他说道:"这些动词的补语应为不完全称名结构。"④因此,带有事实意义的述谓意为过去的事件,事件已经完成,其状态为说明从属句,按«то-что»模式构建的复句。

主句谓语在复句精神外壳中起重要作用。由人称代词或无人称动词的任意形式表示,或由状态范畴词、动名词表示。此类谓语的功能是引入对说话人合理的、充满感情的评价:感官、正面或负面、精神、知识、无知、意见等。在研究事实本质时,А. А. Зализняк 写了下面的话:"事实并非独立存在,因为事实的意义是由从句谓

---

① Н. Д. Арутюнова. Типы языковых значений. Оценка. Событие. Факт. М.: 1988, с. 103.

② Н. Д. Арутюнова. Типы языковых значений. Оценка. Событие. Факт. М.: 1988, с. 168.

③ Н. Д. Арутюнова. Типы языковых значений. Оценка. Событие. Факт. М.: 1988, с. 105.

④ З. Вендлер. Иллокутивное самоубийство // Новое в зарубежной лингвистике. Вып. XVI, 1985, с. 238.

语语义派生出来的,即词汇精神层面的意义。"①А. А. Зализняк 引述 Н. Д. Арутюнова 的话,举了一个有别于事件言语情景的有关事实言语情景的例子:**Я хорошо пообедал**(событие)и Хорошо, что **я пообедал**(факт).(他对心智层面的评价是好。)

事件和事实的区别在于前者是现实中发生的事情,感觉可以捕捉,后者是一种认知,它经过现实的检验。上例中主句的谓语是带事实意义的从句的精神部分,指代这种心智表现或人的感觉。表示心智活动的其他动词还有:

(1)人(说话人和思考者)的一系列心智活动:想(думать)、思考(мыслить)、打算(предполагать)、推断(рассуждать)、断定(утверждать)、理解(понимать)等等。例如:**Я понимаю, что** совершил непростительную ошибку.

(2)指明人的记忆属性:记住(помнить)、回忆(вспомнить)、想起(припомнить)、忘记(забыть)等等。例如:Он **не забыл, что** было с ним весной.

(3)确定说话人了解(知晓、不知)某一事实。例如:**Мы знаем**, что ныне лежит на весах и что совершается ныне(Ахм.);**Стало известно**, что в Турции созданы прекрасные курорты.

(4)说话人有关事实的假设是可能的。例如:**Знаю** — желанное близко.(А. Бел.)

(5)心智成分引入对说话人所述事实的合理评价:真实性、可信度、怀疑等,例如:**Казалось, что**...;**Правда то, что** сообщалось в газетах о преступлениях;Мы считаем вероятным то, что передали СМИ.

(6)可能作出感情色彩的评价,称为正面感情(褒义),负面感

---

① А. А. Зализняк. О понятии «факт» в лингвистической семантике // Логический анализ языка. Противоречивость и аномальность текста. М.: Наука, 1990, с. 25.

情（贬义）：любить, ненавидеть, радовать, огорчать, 等等。例如：Он **любил** то, что составляло смысл его жизни— свою семью; **Плохо было то**, что старик стал замкнутым; **Хорошо**, что я в море погиб.（Бальм.）

（7）可以强调说话人活动的感官感受：видеть, слышать, ощущать, представлять, 等等。例如：ты обо мне забыл.

（8）可以通报说话过程：сказать, говорить, объяснять, 等等。例如：Он **рассказал**, что был в Европе.

在谈到被称为事实并主导心智活动的复句陈述部分的语法语义属性时，Анна А. Зализняк 强调从句陈述部分结尾的事实并未指明时间、地点，这些事实被精神外壳包裹起来，从而获得了心智外壳的属性，即真实性、可信度、合理的评价等参数。①

这一点使事实本身同时空中注定发生的事件、过程、状态（形式上与其属性相联）区别开来。我们发现了书面语特有的事实模式的某些形式化特征。带陈述从属句的复句，其完整模式是它独有的特点，具有«то-что»结构，例如：Он объяснил **то**, **что** было наиболее сложным.

不完全的弱化模式可以省略：

（1）主句省略 то，例如：Мы знаем, что это случилось давно.

（2）主句省略 то，从句省略 что，此时两句间用冒号连接。例如：Вдруг я чувствую: кто-то берет меня за плечо и толкает.（И. Тургенев）

（3）主句省略 то，从句省略连接词 что，主句此时可省略谓语«и видел, что»，这部分由读者在头脑中补充进去，这种句子也加冒号。例如：Я поглядел кругом: торжественно и царственно

---

① З. Вендлер. Иллокутивное самоубийство // Новое в зарубежной лингвистике. Вып. XVI, 1985, с. 24.

стояла ночь.（И. Тургенев）

指称事实的谓语在连贯语篇中可以加入到事件、过程范畴的连接序列中，而陈述句所述的事实可以是独立连接序列。主句的心理活动通常要将这类事实加入作者头脑中或加入到诗人头脑与现实时间接壤的文学心理时间中。作者再现了自己或人物的推理过程，他们的回忆、祈求、请求、隐秘的思想、赞扬或责备。描写此类心理活动通常要借助于富含陈述从属句的复合句。Л. Н. Толстой 作品的语言以句子结构复杂著称，一个复句包括 27 个谓语（称为述谓句）。我们分析一下节选自《Война и мир》中包含一系列陈述从属句的句子：

И все, что говорил（1）Кутузов: например, то, что надо подождать（2）провиант, что люди без сапог（3）, — все это было（4）так просто, а все, что они предлагали（5）, было（6）так сложно и умно, что очевидно было（7）для них, что он глуп и стар（8）, а они были（9）властные и гениальные полководцы.（Л. Толстой 《Война и мир》）

这个带并列和主从关系的复句由 9 个谓语组成。所有 7 个从句都借助于连接词同两个主句相连，中间由并列对别连接词连接。因此，复句在逻辑上和句法上可分为两部分：第一部分由分成三个不均等的主句组成，三个陈述说明句，解释量词 все 的意义，指示词 то 的意义（1）。其中一个从属句（2）包括整个复句的心智部分，主要描述 Кутузов 所说的情况。第二部分包括分为两部分的第二个主句，借助于对别连接词 а 与第一个主句（1）并列。第二部分的主句（5）是陈述说明句，（6）包括复句的心智成分：все, что они предлагали。从属句（7）带有分寸、程度意义：так, что очевидно было для них, 该句引入对"他们"（年轻的统帅）的评价，参加军委会、提建议。最后两个从属句（8）、（9）是陈述说明句。整个第二部分复句的特点是：概括了年轻的统帅所提出的他对 Кутуэов 的看法，如何评价 Кутузов 和自己的立场。

Л. Н. Толстой 建构的带有并列关系和主从关系的复句（使用大量陈述从属句）使作者可以寥寥数笔就向读者展示了两个世界：外在表现——主帅和幕僚在军委会上的公开对话；内心世界——年轻的统帅的心理活动，从中可以窥见他对 Кутузов，年龄和头脑的评价，以及当时人对 Кутузов 过高的评价。Л. Н. Толстой 借助于比较复杂的句法手段使读者了解他所持的立场。Кутузов 的立场是建立在他们观察到的现实事实基础上的。年轻的统帅的推断中只有一个事实：Кутузов 老了，所有其他的结论和评价都是基于作者讽刺性地再现了他们的思考结果。

应该指出 Л. Н. Толстой 的主要注意力都集中在对他至关重要的、能传达作者立场的事实信息、语篇附带信息、概念内容信息和情境信息上，因此，表面上看似乎不易为读者接受的句子形式，带有众多量词的单一句子结构：и все — все это — а все，连接词что 引导的从句（只有在使用不完全句模式时作者才能省略这一连接词，用连接词却而代之），即不完全模式句（9），所有这些句法手段并未难倒作者，这些手段改进了他基于思想、基本精神、概念的作品。难怪 А. П. Чехов 说他在 Л. Н. Толстой 作品中看到了巨大的力量。

"白银时代"作者的文学语言继承了"黄金时代"的优良传统。他们的小说语言和诗歌语言的特点是将心智外壳引入陈述句中。此类句包含基于人生经验的事实、基于人对自然世界观察的结果，那里已经发生和正在发生着各种事件。最后，我们可以归纳出文学语篇事件类型：

（1）具体的文学事件——即作者创作的产物，它是人们社会生活和个人生活事实在言语上体现的审美手段，它还是散文和诗歌语篇中自然存在的事实；

（2）总结性文学事件——作者创作的产物，人们社会生活和

个人生活事实的审美表达,事件主体可以是多个具有类似特征的人;

(3) 抽象性文学事件——作者创作的产物,一系列具有共同特征的具体事件的象征;

(4) 文学事件的诗学变体——作者创作的产物,以审美手段替代具体事件的臆造事件。

第三节 语篇中的回溯和前瞻

在研究回溯(ретроспекция)和前瞻(проспекция)这对范畴时,我们重新接触到时空概念领域及其在语言中的表现。前瞻和回溯——连续统的形式,它们首先是时间范畴的形式。前瞻和回溯实质上是连续统的中断形式。通过这对范畴实现了构思事件的必备过程。它们可以延缓语篇的线性展开进程。借助于回溯范畴读者可以深入到语篇"时间链条"之中。正是这对范畴,特别是回溯构建了读者解读语篇词库的基础,借助于这一范畴读者能够置身于"时间的联系"之中。

Н. В. Шевченко 认为:"前瞻和回溯在大多数语篇中都表现得很隐晦,它们或者是基于先前传达的信息,或者是根据对下文将要出现的信息猜测。如果将读者已知信息归入前述的内容事实性信息中,则回溯也可以显性地表现出来。"① И. Р. Гальперин 对此的观点与 Н. В. Шевченко 颇为相似,他指出:"在大多数语篇中回溯表现得模糊,它涵纳于大多数语篇中。回溯是基于我们能够记得早先获取的信息的能力并在该叙述片段中将先前信息与当前信息紧密结合在一起,正是回溯的这种蕴含性为读者提供了有关'过

---

① Н. В. Шевченко. Основы лингвистики текста. М.: 2003, с. 49.

去层级'的广阔空间。"①

但是在前瞻中,同以下叙述的那样(这句里出现前瞻),蕴含性与某些显性表达特征交织在一起,吸引读者的注意力。预测语篇进一步展开所要叙述内容的创作潜力。这里引述有关语篇中冠词功能的论述(观点)。看出定冠词和不定冠词相应地对应后续信息(已知信息)和未知信息。

回溯和前瞻作为语篇范畴,承担语篇手段本身的类似功能。哪些语篇构建功能取决于回溯和前瞻呢?下面我们分别加以论述。

一、语篇中的回溯

回溯是这样一种语篇语法范畴,它能够把读者引向先前叙述的内容-事实信息,并且能够将反映先前内容-事实信息的语言表达手段统摄为一体。回溯的出现有两种条件:一是当前面的信息已经在语篇中叙述过;二是当交代对事件联系必需的前面信息时,打断了语篇的直线前进运动,即重新配置叙述的时间层面。

回溯是由内容-事实信息引起的。文学作品的作者将读者的注意力引向已经交代过的信息,显然,他赋予这些信息一定的意义,以吸引读者,迫使读者记住某些时刻的信息。如此一来回溯还起到内部联系的作用。回溯根据语用目的的不同,可划分为三种形式:

(1) 恢复读者头脑中读过的信息或传达针对过去的、理解叙述进一步展开所必需的新知。

(2) 考虑到回溯之前交代的内容为新的条件下,其他上下文重新理解这些信息提供可能。

---

① И. Р. Гальперин. Текст как объект лингвистического исследования. М.: Наука, 1981, с. 105.

(3)语篇中与概念内容信息间接相关的部分的体现。

因此,回溯范畴对语篇某些部分的重新布局是必不可少的。那些借助于回溯范畴而在我们头脑中复现的内容迫使我们对它们的意义进行重新评估,常常是那些显得不相关的、次要的内容会变为重要的、有意义的部分,只有在多次、反复阅读语篇后方能更有效地理解回溯范畴。实际上,每个语篇都在某种程度上建立在回溯的基础上,如果不记住已知,就无法在头脑中连续不断地输入、累积新知。然而回溯作为语篇范畴,要求作者有针对性地行动,它驱使读者打开记忆的闸门,回忆起那些已经表述过的事实。

回溯可以是读者的主观认识,也可以是作者的客观反映,即它可以是个性化、创造性地接受叙述连续统的结果,或是作者引述语篇前述内容的结果。我们来整理一下有关的思想,读者可以在头脑中自由地回忆已读信息,那些与理解、接受语篇直线运动中出现的事实、事件、描述紧密相关的、铭记在心中的部分。这种主观性回溯在某种程度上是整合语法范畴的结果,并且该范畴同某些叙述片段息息相关,融为一体。在头脑中回忆已知信息,往往是由语篇自身结构造成的。这种语篇结构将读者注意力同语篇这样或那样的已知成分联系起来(通常为实义化成分)。当语篇中出现类似的词或短语时,呈现在我们面前的便是作者客观回溯。

回溯的表达方式各异,其中重复占有特殊的地位。回溯本身就是一种独特的重复——重复作者的思想,这显然延缓了叙述的节奏。这样,回溯可以视为停顿,叙述连续统的中断,目的在于体现已知内容,而且常常会赋予事实内容信息以概念内容信息的意义。

回溯范畴的意义还在于它整合了作品中的时间断面,换句话说,回溯可以使我们从过去、现在,在一定条件下甚至是从将来的视角来研究、考察语篇。作品的每一个时间断面作为自我复现过程和主客体实际同一化的整合过程不可避免地将:

第五章 小说中折射的其他语篇范畴

（1）已实现的固定部分同"凝固"的过去统一起来；
（2）直接经历的现在统一起来；
（3）尚未实现、但已可预见的未来统一起来。

如同大多数语篇语法一样，回溯与其他范畴——内聚性、信息性、切分性、语义独立片段等密切相关。回溯范畴的实现在很大程度上要依赖读者对概念内容信息的接受程度。概念内容信息常常并不容易进行解码，要不折不扣地、准确地理解概念内容信息，除了需要具备渊博的学识，敏锐的艺术鉴赏力，熟谙修辞手法和作品的结构形式的规律之外，基本的艺术修养也不可或缺。然而某些学者却认为读者是否做好解读概念内容信息的准备工作并不特别重要。

人们常常并不把回溯看作话语片段的实义化手段之一，而这种手法可以间接地促进对概念内容信息的解读，全面地领悟美学意义信息的决定性因素是重复，只有反复阅读、品味之后才能全面把握文学作品。读者初次阅读作品往往是蜻蜓点水，走马观花。渐渐地，随着阅读的深入，通过回溯手段，才获取了对作品的某种实际形式、意义、分量、分寸等方面的深刻认识，而且回溯有助于深刻理解语篇某些部分的相互联系，尤其能够保证整合过程的进行。主观性回溯不仅是个体化的分析矢量，而且还是语篇本身的间接参数。选取哪些部分进行回溯是读者主观决定的。数量众多的语篇单位要求对其（这些单位的位置）进行排序，而相关信息，正如我们在切分和内聚中讲的那样，就包含在这个序列本身中。要对这些信息进行解读，就必须详细分析语篇各部分的相互位置，而这不可避免地要借助于回溯。对某部作品各部分相互位置意义的主观意见通常是基于作者创作意图的一般"战略"，而不能逾越语篇本身的界线。

А. Чехов 的短篇小说《Красавицы》开篇这样写道：

— Помню, будучи еще гимназистом V или IV класса, я

ехал с дедушкой из села Большой Крепкой Донской области в Ростов-на-Дону. День был августовский, знойный, томительно-скучный. От жары и сухого, горячего ветра, гнавшего нам навстречу облака пыли, слипались глаза, сохло во рту...（А. Чехов «Красавицы»）

数行之后小说中就出现了下列对叙述者感情和状态的描述：

Но потом я мало-помалу забыл о себе и весь отдался ощущению красоты. Я уж не помнил о степной скуке, о пыли, не слышал жужжанья мух, не понимал вкуса чая и только чувствовал, что через стол от меня стоит красивая девушка.（там же）

"我已经不记得"（Я уж не помнил）这句话就是回溯的作用。将读者的注意力从正在描述的事件转移到先前发生的事件或事实片段中。这里还应指出 А. Чехов 有关美丽的修辞手法，他运用该手法来建构感性美学观念。这种手法就是用凄凉的景色，令人疲惫不堪的、人迹阒无并且满是灰尘的道路来反衬令青年人震惊的美丽姑娘突然出现在眼前，顺便提一下，"灰尘"这个词在引文第二段多次重复：

① не видать ли сквозь пыль деревни?（第 10 行）；

② в комнатах армянина не было ни ветра, ни пыли（第 26 行）；

③ опять жара, пыль, тряские дороги（第 34 行）。

通过引述已知信息有助于读者更深刻地理解语篇。在阅读文学作品时，读者的注意力常常集中在某些片段上，有时是次要细节上，但文学描述的力量是作品的重要特征。这种情况下细节在不同的情境中，在语篇的不同位置多次重复。同样，托翁在《Война и мир》中描写 Болконский 公爵的薄嘴唇或 Анна Павловна 在晚会上的纺锤形象，或多次提及 Элен 的美丽，所有这些都是回溯范畴的实现形式，因为读者注意力一直专注于先前叙述过的信息上。

如前所述,语篇语法范畴彼此紧密相连,很难一下子将一个范畴同另一个范畴区分开来。而且,一个语篇片段可以涵盖不同的范畴,重要的是确定主要范畴,但也不能忽视从属范畴。我们反对将语篇范畴机械地移植到语篇语法中,不过我们承认某些类似现象是有益的。

在新闻语篇中回溯有其特殊的实现形式。报纸上对有关国计民生的热点问题进行不同的评述,引起读者的反响,进而引发进一步的热议。此时编辑部简要陈述问题的实质,附加各种注释,向读者头脑中输入各种争论和不同的观点。在阐述问题实质时往往要引述前人的观点,可以通过前人发表的辩论性质的文章和短文作为论述当前问题的佐证。回溯范畴在这些文章中表现得极为尖锐和直观。总之,任何辩论实质上都离不开回溯范畴。引用典故是(引喻——作为一种修辞格,它是一种将神话的性质和属性)广泛应用到当前话语所谈内容上的一种手段。因此,它不能被视为回溯,但并不包括本书所说的对这一术语的理解。另一个要说的是引文。引喻并未重建已经熟知的形象,而只是从中推导出一些附加信息。引文则恰恰相反,它并不报道新信息,而只是引导读者去查阅已知信息,目的在于启迪思考,论证自己的思想,表达不同意见等。

回溯,正如我们先前指出的那样,它是语篇单位进行微调的前提。一个语篇单位同另一个单位的相互观照不可避免地要从语义学或文艺美学感染力的方面对其进行对比。读者头脑中记住了事实、人物特征、事件、时间、地点这些要素,而尤为重要的是作者有意识或下意识地将自己的态度、看法灌输于语篇内容之中,但这种态度并未最终定型,它会随着读者主观评价和审美标准的改变而不断发生变化。主观评价层面的变化只可能发生在对事件和事实进行回溯分析的过程中。我们再举一个作者客观回溯的例子:

Конечно, ни одна отцветшая красавица не поверяла мне

дум и чувств, волновавших ее грудь после длинного бала или вечеринки...

...Чтобы легче угадать, о чем Лизавета Николаевна изволила думать, я принужден, к своему великому сожалению, рассказать вам некоторые частности ее жизни... тем более что для объяснения следующих происшествий это необходимо. Она родилась в Петербурге и никогда не выезжала из Петербурга — правда, один раз на два месяца в Ревель на воды... и поэтому направление ее петербургского воспитания не получило никакого изменения; у нас в России несколько вывелись из моды французские мадамы, а в Петербурге их вовсе не держат... (М. Лермонтов «Княгиня Лиговская»)

在这里 М. Лермонтов 直接指明了回溯的作用：它(回溯)对于解释后面发生的事件来说是必不可少的。类似上文这样的信息，所受教育未发生任何变化，彼得堡的妇人没有供养法国人——同时打断了叙述连续统，将读者引向叙述之前发生的事实和事件。预见到后来叙述的事实和事件，即达到了前瞻的效果。

回溯是从整体上理解全篇的不可分割的属性。В. Асмус 就此写道："绝大多数人只有通过回溯，只有在听过语篇各部分按顺序演奏之后，才能在整体上接受作品中持续的时间，甚至在听众每次欣赏莫扎特的乐曲时，他们都是基于先前对其作品的理解的。"①

很难确定阅读过程中出现的读者主观回溯形式，如果说作者客观回溯促使读者研究语篇的某些片段，那么读者主观回溯则完全取决于将读者注意力引向先前报道的信息：最初的想法或是需要读者花费气力去解读信息的特殊叙述形式，或是修辞手段，或是所描述的事实接近读者个人生活经验，或是突然出现的联想等。

---

① В. Асмус. Чтение как труд и творчество. Вопросы лит-ры, 1961, №2., с.44.

读者主观回溯是角色体验的重要成分。读者常常对所接收的信息进行主观分析或下意识的美学评价(喜欢/厌恶)。这种评价实质上实现了回溯:必须回忆引起这样或那样评价的语篇片段、特征、事件,认为作者客观回溯,还是读者主观回溯某种程度上都是无意识积极化的结果,创作动机需要有意识的分析。这样,这一语篇范畴同语言学和心理语言学的参数紧密相连。

从回溯角度看跋(后记)就被视为一种语篇类型,其矢量指向非常明显。读者注意力集中在语篇主体叙述的主要片段、事件、事实,即事实内容信息,从中可将概念内容信息定型。跋的种类繁多。某些跋是语篇中叙述的主要观点和结论的汇总。这在科学专著、文章、论文中非常典型,被称为结论。结束语的特点是语篇信息高度浓缩,以提纲形式对著作主要观点进行总结。某些科技期刊中每篇文章后还需提供摘要。这实际是文章摘要,它被从上下文中提取出来,带有某些独立性。

回溯产生于对语篇起联结作用的事实内容信息,此类信息在语篇中主要承担结构功能。根据作者的语用目的我们可以将语篇中的回溯分为三类:

(1)恢复读者头脑中已知信息或者表述针对过去的、新的、但对于理解下文必需的信息;

(2)在新的条件下、在其他语境中,结合已知内容对这些信息进行想象、推理;

(3)对与概念内容信息间接相关的语篇片段进行整合。

在重复和多次阅读语篇的基础上我们可以更好地领会回溯的功用。实际上,每部语篇都是基于回溯而建构的,因为如果不记住之前业已接受的内容,要想再理解逐渐叠加、累积的信息是绝不可能的。然而激活读者头脑中的已知信息的主动权是掌握在作者手中的。

回溯可以是读者主观性回溯,也可以是作者客观性回溯,即它是个体对叙述连续统的创造性接受的结果或是作者引述语篇前文部分的结果。读者或者在思想上回到所读过的部分,这是主观上的(一个读者思想上反思,另一读者则没有);或者作者借助于下面这些话语来对过去进行回溯:ему вспомнилось, ранее уже упоминалось о том, что, читатель помнит, что... и опять перед ним проносятся картины прошлого,等等,即客观性信息。

回溯可以通过各种手段实现,其中重复占有特殊重要的地位。回溯本身也是一种思想的重复,回溯可以放缓叙述的流程,起到停顿的作用,中断叙述的链条。回溯的意义在于它可以弥合叙述的时间间隙,即可以迫使读者从过去、现在、一定条件下甚至可以从将来的角度重新审视语篇。回溯属于聚合层面的过程。作为语篇的类别,回溯可以体现在语篇的尾声、结束语中,而读者的注意力则主要集中在正文叙述的片段、事件、事实中。

二、语篇中的前瞻

我们来研究一下前瞻。这个语篇语法范畴整合了将事实内容信息归入下面语篇即将讲述内容的各种语法形式。前瞻的标志是像 забегая вперед, как будет указано ниже, он и не подозревал, что через несколько дней он окажется, как он будет разочарован, когда узнает, что..., дальнейшее изложение покажет, что... 等一些短语和句式。下面是文学作品中前瞻的例子:

Он громко провозглашает: Ваше здоровье! Остатки волос на его висках и под ушами завиты. Семь кружек пива способствуют отличному настроению. Только Господу ведомо — врачи узнают это позднее — что ему суждено умереть. (Э. Штриттматтер.《Два рассказа》Новый мир, 1970,№8. с. 122)

前瞻同回溯一样都是一种叙述手段,作用在于加深读者对事件、片段间联系及相互关系的认识,深入理解语篇概念内容信息,了解下面即将发生的信息。前瞻的特殊形式是前提、开场白（引子）、前言、作者的话、卷首语等。前瞻并不是唯文学语篇所独有的范畴，科技语篇中也存在前瞻范畴。（见讲课教案、演讲稿：как об этом в дальнейшем, потом мы будем говорить о... 下文如何，我们稍后会做出交代，等等）作者使用一系列类似的可以实现前瞻的语句。前瞻和回溯的区别在于回溯常常在语篇平移运动中占有某种位置，此时回溯较少出现在情节展开过程中。但是，读者可以根据语篇相关部分来猜测下文，即将讲述的内容。因此，不论前瞻还是回溯都可以区分为作者客观性和读者主观性两种类型。

三、错觉性

错觉性（обманутое ожидание）是基于读者的猜测或预期，而后再打破这一猜测或预期。错觉性的实质在于：言语的线性和连续性特征意味着每一部分都是基于前述部分并且为后续部分打下基础，后续部分来自前述部分。在这种联系性中，从此部分向彼部分的过渡在语篇中是极为常见的。不过在此背景下出现了略微超出意外的情况，这就破坏了连续性，而这种突发性和意外性就会引起接受的冲突，而要克服这种冲突就要求读者更加用心地去理解语篇。

这同我国文学理论中有关悬念和意外的两种情节表现手段相似。悬念是指人们对小说等作品中人物、情节的发展变化等所抱有的一种期待心理，是文学作品情节引人入胜的最主要的因素。我国古代长篇小说往往在每一回结尾处或故事发展的紧要关头，即读者爱不释手的地方重复一句"欲知后事如何，且听下回分解"，这就是悬念。悬念有多种，但都是作者有意制造的，且都是为了高潮的出现而做铺垫的。意外又称突转。它是指在小说情节发展过程中所出现的出乎读者意料的，致使人物命运、事件结局发生重大变化的转折。这一突变常常在小说的高潮部分出现，在此之前则往往是铺垫,而且其中留有充分的显示、暗示或伏笔。

错觉性在诗歌语篇中可以通过移行来体现,其实质是将内容移至与前文有联系的下一行甚至下一节,这样就起到了弱化行间停顿的作用。通常的节奏感遭到破坏。谓语脱离了主语,补语脱离了动词,前置词脱离了名词,等等。行间停顿的存在迫使读者关注出乎他意料的言语片段。新的思想或感情的转换或者业已开始的情节的进一步发展不仅未得到舒缓,反而由于出乎读者意料之外而获得加强。

错觉性的效果通过相似性,即具有同一修辞功能的一系列修辞手段而得到强化。这些手段可以是重复、倒装、连接词重复连接、作者自创的新词、表现修饰、特殊比喻等。相似性的性质表现是繁饰,即用大大超过表述所需要的词语来进行叙述的手法。

错觉性的效果通过内聚性,即在类似场景中出现类似的表达语篇整体性的相似成分而得到加强。内聚性在不同层面和长度各异的语篇片段内均能得以体现。成分相似可以是语音相似、结构相似,也可以是语义相似。场景的相似性可以具有句法性质或语义性质。作为内聚性来加以运用的可以是词语重复,例如代词的重复,主语和直接补语词汇相同,语法形式相同,语音相似,字体相似,反义对照(通过概念和形象对立进行反衬)。内聚性有助于加强记忆。散文和诗歌结构的相似性主要体现在词法结构和句法并列形式中,语义相似则体现为使用同义词、反义词、性或体相关词及属于同一语义场的词语等。

总体而言,错觉性破坏了与叙述线性展开过程相关联的读者主观性猜测(前瞻),导致了读者对语篇的误读效应。例如欧·亨利的短篇小说结构就是如此,读者在阅读过程中产生的前瞻性猜测实际上是错误的。

还应提一下所谓错觉性的效果。众所周知,在欧·亨利的小说结构中,大多数情况下读者阅读过程中产生的前瞻是错误的。

例如,在短篇小说«Родственные души»(《亲人的心灵》)中开篇就讲述了小偷入室行窃,此时读者绝不会想到结局会是小偷与房主一同在小酒馆中对饮,而且最后是后者付账。此时前瞻引起读者对前文的回溯——回到标题,标题常常暗示读者一定的语篇信息,再看事实内容信息,以便找出导致事件逻辑结局的因果关系。错觉性的效果恰恰是打破了叙述线性展开过程中产生的读者主观上的前瞻。此时前瞻会引向回溯——试图回头去研究标题和内容事实信息,目的是找到小说情节叙述中的因果联系,以便对信息进行逻辑归纳:前瞻的特殊形式是前面作者论述过的绪论、引言及序。

第四节 语篇宏观布局结构

俄罗斯语言学家 В. Я. Пропп 提出的民间故事布局结构开辟了篇章宏观结构研究领域的先河,对以后的研究产生了深远影响。他力图通过自然科学的研究方法研究神话故事的结构和类型,试图建立一门民间故事形态学。形态学是一种形式研究。在植物学中用来指植物的各个组成部分之间,及其与整体之间相互关系的学问,换言之,即关于植物结构的研究。他认为,民间故事和有机体领域一样,形式分析的目的在于确定结构的一般规律性。他在《故事形态学》一书中明确指出民间故事具有统一的形态结构——布局结构图示,它是民间故事情节发展脉络的骨架。

我们试图按照 В. Я. Пропп 的思路,尝试对小说语篇进行"静态解剖",展现小说的生理结构。为了说明语篇构建规律并考虑到篇幅因素,我们试以短篇小说为例略为说明。布局(комбинация)一向是诗人和小说家极为关注的对象,但只是在短篇小说(由故事演变而来)中才得到了真正的发展。我们可以把短篇小说视为一种纯粹的情节创作,它的主要任务就是对事件进行形式加工，把事件变为小说的情节。小说中的事件安排、句子、表象、形象、动作、行为和插笔的贯穿，如同音的贯穿为旋律，词的贯穿为诗句一样，依从着同样的规律。任何小说都有自己特殊的结构，它不同于作为小说基础的材料结构。它是被带着某种目的采用的，它是符合小说整体中所执行的某种功能的。我们来看一下的 И. Бунин 小说《Легкое дыхание》：

На кладбище, над свежей глиняной насыпью, стоит новый крест из дуба, крепкий, тяжелый, гладкий, такой, что на него приятно смотреть.

Апрель, по дни серые; памятники кладбища, просторного, настоящего уездного, еще далеко видны сквозь голые деревья, и холодный ветер звенит и звенит фарфоровым венком у подножия креста.

В самый же крест вделан довольно большой бронзовый медальон, а в медальоне — фотографический портрет нарядной и прелестной гимназистки с радостными, поразительно живыми глазами. Это Оля Мещерская.

Девочкой она ничем не выделялась в той шумной толпе коричневых платьиц, которая так нестройно и молодо гудит в коридорах и классах; что можно было сказать о ней, кроме того, что она из числа хорошеньких, богатых и счастливых девочек, что она способна, но шаловлива и очень беспечна к тем наставлениям, которые делает ей классная дама? Затем она стала расцветать, развиваться не по дням, а по часам. В четырнадцать лет у нее, при тонкой талии и стройных ножках, уже хорошо обрисовались груди и все те формы, очарование которых еще никогда не выразило человеческое слово; в пятнадцать она слыла красавицей. Как тщательно причесывались некоторые ее подруги, как чистоплотны были, как следили за своими сдержанными движениями! А она ничего не боялась — ни чернильных пятен на пальцах, ни раскрасневшегося лица, ни растрепанных волос, ни заголившегося при падении на бегу колена. Без всяких ее забот и усилий и как то незаметно пришло к ней все то, что так отличало ее в последние два года из всей гимназии, — изящество, нарядность, ловкость, ясный, но сметливый блеск глаз. Никто не танцевал так, как Оля Мещерская, никто не бегал так на коньках, как она, ни за кем на балах не ухаживали столько, сколько за ней, и почему то никого не любили так младшие классы, как ее. Незаметно стала она девушкой, и незаметно упрочилась ее гимназическая слава, и уже пошли толки, что она ветрена, что она не может жить без поклонников, что в нее безумно влюблен гимназист Шеншин, что будто бы и она его любит, но так изменчива в обращении с ним, что он покушался на самоубийство…

Последнюю свою зиму Оля Мещерская совсем сошла с ума от веселья, как говорили в гимназии. Зима была снежная, солнечная, морозная, рано опускалось солнце за высокий ельник снежного гимназического сада, но неизменно погожее, лучистое, обещающее и на завтра мороз и солнце, гулянье на Соборной улице, каток в городском саду, розовый вечер, музыку и эту во все стороны скользящую толпу, в которой Оля Мещерская казалась самой нарядной, самой беззаботной, самой счастливой. И вот однажды, на большой перемене, когда она вихрем носилась по сборному залу от гонявшихся за ней и блаженно визжавших первоклассниц, ее неожиданно позвали к начальнице. Она с разбегу остановилась, сделала только один глубокий вздох, быстрым и уже привычным движением оправила волосы, дернула уголки передника к плечам и, сияя глазами, побежала наверх. Начальница, небольшая, моложавая, но седая, спокойно сидела с вязаньем в руках за письменным столом, под царским портретом.

— Здравствуйте, m lle Мещерская, — сказала она по французски, не поднимая глаз от вязанья. — **Я, к сожалению, уже не первый раз принуждена призывать вас сюда, чтобы говорить с вами относительно вашего поведения.** — Я слушаю, ma dame, — ответила Мещерская, подходя к столу, глядя на нее ясно и живо, но без всякого выражения на лице, и присела так легко и грациозно, как только она одна умела.

— Слушать вы меня будете плохо, я, к сожалению, убедилась в этом, — сказала начальница и, потянув нитку и завертев на лакированном полу клубок, на который с любопытством посмотрела Мещерская, подняла глаза: — Я не буду повторяться, не буду говорить пространно. — сказала она.

Мещерской очень нравился этот необыкновенно чистый и большой кабинет, так хорошо дышавший в морозные дни теплом блестящей голландки и свежестью ландышей на письменном столе. Она посмотрела на молодого царя, во весь рост написанного среди какой то блистательной залы, на ровный пробор в молочных, аккуратно гофрированных волосах начальницы и выжидательно молчала.

— Вы уже не девочка, — многозначительно сказала начальница, втайне начиная раздражаться.

— Да, madame, — просто, почти весело ответила Мещерская.

— Но и не женщина, — еще многозначительнее сказала начальница, и ее матовое лицо слегка заалело. — Прежде всего, — что это за прическа? Это женская прическа!

— Я не виновата, madame, что у меня хорошие волосы, — ответила Мещерская и чуть тронула обеими руками свою красиво убранную голову.

— Ах, вот как, вы не виноваты! — сказала начальница. — Вы не виноваты в прическе, не виноваты в этих дорогих гребнях, не виноваты, что разоряете своих родителей на туфельки в двадцать рублей! Но, повторяю вам, вы совершенно упускаете из виду, что вы пока только гимназистка...

И тут Мещерская, не теряя простоты и спокойствия, вдруг вежливо перебила ее:

— Простите, madame, вы ошибаетесь: я женщина. И виноват в этом — знаете кто? Друг и сосед папы, а ваш брат, Алексей Михайлович Малютин. Это случилось прошлым летом, в деревне...

А через месяц после этого разговора казачий **офицер**, некрасивый и плебейского вида, не имевший ровно ничего общего с тем кругом, к которому принадлежала Оля Мещерская, **застрелил ее** на платформе вокзала, среди большой толпы народа, только что прибывшей с поездом. И невероятное, ошеломившее начальницу признание Оли Мещерской совершенно подтвердилось: офицер заявил судебному следователю, что Мещерская завлекла его, была с ним в связи, поклялась быть его женой, а на вокзале, в день убийства, провожая его в Новочеркасск, вдруг сказала ему, что она и не думала никогда любить его, что все эти разговоры о браке — одно ее издевательство над ним, и дала ему прочесть ту страничку своего дневника, где говорилось о Малютине.

— Я пробежал эти строки, вышел на платформу, где она гуляла, поджидая, пока я кончу читать, и выстрелил в нее, — сказал офицер. — Дневник остался в кармане моей шинели, взгляните, что было записано в нем десятого июля прошлого года. И следователь прочел приблизительно следующее: «Сейчас второй час ночи. Я крепко заснула, но тотчас же проснулась... Нынче я стала женщиной! Папа, мама и Толя, все уехали в город, я осталась одна. Я была так счастлива, что одна, что не умею сказать! Я утром гуляла одна в саду, в поле, была в лесу, мне казалось, что я одна во всем мире, и я думала так хорошо, как никогда в жизни. Я и обедала одна, потом целый час играла, под музыку у меня было такое чувство, что я буду жить без конца и буду так счастлива, как никто! Потом заснула у папы в кабинете, а в четыре часа меня разбудила Катя, сказала, что приехал Алексей Михайлович. Я ему очень обрадовалась, мне было так приятно принять его и занимать. Он приехал на паре своих вяток, очень красивых, и они все время стояли у крыльца, но он остался, потому что был дождь и ему хотелось, чтобы к вечеру просохло. Он очень жалел, что не застал папу, был очень оживлен и держал себя со мной кавалером, много шутил, что он давно влюблен в меня. Когда мы гуляли перед чаем по саду, была опять прелестная погода, солнце блестело через весь мокрый сад, хотя стало совсем холодно, и он вел меня под руку и говорил, что он Фауст с Маргаритой. Ему пятьдесят шесть лет, но он еще очень красив и очень всегда хорошо одет, — мне не понравилось только, что он приехал в крылатке, —

весь пахнет английским одеколоном, и глаза совсем молодые, черные, а борода изящно разделена на две длинные части и совершенно серебряная. За чаем мы сидели на стеклянной веранде, я почувствовала себя как будто нездоровой и прилегла на тахту, а он курил, потом пересел ко мне, стал опять говорить какие то любезности, потом рассматривать и целовать мою руку. Я закрыла лицо шелковым платком, и он несколько раз поцеловал меня в губы через платок… Я не понимаю, как это могло случиться, я сошла с ума, я никогда не думала, что я такая! Теперь мне один выход… Я чувствую к нему такое отвращение, что не могу пережить этого?»

 Город за эти апрельские дни стал чист, сух, камни его побелели, и по ним легко, приятно идти. Каждое воскресенье, после обедни, по Соборной улице, ведущей к выезду из города, направляется маленькая женщина в трауре, в черных лайковых перчатках, с зонтиком из черного дерева. Она минует пожарный двор, переходит по шоссе грязную площадь, где много закопченных кузниц и свежей дует полевой ветер; дальше, между мужским монастырем и острогом, белеет облачный склон неба и сереет весеннее поле, а потом, когда проберешься среди луж под стеной монастыря и повернешь налево, увидишь как бы большой низкий сад, обнесенный белой оградой, над воротами которой написано успение божией матери. Маленькая женщина мелко крестится и привычно идет по главной аллее. Дойдя до скамьи против дубового креста, она сидит, на ветру и на весеннем холоде, час, два, пока совсем не зазябнут ее ноги в легких ботинках и рука в узкой лайке. Слушая весенних птиц, сладко поющих и в холод, слушая звон ветра в фарфоровом венке, она думает иногда, что отдала бы полжизни, лишь бы не было перед ее глазами этого мертвого венка. Мысль о том, что это Олю Мещерскую зарыли вот в этой самой глине, повергает ее в изумление, граничащее с тупостью: как связать с этой шестнадцатилетней гимназисткой, которая всего два три месяца тому назад так полна была жизни, прелести, веселья, этот глиняный бугор и этот дубовый крест? Возможно ли, что под ним та самая, чьи глаза так бессмертно сияют из этого бронзового медальона, и как совместить с этим чистым взглядом то ужасное, что соединено теперь с именем Оли Мещерской? — Но в глубине души маленькая женщина счастлива, как все влюбленные или вообще преданные какой нибудь страстной мечте люди. Женщина эта — классная дама Оли Мещерской, девушка за тридцать лет, давно живущая какой нибудь выдумкой, заменяющей ей действительную жизнь. Сперва такой выдумкой был ее брат, бедный и ничем не замечательный прапорщик, — она связала всю свою душу с ним, с его будущностью, которая почему то представлялась ей блестящей, и жила в странном ожидании, что ее судьба как то сказочно изменится благодаря ему. Затем, когда его убили под Мукденом, она убеждала себя, что она, к великому будто бы ее счастью, не такова, как прочие, что красоту и женственность ей заменяют ум и высшие интересы, что она — идейная труженица. Смерть Оли Мещерской пленила ее новой мечтой. Теперь Оля Мещерская — предмет ее неотступных дум, восхищения, радости. Она ходит на ее могилу каждый праздник, — привычка ходить на кладбище и носить траур образовалась у нее со смерти брата, — по часам не спускает глаз с дубового креста, вспоминает бледное личико Оли Мещерской в гробу, среди цветов — и то, что однажды подслушала: однажды, на большой перемене, гуляя по гимназическому саду, Оля Мещерская быстро говорила своей любимой подруге, полной, высокой Субботиной:

— Я в одной папиной книге, — у него много старинных, смешных книг, — прочла, какая красота должна быть у женщины... Там, понимаешь, столько насказано, что всего не упомнишь: ну, конечно, черные, кипящие смолой глаза, — ей богу, так и написано: кипящие смолой! — черные, как ночь, ресницы, нежно играющий румянец, тонкий стан, длиннее обыкновенного рука, — понимаешь, длиннее обыкновенного! — маленькая ножка, в меру большая грудь, правильно округленная икра, колено цвета раковины внутри, покатые, но высокие плечи, — я многое почти наизусть выучила, так все это верно! — но главное, знаешь что? — Легкое дыхание! А ведь оно у меня есть, — ты послушай, как я вздыхаю, — ведь правда есть?

Теперь это легкое дыхание снова рассеялось в мире, в этом облачном небе, в этом холодном весеннем ветре... (И. Бунин «Легкое дыхание»)

分析这篇小说自然应该从说明旋律曲线开始。小说讲的是一个外省女中学生如何走完了她的人生道路的。我们试图用提纲来标示作者把艺术形式赋予材料后对材料所做的处理。

常规提纲：	布局提纲：
I	II
童年	坟墓
少年	童年
与申欣有关的事	少年

有关轻轻的呼吸的谈话	与申欣有关的事
马留京的到来	最后一个冬天
最后一个冬天	同女校长的谈话
与军官有关的事	被枪杀
同女校长的谈话	与军官有关的事
被枪杀	马留京的到来
埋葬	
坟墓	

  小说中的事件不是按直线如日常生活事件那样发展的，而是跳跃性地展开的。小说时而向后跳，时而向前跳，把相隔很远的叙述基点连接起来，往往从一个点过渡到另一个完全意想不到的点。作者不是按时间顺序叙述上面的内容的，不是写 Оля Мещерская 如何做一个中学生，她如何成长，如何变成一个美人，如何被杀等等。作者另辟蹊径，采用倒叙的手法，从一开始就描写她的坟墓，接着写她的童年，然后忽然转到最后一个冬天。在这之后，才在同女校长的一次谈话中告诉读者去年夏天有关她堕落的情况，接着就是她被杀。而直到小说结尾读者才知晓她很久以前的一段中学时代的不很重要的经历。

  小说这种布局的功能是什么呢？我们可以从作者对主人公的描写中寻求答案："……不知不觉地她在中学里出了名；于是流言四起，说她轻佻，说她没有崇拜者便活不下去，说中学生申欣疯狂地爱上了她，似乎她也爱他，只是她对他的态度反复无常，弄得他寻死觅活……"

  这些描写丝毫不掺杂作者的感情，丝毫没有试图给读者的阅读世界增添自己的解释，甚至连爱情这个词都没有使用。作者的目的在于让事实本身说话，突出强调故事的真实性。这篇小说之所以采用这种结构，目的在于加深读者对她的同情。一开始就从坟墓开始描写，读者所获知的始终是一个死者的历史，这一布局本身已经解除了这些事件固有的紧张，读者就会带着一种轻松的情感去阅读接下来有关枪杀和日记中记载的场面。所有这些安排的目的在于强化这些事件对读者造成的直接印象，体现了作者这一时期思想的剧烈动荡。

第五节 语篇的感官评价范畴

评价范畴是语篇重要的构篇范畴。评价是说话人（主体）的感官对所观察的、所感受的现实客体之特征、状态、活动的一种直接的或是间接的反映。Н. Д. Арутюнова 指出："评价意义同言语作者的联系是多层面的，它体现出个体对说话人的个人看法和趣味，而这种评价是因人而异的。因意愿而产生的评价同来自责任和需要的评价是不同的。"①评价是有其社会约定性的，对评价的解读取决于某一社会通行的一套规范。社会利益和社会风尚、威望、非评价因素构成并改变着评价的标准。

Н. Д. Арутюнова 强调言语受话人（客体）的作用，评价的话语会对其产生影响。譬如，评价对受话人的行为给予夸奖或指责，从而会激发其付诸行动。对评价词语意义加以分析我们会得出这样的结论：对受话人来说重要的并不是对评价词的理解，而在于对其进行解读。因为其中包含大量语用蕴含意义，即基于试图读解评价语的受话人生活经验的补充信息。不过，不论受话人对评价的理解多么重要，Н. Д. Арутюнова 还是强调了说话人或说话群体的独特作用，"他们的兴趣、眼光（社会的、审美的、伦理的）是形成

---

① Н. Д. Арутюнова. Время：модели и матафоры：Логический анализ языка. Язык и время. М.：Индрик, 1997, С. 6.

评价的前提,也只有针对这些方面而言才能评判评价语的真伪"①。

评价范畴是在中性词汇的广阔背景下形成的,这些词语用来指称对象以及对象的动作、状态和特征,但并不确定所谈对象的价值,也不提出诸如是好还是坏之类的问题。例如,关系形容词通常不含评价因素:деревянный стол(木质桌子)、металлический шкаф(金属柜子)、участковый врач(地段医生)等。但在上下文中,在同其他关系形容词进行对照、比较和组合中它们也会带有评价意义。试比较:этот шкаф **деревянный**, а тот **металлический**, т. е. более прочный。在这句话中 деревянный 和 металлический 两个性质形容词因为存在比较,所以也具有评价色彩。

一、评价范畴的构成手段

语篇中存在一系列的评价表达手段。在进行评价时可以运用各个层级的语言单位:

(1)词汇语义评价:例如 змейка, молния(застежка), превосходный;

(2)成语性评价:золотые слова, кот наплакал;

(3)词法和构词评价。

我们发现表示物象的名词有:боль, гром, лазурь 等。名词有时还会以短语形式表达评价意义:пора юности, море огней, к моей досаде, 或借助于各种词缀:происки, рассвет, злодеяние。

形容词如同形动词一样,可以承担定语、带有特征意义的合成谓语的功能,进而表达评价意义。形容词可以运用长尾、短尾形式,既可以用原级,也可以用比较级和最高级形式。例如:краси-

---

① Н. Д. Арутюнова. Время: Модели и матафоры: Логический анализ языка. Язык и время. М.: Индрик, 1997, с.51.

вая девочка, девочка веселая, она грустна, брат старше сестры, наивысший балл, зеленый — зеленоватый 等。形动词的长尾和短尾形式均带有评价意义：зло выкрикнутые слова, публика восхищена, он удалился огорченный 等。

代词：быть вне себя, никакой работник, сколько цветов! Какой вид! Такая незабываемая встреча!

动词：веселиться, шутить, иронизировать, пренебрегать, огорчать, досадовать, любить, страдать, ненавидеть 等。

副动词：Он отвечал, волнуясь; Нахмурясь, он приступил к работе; Дети, увидев меня, смутились.

动词不定式：любитель повеселиться и хорошо покушать; охотник покутить.

副词：очень милый, чересчур сладко, слишком разбалованный, еле заметный след.

评价还可以通过句法手段表现出来，比如改变句中词序，引入特别的感叹语气：Читал я эти приказы! Станет он меня слушать! Мне бы так-то!

二、语篇评价范畴分析

下面我们结合具体语篇分析一下评价范畴的变现。对客体而言说话人的反应是一种多层面的、有价值的或者实用的态度。因而，学者们（Н. Д. Арутюнова，Е. М. Вольф 等）区分出下列评价类型：

（1）有价值的评价，包括感官评价、情感评价、美学评价以及伦理评价；

（2）合理评价，包括使用评价、语用评价及逻辑评价。

该划分类别仅包括感官评价，因为在描述自然时这种评价对读者最具影响，能充分调动读者所有五个感觉器官：视觉、听觉、嗅觉、触觉和味觉。

我们发现有许多语言学家、文学理论家已经研究过 И. С. Тургенев 作品景物描写中的情感语言、富于表情的语言和美学语言，但是他的作品中感官评价尚无人系统研究过。我们选择 И. С. Тургенев 作品中在描写自然图景时带有现实性和主观性特点的语言，描写通常以第一人称叙述。作品中的自然图景绚丽而富有诗意，这是由于作者在描述中加入各种评价要素，首先就是感官评价因素。读者之所以感到说话人叙述得生动逼真是因为作家在描写风景时使用各种刺激手段，读者的感觉器官对这些手段产生了相应的反应。感官评价在 И. С. Тургенев 的作品中也和情感评价、美学评价结合在一起。我们来分析一下 И. С. Тургенев 使用哪些感官评价来描写自然风景。作为一个对祖国有着深厚感情的作家，屠格涅夫以其敏锐的感觉、精细的文字写出了俄罗斯土地的芳香。无论是日月星辰、天空白云，还是树木草原、禽兽虫鱼，在他神奇的画笔下无不诗意盎然，情味无穷。我们选取的是中篇小说《Бежий луг》，这部小说选自屠格涅夫的成名作《猎人笔记》。

Свежая струя пробежала по моему лицу. Я открыл глаза: утро зачиналось. **Еще нигде не румянилась заря, но уже забелелось на востоке.** Все стало видно, хотя смутно видно, кругом. **Бледно-серое небо светлело, холодело, синело;** звезды то мигали слабым светом, то исчезали; отсырела земля, запотели листья, кое-где стали раздаваться живые звуки, голоса, и жидкий, ранний ветерок уже пошел бродить и порхать над землею. (И. С. Тургенев «Бежий луг»)

在上述描写早晨开始的景色中讲述者激起了读者一系列感觉："一阵微微的清风拂面，并没有春寒料峭之感，但却格外清新，这是大自然苏醒的第一个象征。"这样读者首先感到的是触觉。第二个评价是作者赋予色彩变化以视觉评价。他描写尚未完全出现的色彩时写道:Еще нигде не румянилась заря, но уже забелелось на востоке(还没有一个地方泛出朝霞的红晕),但是东方已经发白了。天空也经历了色彩的变化:Бледно-серое небо светлело, холодело, синело(灰白色的天空亮起来),蓝起来,寒气也加重了。我们注意一下«холодело»这个词,它属于触觉评价。但"寒冷"又与色调发生关系。作者将这个词与动词系列都作为色彩指数并用:светлело(亮起来)——холодело(寒冷)——синело(蓝起来)。"寒冷"这个词后面紧跟"蓝起来",这一色彩指数是完全有根据的。

在视觉评价之后出现了触觉评价。这一语篇中触觉指数加强的一个重要标志是出现了露水:отсырела земля(地上潮湿起来), запотели листья(树叶出汗了),这些都强调早晨的来临。讲述者在叙述最后又把读者的注意力引向了声音评价:кое-где стали раздаваться живые звуки, голоса, и жидкий, ранний ветерок уже пошел бродить и порхать над землею。有的地方传来活动的声音,微弱的晨风已经在地面上游移。这样,我们看到,И. С. Тургенев 在构建自己作品自然图景时引入了各种感官评价的要素,这些要素唤起了读者头脑中的真实图景。

我们再举一个嗅觉评价的例子:空气中弥漫着艾蒿新鲜的苦味、荞麦和三叶草的甜味。在描写空气时作者自然地利用嗅觉吸引读者的注意力:Воздух весь наполнен свежей горечью полыни, медом гречихи, кашки(空气中满布着艾蒿新鲜的苦味、荞麦和三叶草的甜味)。горечь(苦味)、мед(甜味)这些词汇使描写兼具味觉的特色。我们可以看出,味觉评价在 Тургенев 的作品中出现的频率要远低于其他评价成分。这一点当然也囿于研究者选材的局限性,因为味觉常常同人的反应相连,而我们是在研究自然景色的描写。我们再来看一下使用两个感官评价的例子:

... около родника зеленеет короткая, бархатистая травка;

солнечные лучи почти никогда не касаются его холодной серебристой влаги.

короткая, бархатистая травка 这一词组的运用使人感受到了触觉的特征，而 холодная серебристая влага 和 зеленеет травка 则引起视觉效果。作为语言大师的 И. С. Тургенев 的功力就体现在这些传神词汇的遴选上。Холодная влага 已在我们意识中建立了影像，而 серебристая влага 则更强调了水珠表面的饱满圆润和晶莹剔透。此外，И. С. Тургенев 在这里还借用了一个有趣的画家的技法。他将阳光的炽烈同泉水的清冷加以对比，从而激起读者潜意识的反应。暮色四合，水面凄清，而在作者运用了《солнечные лучи》后，在读者心中形成了强烈的光照和暖色调的形象，造成了视觉和触觉的极度反差。换句话说，И. С. Тургенев 不仅调动我们的感官因素，也影响我们的潜意识。

为了展示更为寥廓的图景，И. С. Тургенев 运用了包括三到四种感官评价因素在内的组合。基于这些元素的叠加变幻，作者冲击着读者的多个感觉器官，造成一种五彩缤纷、多棱镜般极度真实的镜像。譬如：

Уже совсем стемнело и ничинало холодать; в роще звучно щелкал соловей.

在描绘夜晚降临时作者运用了三种感官评价。第一种是视觉评价：Уже совсем стемнело，紧接着是触觉评价：ничинало холодать，继而引入的是听觉评价：звучно щелкал соловей。作者将读者的注意力始终凝聚在种种感官评价上面，结果就会在读者头脑中构建出一幅"实时直播"的画面。我们试举一个引起四种感官反应的例子：

Ветра нет, и нет ни солнца, ни света, ни тени, ни движении, ни шума; в мягком воздухе разлит осенний запах, подобный запаху вина; тонкий туман стоит над желтыми полями.

И. С. Тургенев 引入了宏阔的图景,将读者的四种感官纳入其间。叙述是从否定语气词开始的：Ветра нет,一种凝固的、静态的画面浮现于读者的头脑中。

下面我们再分析一下 И. С. Тургенев 运用回环体诗的手法。他从视觉评价开始描述,而以回环体诗形式结束,以此来弱化触觉、嗅觉。空气不仅是迟滞的,而且轻柔,饱含"秋天的气味",这就调动起读者的嗅觉器官,将之与醇酒的味道加以比较。在画面的最后我们看见了"薄雾"、"黄色的田野",叙写了所有开放性的空间。

随着所描述画面的进一步展开,颜色、气味更加浓郁,情绪更加饱满。作者试图借助感官评价向读者传递自己的情感,影响他们的意识,在他们头脑中建立起讲述者亲眼所见的世界景象。此时感官评价所承担的是情感表现功能和审美功能。为了强化某一种评价色彩作者经常运用所谓的强化词,按 Болинджер 的观点可分为四类：强化词、中性词、弱化词和低频词,因为他更喜欢展现事物的边缘性特征。例如：еще нигде не румянилась заря, уже забелелось на востоке, лучи почти никогда не касаются влаги, едва прозрачный сумрак ничи, как тихо, как невыразимо тихо кругом。

有时叙述者会借助强化词语来加重评价程度。例如经常运用的渐进式排比序列句子：полились сперва алые, потом красные, золотые потоки молодого, горячего света...（颜色加深,变得更加浓烈,由鲜红而至后来是大红色、金黄色,色彩在逐渐加深）,光线愈加耀眼和炫目。我们在研究 И. С. Тургенев 小说的过程中,却更多地感受到其中的诗歌特色,这是他小说独特的诗学功能的体现。И. С. Тургенев 在描写现实的客观自然图景时运用各种感官评价手段,这些手段作用于读者的感官,也影响他们的认知,在他们心中构建绚丽多姿的情感形象。在运用感官评价时 И. С.

Тургенев 通常引入声音、色彩，但并不超越它们。他常常使用强化词来达到这一效果。由平稳的节奏过渡到其他特征，运用渐进的序列。自然是艺术永恒的对象，И. С. Тургенев 正是将这一对象作为自己创作的源泉。

本章小结

  本章扼要论述了时空范畴之外的一些语篇范畴，它们同时间范畴和空间范畴一道构成了语篇的结构世界。当然还有其他一些语篇范畴，限于篇幅和本书的主要任务，不能一一加以列举。语篇是具有自身参数和范畴的实体，通过具体的实例分析，我们旨在证明通过语篇范畴手段来研究语篇内部构成的作用和功能，为语篇特别是文学语篇的研究提供一个新的思路。我们的终极目的是要构建一个语篇范畴理论体系，寻求语篇研究的切实可行的研究方法和手段。文学语篇具有一系列传递信息的手段，我们在保留其意义的连续性和完整性的同时，赋予它以联想意义。Ю. М. Лотман 认为艺术是最简约和集中的信息传递手段，不大的语篇即包涵丰富的信息容量。正因如此五彩斑斓而又形态各异的文学语篇范畴令人兴趣盎然，但同时我们也不能不承认自己对这一全新领域的认知和理解尚显肤浅，尚不足以驾驭这一语篇研究利器。我们迫切希望通过这一理论体系的阐发，能为语篇范畴理论体系的最终构建尽绵薄之力，进而通过学界共同的努力，最终能够找到语篇形式化研究的正确道路。

结 论

　　语篇语言学作为一门科学,起初是与语文学研究联系在一起的。语文学作品很多世纪以来在传统上一直被看作是语篇作品不可分割的肉体和精神统一体,也就是语文学材料的组织及其内容、意思。
　　20世纪语文学的理论和实践发生了变化,在语文学内部划分出分析文学语篇的两个方向,即文学角度和语言学角度,从而证实了语篇一方面属于文学范畴,而另一方面又属于语言学范畴,语篇是两个学科的共有属地。以后许多年来一直是按照文学和语言学两个互相对立的角度对语篇进行研究的。文艺学在传统上一直是研究文学作品思想主题内容、体裁和结构独特性以及某部作品的社会历史根源、作家创作历程的科学。因此,研究对象通常是按照各种划分依据组合成的众多语篇:作家手笔特点,创作方法和风格特征,体裁及其他方面特征。研究文艺作品的语言终结了语篇的文艺学分析。语篇语言学的研究对象传统上是研究保证语篇语体和修辞独特性的语言手段。
　　在有关文学语篇分析两种方法的各种垂直观点中都体现出语文学和语言学互相观照的趋势。第一种方法是从语篇的思想主题内容(作者创作上下文、文学社会上下文)转向体现这些内容的语言手段和手法,即从作品内容到语言形式。第二种方法是针对语言手段的详尽分析来揭示其在语篇的思想主题内容方面的作用和功能,也就是从语言形式到作品内容。因为对分析对象类似的局限性理解,语篇语言学分析主要是在修辞学(语言单位修辞学)框架内进行的,还不具备独立学科的地位。

20世纪60年代语篇语言学领域的研究已经实现了从俄国形式主义向结构主义的转向,逐渐形成了一个对立的趋势:临近学科的整合,例如诗学、心理语言学、人类学、符号学等,目的是将语篇作为独立的学科来进行语言学研究。语篇语言学正是在语言学这种总体发展状况下应运而生的。因此,Е. С. Кубрякова 认为这是语言学中出现新的学科聚合体的前兆,也是对原有学科的反应。这一点首先反映在由结构系统语言学向功能语言学的转变当中,即将语篇看成是言语行为理论和言语交际理论。

最近30年语篇语言学作为一门独立的学科走过了一条曲折而矛盾的形成和发展道路。大家从不同方法论角度对语篇进行研究。语篇语言学的研究对象是争议最多的问题。何谓语篇? 语篇的普遍范畴是什么? 语篇在语言体系和言语活动中的组织规律是什么? 人们已经对其中的许多问题提出了解决方案,其他一些问题尚处于探索阶段,某些问题亟待解决。

许多学者认为,必须从总合一体的、全息透视的角度研究文学语篇的本质,而不是像过去那样从不同角度、程度进行研究,因而语篇语言学的定义更加宽泛。Новиков 早在1988就写道:"语篇语言学含义宽广,是21世纪世界语言科学的主干方向……文艺语篇语言学将会占据特殊的地位。语篇语言学经常不是只处理一个而往往是多个不同层级语篇单位的相互关系,因此,可以更加全面地反映语篇单位的某些语义和美学功能。"

本书以此作为自己研究的根基,在语文学和语篇语言学跨界性区域进行研究,使用的基本是小说语篇来论证语篇范畴的表现。

本书结合相关的语篇范畴理论,通过大量实际个例的分析和归纳,得出下列结论性意见:

(1) 文学语篇同其他类型语篇一样,具有一定的语法构造

(复杂句法整体),可以划分为一个或数个宏观主题或微观主题;也可以划分为不同的语篇范畴,这些范畴将语篇内外结构统一起来,有利于通过不同角度来进行综合分析(例如时间范畴、空间范畴等)。

(2)文学语篇具有一系列传达信息的手段,同时保持了自身的线性和整体性特征,它常常赋予事实一定的附加意义,而通过语篇范畴可以更加清晰、更加直观地体现这些特征,语篇范畴具有很强的涵括力和可操作性,有助于我们更好地理解、阐释文学语篇。

(3)文学语篇的下述特征决定了对它的研究方法的多样性:

文学语篇是最经济、最集中的保存和传达信息的手段;文学语篇具有将大量信息融为一炉的能力;文学语篇为读者提供了不同的信息——每个读者可以凭自己的理解而各取所需;文学语篇的语言可以令读者在重复阅读时获得新的信息。

现在学界普遍认识到不能单方面和只用某一种理论来分析语篇特别是文学语篇的本质,因而在研究语篇语言学的方法上应该坚持多样性和综合性的原则,不排斥任何一种行之有效的研究方法。语篇范畴是形式和内容兼而有之的研究手段,它既力避非此即彼的形式逻辑,也极力同亦此亦彼的辩证逻辑保持距离,是一种可操作的、可多途实现的有效规程。本论文论述的都是语篇的基始性范畴,它们普遍具有实践性品格,具有很强的涵括力和可操作性。当然,限于本人的学识和对这一领域研究时间的短暂,不可避免地会出现入山见宝而目迷五色,不见蹊径的情况,这是很正常的事。我们不奢求本书能圆满地解决我们预先设定的所有任务,如果它可以为知识谱系不同的人所理解,为学界对此有兴趣的人所采用,并且由浮泛到深刻、由单一到复合,最终形成日渐成熟的、具有开创意识的理论体,则是本人最大的追求了。

参考文献

外文文献:

[1] Caroll D W. *Psychology of language* [M]. Beijing: Foreign Language Teaching and Research Press, 2008.

[2] Dascal M, Margalit A. *A New "Revolution in Linguistics"*. "Text-Grammars" vs "Sentence-Grammars". In: Theoretical Linguistics, 1974, v.1, N 1/2.

[3] Halliday M A K, Hasan R. *Cohesion in English* [M]. London: Longman. 1976.

[4] Hartman P. *Text als linguistisches Object*. In: Beitrage zur Textlinguistik, 1971.

[5] Jonathan C. *On Deconstruction theory and criticism after structruralism* [M]. Beijing: Foreign Language Teaching and Research Press, 2004.

[6] Raman S., Peter W., Peter B. *A reader's Guide to Contemporary Literary Theory* [M]. 4-th edition. Harlow: Pearson Education, 2004.

[7] Wallace M. *Rcent Theories of Narrative* [M]. Beijing: Peking University Press, 2006.

[8] Араб-Оглы Э. Прок от будущего или вместо предисловия // Настоящее в будущем. М.: Прогресс, 1984.

[9] Арутюнова Н. Д. Типы языковых значений: Оценка. Собы-

тие. Факт. М.: 1988.

[10] Арутюнова Н. Д. От редактора // Логический анализ языка: Противоречивость и аномальность текста. М.: Наука, 1990.

[11] Арутюнова Н. Д. Время: модели и матафоры: Логический анализ языка: Язык и время. М.: Индрик, 1997.

[12] Арутюнова Н. Д. Язык и мир человека. М.: Языки русской культуры, 1999.

[13] Асмус В. Чтение как труд и творчество. // Вопросы лит-ры, 1961, №2.

[14] Ахманова О. С. Словарь лингвистических терминов. М.: Сов. энцикл., опедия 1966.

[15] Бабенко Л. Г. Филологический анализ текста. Основы теории, принципы и аспекты анализа: М.: Академ. Проект; Екатеринбург: Деловая книга, 2004.

[16] Барт Р. Избранные работы. Семиотика. Поэтика. М.: Прогресс, 1989.

[17] Бахтин М. М. Формы времени и хронотопа в романе: Очерки по исторической поэтике // Бахтин М. М. Вопросы литературы и эстетики. М.,1925.

[18] Бахтин М. М. Вопросы литературы и эстетики. М. Худож. лит., 1975.

[19] Бахтин М. М. Проблема речевых жанров // Эстетика словесного творчества. М., 1979.

[20] Бенвенист Э. Уровни лингвистического анализа. М., 1965.

[21] Болотнова Н. С. Филологический анализ текста. М., 2007.

[22] Брудный А. А. Психологическая герменевтика. М.: Лабиринт, 1998, с. 12.

[23] Будагов Р. А. Филология и культура. М., 1980.

[24] Булыгина Т. В. О границах между сложной единицей и сочетанием единиц. В кн.: Единицы разных уровней грамматического строя языка и их взаимодействие. М., 1969.

[25] Валгина Н. С. Теория текста. М: Логос, 2004.

[26] Вандриес Ж. Язык. М., 1937.

[27] Вахек Й. Лингвистический словарь Пражской школы. М.: Прогресс, 1964.

[28] Вендлер З. Иллокутивное самоубийство // Новое в зарубежной лингвистике: Вып. XVI., М.: Прогресс, 1985.

[29] Виноградов В. В. Поэтика и ее отношение к лингвистике и теории литературы // Вопросы языкознания, 1962. №5.

[30] Виноградов В. В. О теории художественной речи. М., 1971.

[31] Виноградов В. В. Русский язык. М., 1972.

[32] Виноградов В. В. Избранные труды. О языке художественной прозы. М.: Наука, 1980.

[33] Гак В. Г. Пространство времени // Логический анализ языка. Язык и время. М.: Индрик, 1997.

[34] Гак В. Г. Теоретическая грамматика французского языка. Синтаксис. М.: Высшая школа, 1986.

[35] Гальперин И. Р. Текст как объект лингвистического исследования. М.: Наука, 1981.

[36] Гаузенблаз К. О характеристике и классификации речевых произведений. Новое в зарубежной лингвистике, вып. 8. Лингвистика текста. М.: Прогресс, 1978.

[37] Гуковский Г. А. Изучение литературного произведения в школе: Методологические очерки о метадике. Тула: Авто-

граф. 2000.

[38] Гумилев Н. С. Стихи. Письма о русской поэзии. М.: Худож. лит., 1990.

[39] Дейк Т. А. ван. Язык. Познание. Коммуникация. М.: Прогресс, 1990.

[40] Жюльен Н. Словарь символов. М.: Урал LTD, 1999.

[41] Зайцева И. А. Особенности художественного психологизма в романе М. Ю. Лермонтова «Герой нашего времени». НДВШ. Филол. науки, 1982. №2.

[42] Зализняк А. А. О понятии «факт» в лингвистической семантике // Логический анализ языка. Противоречивость и аномальность текста. М.: Наука, 1990.

[43] Злобина Н. Ф. Образ и понятие, стих и проза как категории исторической поэтики. М.: Вестник московского университета, 2008, №3.

[44] Золотова Г. А., Онипенко Н. К., Сидорова М. Ю. Коммуникативная грамматика русского языка. М., 1998.

[45] Зуева Т. В. Русь — Россия — русские сказки / Литература в школе, 1993, №4.

[46] Изенберг Хорст. О предмете лингвистической теории текста. // Новое в зарубежной лингвистике. Лингвистика текста. М., 1978.

[47] Ильенко С. Г. Русистика: Избранные труды. СПб.: Изд-во РГПУ им. А. И. Герцена, 2003.

[48] Иоанесян Е. Р. Противоречивость и точка отсчета // Логический анализ языка. Противоречивость и аномальность текста. М.: Наука, 1990.

[49] Ипполитова Н. А. Текст в системе обучения русскому язы-

ку в школе. М.: флинта: Наука, 1998.

[50] Кабыкина Ю. В. Научная жизнь: поспеловские чтения: пространство и время в художественной литературе. М.: Вестник московского университета, 2008, №3.

[51] Кандрашина Е. Ю. и др. Представление знаний о времени и пространстве в интеллектуальных системах / Под ред. Д. А. Поспелова. М.: Наука, 1989.

[52] Кант И. Критика чистого разума // Соч.: В 6 т. М., 1964. Т. 3.

[53] Караулов Ю. Н. Русский язык и языковая личность. М.: Едиториал УРСС, 1987.

[54] Касавин И. Т. Текст. Дискурс. Контекст введение в социальную эпистемологию языка. М:Канонт, 2008.

[55] Клюев Е. В. Речевая коммуникация: Учеб. пособие для университетов и вузов. М., 1998.

[56] Ковтунова И. И. Поэтический синтаксис. М.: Наука, 1986.

[57] Кожевникова Кв. Формирование содержания и синтаксис художественного текста. // Синтаксис и стилистика. М., 1976.

[58] Кожина М. Н. О функциональных семантико-стилистических категориях в аспекте коммуникативной теории языка // Разновидности и жанры научной прозы. Лингвистические особенности. М.: Наука, 1989.

[59] Кожина М. Н. Стилистика русского язык: Учебник для студентов пед. ин-тов. 3-е изд. перераб. и доп. М.: Просвещение, 1993.

[60] Кожина М. Н. Стилистический энциклопедический сло-

варь русского языка М.: Флинта: Наука, 2003.

[61] Колшанский Г. В. Объективная картина мира в познании и языке. М.: Наука, 1990.

[62] Кондаков Н. И. Логический словарь-справочник. М.: Наука, 1975.

[63] Краснухин К. Г. Три модели индоевропейского времени на материале лексики и грамматики // Логический анализ языка. Язык и время. М.: Индрик, 1997.

[64] Кубрякова Е. С. О связях между лингвистикой текста и словообразованием // Лингвистические проблемы текста. М.: Вышая школа, 1983.

[65] Кубрякова Е. С. Краткий словарь когнитивный терминов. М., 1997.

[66] Кубрякова Е. С. Язык пространства и пространство языка. М., 1997. Т. 56. №3.

[67] Кухаренко В. А. Интерпретация текста. М.: Просвещение, 1988.

[68] Лакшин В. Я. Судьбы: от Пушкина до Блока. М., Искусство, 1990.

[69] Левидов А. М. Автор образ читатель. Л.: Изд-во ЛГУ, 1983.

[70] Семенюк Н. Н. Норма Лингвистический энциклопедический словарь. М.: Сов. энцикл., 1990.

[71] Лотман Ю. М. Структура художественного текста. М.: Искусство, 1970.

[72] Лотман Ю. М. Семиотика. СПб: Искусство-СПБ., 2000.

[73] Лотман Ю. М. Семиосфера культуры и понятие текста. М.: Academia, 1997.

[74] Лотман Ю. М. Об искусстве. СПб: Искусство-СПБ., 1998.

[75] Лотман Ю. М. О поэтах и поэзии. СПб.: Искусство-СПБ., 1999.

[76] Лукин В. А. Художественный текст. М.: Изд: Ось-89, 1999.

[77] Матвеева Т. В. Текстовая категория // Стилистический энциклопедический словарь русского языка / Под ред. М. Н. Кожиной М.: Флинта: Наука, 2003.

[78] Мещанинов И. И. Члены предложения и части речи. М., 1945.

[79] Мукаржовский Я. Литературный язык и поэтический язык // Пражский лингвистический кружок. М., 1967.

[80] Николаева Т. М. Текст // Русский язык: энциклопедия. М.: БРЭ; Дрофа, 1997.

[81] Николина Е. И. Филологический анализ текста: Учеб. пособие для студ. высш. пед. учеб. заведений М.: Издательский центр «Академия», 2003.

[82] Новиков А. И. Семантика текста и ее формализация. М.: Наука, 1983.

[83] Новиков Л. А. Художественный текст и его анализ. М.: Русский язык, 1988а.

[84] Новиков Л. А. Стилистика орнаментальной прозы А. Белого. М.: Наука, 1990.

[85] Папина А. Ф. Текст: его единицы и глобальные категории: Учебник для студентов-журналистов и филологов. М.: Едиториал УРСС, 2002.

[86] Проблемы типологии текста.: Сб. Науч. -анилит. Обзоров. М., 1984.

[87] Прокопович Е. Н. Стилистика частей речи (глагольные словоформы.) М.: Просвещение, 1969.

[88] Пропп В. Я. Морфология сказки. М.,1969.

[89] Радзиевская Т. В. Прагматические противоречия при текстообразовании // Логический анализ языка. Противоречивость и аномальность текста. М.: Наука, 1990.

[90] Русские писатели о языке: Хрестоматия / Под общ. ред. А. М. Докусова. Л., 1954.

[91] Рябцева Н. К. Аксиологические модели времени // Логический анализ языка. Язык и время. М.: Индрик, 1997.

[92] Саморукова И. В. Дискурс — художественное высказывание — литературное произведение. М.: Самара, 2002.

[93] Селиверстова О. Н. Контрастивная синтаксическая семантика: Опыт описания. М.: Наука, 1990.

[94] Словарь русского языка. М.: Прогресс, 1959. Т. 3.

[95] Слюсаева Н. А. Лингвистика речи и лингвистика текста // Аспекты общей и частной лингвистической теории текста. М., 1982.

[96] Смулаковская Р. Л. Лексико-семантические отношения в тексте. Л., 1987.

[97] Советский энциклопедический словарь. М.: Наука, 1980.

[98] Советский энциклопедический словарь. М., 1990, Т. 1. Т. 2.

[99] Солганик Г. Я. Стилистика текста. М.: Флинта: Наука, 2005.

[100] Сорокин Ю. А. Психо-лингвистические аспекты изучения текста. М.: Наука,1985.

[101] Степанов Ю. С. В трехмерном пространстве языка: Се-

миотические проблемы лингвистики, философии, искусства. М., 1998.

[102] Степанов Ю. С. Концепты: тонкая пленка цивилизации. М.: Наука, 2007.

[103] Топоров В. Н. Пространство и текст // Текст: семантика и структура. М.: 1983.

[104] Тураева З. Я. Лингвистика текста. М.: Просвещение, 1986.

[105] Успенский Б. А. Поэтика композиции. СПб.: Азбука, 2000.

[106] Филиппов К. А. Лингвистика текста. М.: Санкт-Петербург, 2007.

[107] Хализев В. Е. Теория литературы. М.: Высшая школа, 2004.

[108] Чейф У. Л. Память и вербализация прошлого опыта // Текст: аспекты изучения семантики, прагматики и поэтики: Сборник статей. М.: Эдиториал УРСС, 2001.

[109] Чернухина И. Я. Общие особенности поэтического текста. Воронеж: Изд-во. ВГУ., 1987.

[110] Чернухина И. Я. Элементы организации художественного текста. Воронеж: Изд-во. ВГУ., 1984.

[111] Шнаский Н. М., Махмудов Ш. А. Филологический анализ художественного текста. М.: Специальная Литература, 1999.

[112] Шевченко Н. В. Основы лингвистики текста. М.: 2003.

[113] Шкловский В. Б. О теории прозы. М.: Просвещение, 1982.

[114] Якобсон Р. О. Избранные работы. М. 1985.

[115] Яковлева Е. С. Фрагменты русской языковой картины мира: Пространство. Время. Восприятие. М.: Гнозис, 1994.

中文文献:

[116] 安利. 论语篇的语义独立片段[J]. 中国俄语教学, 2009 (2).

[117] 安利红. 修辞学视野中的语篇建构[J]. 外语学刊, 2004 (1).

[118] 白春仁. 融通之旅——白春仁文集[M]. 哈尔滨: 黑龙江人民出版社, 2007.

[119] 蒲宁. 幽暗的林荫小径, 冯玉律, 冯春 译[M]. 上海: 上海译文出版社, 2007.

[120] 蔡晖. 语篇语义结构概说[J]. 中国俄语教学, 2005(1).

[121] 陈戈. 论洛特曼的文化互动理论[J]. 解放军外国语学院学报, 2007(7).

[122] 陈洁. 俄汉超句统一体对比与翻译[M]. 上海: 上海外语教育出版社, 2007.

[123] 陈勇. 篇章的符号学特征[J]. 解放军外国语学院学报, 2008 (5).

[124] 陈志强, 等编译. 白话聊斋[M]. 沈阳: 辽宁人民出版社, 1987.

[125] 达里娅·东佐娃. 收获毒浆果, 徐永平 译[M]. 上海: 上海译文出版社, 2004.

[126] 邓军. 语篇的逻辑语义分析[M]. 哈尔滨: 黑龙江教育出版社, 1997.

[127] 邓军. 语言的功能及篇章分析[J]. 求是学刊, 1997(3).

[128] 杜金榜. 试论语篇分析的理论与方法[J]. 外语学刊, 2008

(1).

[129] 什克洛夫斯基,等.俄国形式主义文论选,方珊,等译[M].北京:生活·读书·新知三联书店,1989.

[130] 福勒.语言学与小说,於宁,等译[M].重庆:重庆出版社,1991.

[131] 布尔加科夫.大师和玛加丽塔,高惠群译[M].上海:上海译文出版社,2005.

[132] 高尔基.文学论文选[M].北京:人民文学出版社,1958.

[133] 格沃兹节夫.修辞学概论,李尚谦,赵陵生译[M].北京:商务印书馆,1982.

[134] 宫军.巴赫金语言哲学观的渊源与走向[J].四川外语学院学报,2007(3).

[135] 古添洪.记号诗学[M].台北:东大图书公司刊行,1984.

[136] 管月娥.乌斯宾斯基的结构诗学理论及其意义[J].俄罗斯文艺,2009(3).

[137] 果戈理.狄康卡近郊夜话,白春仁译[M].合肥:安徽文艺出版社,1999.

[138] 果戈理.米尔戈罗德,陈建华译[M].合肥:安徽文艺出版社,1999.

[139] 哈利泽夫.文学学导论,周启超,王加兴,黄玫,夏忠宪译[M].北京:北京大学出版社,2006.

[140] 胡谷明.篇章修辞与小说翻译[M].上海:上海译文出版社,2004.

[141] 胡壮麟.语篇的评价研究[J].外语教学,2009(1).

[142] 华莱士·马丁.当代叙事学,伍晓明译[M].北京:北京大学出版社,2005.

[143] 华劭.语言经纬[M].北京:商务印书馆,2003.

[144] 黄国文.语篇分析概要[M].长沙:湖南教育出版社,1988.

[145] 黄勤.互文性视角下的诗歌译者主体性[J].四川外语学院学报,2007(5).

[146] 姜望琪.主题、主位与篇章——评《篇章回指的功能语用探索》[J].外语教学与研究,2005(5).

[147] 蒋勇,祝克懿.诗篇中的空间映射[J].解放军外国语学院学报,2004(5).

[148] 莱蒙托夫.当代英雄,吕绍宗译[M].南京:译林出版社,1994.

[149] 李恒仁.俄语动词语义研究中的同质——异质范畴[J].外语与外语教学,2006(2).

[150] 李肃.洛特曼文化符号学思想发展概述[J].解放军外国语学院学报,2002(2).

[151] 刘宗次编选.舒克申短篇小说选[M].北京:外国文艺出版社,1983.

[152] 罗曼·雅柯布森.雅柯布森文集,钱军,王力译[M].长沙:湖南教育出版社,2001.

[153] 马里奥·普佐.教父,周汉林译[M].南京:译林出版社,2007.

[154] 满涛译.果戈理选集[M].北京:人民文学出版社,1984.

[155] 尼·列斯科夫.姆岑斯克县的麦克白夫人,陈焘宁译[M].北京:解放军文艺出版社,2005.

[156] 佩列韦尔泽夫.形象诗学原理,宁琦,等译[M].北京:中国青年出版社,2004.

[157] 普罗普.故事形态学,贾放译[M].中华书局,2003.

[158] 普罗普.神奇故事的历史根源,贾放译[M].中华书局,2006.

[159] 任雪梅.俄语空间范畴管窥[J].北京:外语与外语教学,2007(12).

[160] 史蒂芬·霍金.时间简史,吴忠超译[M].长沙:湖南科学技术出版社,2008.

[161] 苏联百科辞典.北京:中国大百科全书出版社,1986.

[162] 屠格涅夫.猎人笔记,丰子恺译[M].桂林:广西师范大学出版社,2004.

[163] 屠格涅夫.木木,南江,冯加译[M].石家庄:河北教育出版社,2000.

[164] 托尔斯泰娅.野猫精,陈训明译[M].上海:上海译文出版社,2000.

[165] 汪涌豪.范畴论[M].上海:复旦大学出版社,1999.

[166] 王凤英.语义场理论和篇章研究[J].外语与外语教学,2007(9).

[167] 王福祥.话语语言学概论[M].北京:外语教学与研究出版社,1994.

[168] 王立刚.评价意义的类型及其相互关系[J].解放军外国语学院学报,2004(2).

[169] 王军.主题性:整体回指关系体现出的一种语篇属性[J].外语与外语教学,2007(7).

[170] 王铭玉.语言符号学[M].北京:高等教育出版社,2004.

[171] 王松亭.试论篇章中话语的不同层面[J].解放军外国语学院学报,2006(3).

[172] 王汶译.俄国作家童话选[M].北京:人民文学出版社,1985.

[173] 王盈.虚实混同的心灵困境——浅析长篇小说《不死的人》中的多重时空特征[J].俄罗斯文艺,2009(2).

[174] 维·什克洛夫斯基.散文理论,刘宗次译[M].南昌:百花洲文艺出版社,1997.

[175] 维谢洛夫斯基.历史诗学,刘宁译[M].天津:百花文艺出版

社,2003.

[176] 维谢洛夫斯基等.俄国形式主义论文选,方珊,等译[M].北京:三联书店,2003.

[177] 乌斯宾斯基.结构诗学,彭甄译[M].北京:中国青年出版社,2004.

[178] 吴承恩.西游记[M].西安:太白文艺出版社,2004.

[179] 吴贻翼,等.现代俄语语篇语法学[M].北京:商务印书馆,2003.

[180] 吴贻翼.现代俄语句法研究[M].北京:商务印书馆,2004.

[181] 谢尔盖·卢基扬年科.最后的守护人,张俊祥,范洁清译[M].北京:人民文学出版社,2008.

[182] 信德麟,张会森,华劭.俄语语法[M].北京:外语教学与研究出版社,2004.

[183] 扎哈罗夫.作为历史诗学问题的时空体,高慧译[J].俄罗斯文艺,2008(1).

[184] 张家骅.新时代俄语通论[M].北京:商务印书馆,2006.

[185] 赵炎秋.文学原理[M].长沙:湖南师范大学出版社,2006.

[186] 郑文东.文化符号域理论研究[M].武汉:武汉大学出版社,2007.

[187] 郑文东.符号域的空间结构——洛特曼文化符号学研究视角[J].解放军外国语学院学报,2006(1).

[188] 朱自强,何卫青.中国幻象小说论[M].上海:少年儿童出版社,2006.